U0655078

本书系国家社会科学基金教育学一般课题"职业生涯教育视角下未来产业工人工匠精神培育的路径与策略研究"（BJA180102）研究成果

国家社科基金丛书
GUOJIA SHEKE JIJIN CONGSHU

未来产业工人工匠精神培育路径与策略研究

Study on the Cultivating Path and Strategy of
Craftsmanship of Future Industrial Workers

邓宏宝　等著

人民出版社

序　言

　　产业工人是创造社会财富的中坚力量,是创新驱动发展的骨干力量,推进产业工人队伍建设,是实施制造强国战略、推动高质量发展的迫切需要。职业院校作为未来产业工人培养的主阵地,应认真贯彻落实近年来党和政府出台的系列文件精神,以高度的使命感与责任感参与产业工人队伍建设,在促进学生掌握专业知识、提升专业技能的同时,更要加强学生的思想政治引领,加强理想信念、职业精神和职业素养教育,努力为大国工匠后备人才培养、为学生工匠精神培育作出贡献。

　　邓宏宝团队所开展的国家社会科学基金教育学一般课题研究工作,运用现场调查、行为观察、作品分析、专家咨询、行动研究等多种方法,梳理了我国职业院校学生工匠精神培育的历史发展与现状,揭示了产业工人工匠精神的形成机理,界定了未来产业工人工匠精神的时代内涵,研制了未来产业工人工匠精神培育策略,展开了多所学校的校本行动研究,取得了系列理论与实践研究成果,产生了较好的社会反响。相信对促进未来产业工人职业生涯发展、指导职业院校德育实践、丰富职业生涯教育本土化理论必将起到积极的推动作用。

　　工匠精神需要涵养时代气质,不同时代的工匠精神其内涵既有传承亦有创新,随着时代的发展、科技的进步,产业工人的工作职责、工作方式或许会发生变化,但工匠精神的培育与弘扬是一个代代相传、永不间断的过程;工匠精神的形成也受到多方面因素的影响,需要家庭、学校、社会、政府等多方面的协同,其培育是整合多方面力量、发挥合力的过程;工匠精神的养成还需个体在有关观念、行为上实现从服从、认同到内化的转变,是个体态度与情感不断深化并最终走向人格化的过程,希望课题组在后续研究中进一步基于长期追踪研究,深度挖掘工匠、大师的成长规律,持续探究工匠精神的培育方略,不断拓展研究的视角与广度,为提升工匠精神培育成效提供决策参考,确保未来产业工人在走向社会、走上岗位后,能够秉承既有产业工人的优良传统,继续成为民族精神的传承者、弘扬者,成为时代精神的创造者以及社会新风的培育者、引领者。

有学者云:"于国,工匠是重器;于家,工匠是栋梁;于人,工匠是楷模"在追求中国梦的道路上,我们每个人都应该成为工匠精神的诠释者、践行者、获益者。

教育部长江学者特聘教授
教育部劳动教育课标组组长
南京师范大学劳动教育与发展研究院院长
南京师范大学职业教育研究中心主任
南京师范大学博士生导师
2022 年 12 月 18 日

目　　录

绪　　论

第一节　问题的缘起

一、新时期党和政府高度重视工匠精神培育

近年来,工匠精神培育引起社会各界广泛关注,得到党和政府的高度重视,习近平总书记在党的十九大报告、与全国总工会新一届领导班子成员集体谈话、全国劳动模范和先进工作者表彰大会、首届全国职业技能大赛贺信中多次强调弘扬工匠精神,时任国务院总理李克强自 2016 年起连续四年在《政府工作报告》中提及工匠精神。国务院印发的《国家教育事业发展"十三五"规划》提出要"强化大国工匠后备人才培养",2017 年中共中央、国务院出台的《新时期产业工人队伍建设改革方案》亦要求,"用正确的世界观、人生观、价值观引领产业工人,大力弘扬劳模精神、劳动精神、工匠精神"。2018 年版《国家职业技能标准编制技术规程》将工匠精神和敬业精神内涵融入国家职业技能标准中,作为职业道德要求的重要内容①。2019 年颁布的《国家职业教育改革实施方案》进一步提出要"把发展高等职业教育作为优化高等教育结构

① 李丹青:《工匠精神写入国家职业技能标准　落实考培、鉴培分离》,《工人日报》2018 年 3 月 20 日。

和培养大国工匠、能工巧匠的重要方式"。2021年中共中央办公厅、国务院办公厅在《关于推动现代职业教育高质量发展的意见》中再次强调"弘扬工匠精神,培养更多高素质技术技能人才、能工巧匠、大国工匠,为全面建设社会主义现代化国家提供有力人才和技能支撑"。2022年新修订的《中华人民共和国职业教育法》首次增加了"培育劳模精神、劳动精神、工匠精神"的表述,同年召开的党的二十大报告要求"加快建设国家战略人才力量",努力培养"大国工匠、高技能人才"。为贯彻落实上述相关领导指示与文件精神,有效推进工匠精神培育工作,我们必须基于广泛调研,揭示新时代产业工人工匠精神的内涵,剖析产业工人工匠精神形成机理,探索作为未来产业工人主体的职业院校学生工匠精神培育路径与策略。

二、工匠精神培育的诸多理论与实践问题需要探索

我国古代历史上曾经有过灿烂的工匠文化,《周礼·考工记》记载:"知者创物,巧者述之守之,世谓之工。百工之事,皆圣人之作也"①,将"创物"的"百工"称之为"圣人"。庄子则将人性的意识渗透进其技术思想中,认为人之技的最高境界是技道合一,并在《庄子》中描绘出"庖丁解牛""运斤成风"等许多工匠故事。随着机器工业革命的普及,工匠逐步退出了历史舞台,工匠精神也随之淡出了人们的视野。尽管现代社会基于人民生活品质提升、产业转型升级、国家科技振兴的需要,呼吁"工匠精神"的回归。但由于多方面因素的影响,我国在工匠精神培育方面还存在诸多亟须改进之处,比如在认知上有将工匠精神泛标签化、炒作"匠心""匠作""匠造"等概念的倾向,事实上特定的社会条件必然对从业者的职业素养、对工匠精神提出特殊的要求,工匠精神的内涵应具有动态性,应随着社会的政治、经济、文化环境以及科学技术、生产力水平的发展而有所变化。市场经济时代,传统性职业生涯向易变性职业生

---

① 张卉:《中国古代陶器设计艺术发展源流》,南京艺术学院2017年博士学位论文。

涯的转变,从业者的工匠精神应该具备哪些新的内涵,如何与时俱进对这些问题亟须研究。此外,在取向上有言必称德、日等国工匠精神,满足于简单照搬,忽视对本土工匠精神弘扬传承的误区,在行为上有将工匠精神口号化、鲜有具体实施方案的问题,这些都在一定程度上制约了工匠精神的有效培育。

三、职业院校学生工匠精神培育需要强化

根据党和政府的要求,近年来,我国职业院校在工匠精神培育方面也积极作为,取得了初步成效。但由于此项工作尚处于起步恢复阶段,部分学生的工匠精神状况还不尽如人意。《中国青年报》教育科学部的调查显示,63.97%的受访职业院校学生毕业后不会选择进入工厂、工地、车间等一线基层岗位,只有 32.8%的受访职业院校学生发现周围同学毕业后会选择电工、焊工等实体经济岗位[①];吴轲威(2019)基于百度指数的大数据调查结果,本应作为工匠精神传承者的青年学生群体对"工匠精神"关注度并不高[②];陆馨琦(2021)通过对浙江省 450 位职业院校机械类专业学生问卷调查,发现仅有 25.19%学生非常熟悉工匠精神,同时依旧存在 0.76%学生完全不知道工匠精神[③];童薇(2020)针对福建 3 所职业院校 487 名学生的调查显示,有 13.96%的学生不注重培育自己的工匠精神,有 18.69%的学生不会参加关于工匠精神的课程、讲座或组织过相关活动,有 12.11%的学生不想成为有工匠精神的技术技能人才[④];景茹(2019)选取海南省 13 所职业院校中有代表性的综合类部分院校,面向不同专业不同年级总计发放 500 份问卷,结果表明学生对工匠精神认

---

① 杨洁:《"蓝领"不受青睐,追新兴职业成潮流》,《中国青年报》2021 年 10 月 11 日。

② 吴轲威:《立德树人视野下的高职学生　工匠精神培育——基于百度指数的大数据调查研究》,《职业技术教育》2019 年第 7 期。

③ 陆馨琦:《高职院校机械类专业学生工匠精神培养现状及对策研究》,浙江师范大学 2021 年硕士学位论文。

④ 童薇:《福建省职业院校学生工匠精神培育研究》,福建师范大学 2020 年硕士学位论文。

知程度明显偏低、对工匠精神内涵理解不够深入、对自身职业素养要求不明确①。为此,新时期要进一步加强相关研究,借助调查研究,找准职业院校学生工匠精神培育的起点,有针对性地开展相关工作,增强培育工作的针对性与实效性。

第二节　研究的价值

本书相对已有研究,其独到的学术价值和应用价值可概括为以下三个方面:

一、有利于促进未来产业工人职业生涯发展

梁启超在《敬业与乐业》中强调,"敬业主义,于人生最为必要,又于人生最为有利";亚里士多德(Aristotle)认为,敬业美德对于个人生命的完美,正如高超的技能对于职业的发展。从职业生涯角度看,工匠精神是个人安身立命的基础,是个体职业角色社会化的重要内容。特别是在科技快速发展、烦琐的生产劳动逐步为机器所取代的今天,个体的工匠精神更是成为比知识、能力更为重要的综合素质。根据对国内 600 多家企业的调查,大部分企业对青年就业人员的最大希望和要求是:除了上岗必需的职业技能之外,还必须懂得做人的道理,具备工作责任心。他们几乎一致认为,为人、工作责任心等基本素质必须从学校抓起并逐步形成②。关注未来产业工人工匠精神的培育,不仅可以帮助他们具备新时期成功者共有的品质,增强其竞争取胜的实力,而且可以使他们在未来的职业生涯中享受到精神的愉悦与内在的成就感、充实感,从而提升其生命、生活品质,铸就其幸福、快乐的人生之路。

---

① 景茹:《高职院校学生工匠精神培育研究——以海南省部分高职院校为例》,海南大学 2019 年硕士学位论文。

② 王丽媛:《高职教育中培养学生工匠精神的必要性与可行性研究》,《职教论坛》2014 年第 22 期。

二、有利于指导职业院校德育实践

教育是一种育人的活动,培养既具有专业知识和能力,又有良好工匠精神的人才是职业教育义不容辞的责任。经济与技术的功利目标导致了当前少数职业院校人文精神的失落,形成了专门职业的定向训练与精神发展的分裂。通过对工匠精神时代内涵以及培育策略的揭示,可以为职业院校开展相关核心价值观教育提供实践参考,有助于明确德育目标、增强德育实效,培养"道技合一"、德技兼修的高素质劳动者,使职业教育真正成为有"灵魂"的教育。

三、有利于丰富职业生涯教育本土化理论

20 世纪 20 年代前后,不少有志之士就职业生涯教育开展了诸多的理论探索,从而涌现出刘湛恩等一批理论专家,他们发表了大量论述,在职业陶冶、就业指导、改业指导、升学指导等方面作出了很多有益的建树。不可否认,这些理论对推进我国职业生涯管理实践的有效开展发挥了一定的积极作用。但同时也必须清醒地认识到,长期以来,在职业生涯教育领域,我国主要以借鉴、介绍西方国家相关理论为主,完全基于我国国情的本土化研究成果并不多见、尚不成熟。目前,我国职业生涯管理的基础及外部条件与西方国家尚存在诸多差异,简单照搬西方理论、一味模仿他国实践,盲目追求形似而不注重神似,必然导致我国职业生涯管理工作产生诸多"水土不服"之处。为此,探索对未来产业工人工匠精神培育的相关内容与路径,必将有助于丰富、拓展与创新职业生涯教育理论,加速其本土化进程。

第三节　主要概念界定

一、产业工人

产业工人在《辞海》中被定义为:在现代工厂、矿山以及交通运输等类型

的企业中,从事集体劳动生产并以工资作为主要收入来源的工人。《100 年汉语新词新语大辞典(1912 年—2011 年)》对产业工人的解释是,在现代工业生产部门中从事生产劳动,以工资收入为生活来源的人群。如矿工、钢铁工人、纺织工人、铁路工人等。"产业工人"是先进生产力的代表,是工人阶级的主体和骨干。① 中华全国总工会(简称全总)在工会章程的第一章第一条中指出,我国职工包含在各企事业单位、机关及社会组织中以工资收入为主要生活来源或者与用人单位建立劳动关系的体力劳动者以及脑力劳动者。其中产业工人是其重要组成部分,主要指有组织地进行物质资料生产的工人,不包括管理经营者、领导者和知识分子。② 新时期,随着职业分工的细化以及我国第二、第三产业的转型和发展,产业工人的概念已有所拓展。2017 年《新的使命和担当——〈新时期产业工人队伍建设改革方案〉解读》一书中提出,我国产业工人主要覆盖第一产业的农场、林场,第二产业的采矿业、制造业、建筑业与电力、热气、燃气及水生产和供应业,以及第三产业的交通运输、仓储及邮政业与信息传输、软件和信息技术服务业等行业中相关人员。③

根据以往的定义和相关研究结果,可以看出产业工人的界定符合以下标准:从事有组织的集体劳动、以工资作为主要收入、直接面对生产物料和产品④。因此,本书使用广义的产业工人概念,即指在制造业、建筑业、运输业、服务业等第二、第三产业中以集体劳动为主要生产方式,以工资收入作为主要生活来源的一线从业人员。产业工人是工人阶级中发挥支撑作用的主体力量,是创造社会财富的中坚力量,是创新驱动发展的骨干力量,是实施制造强

---

① 宋子然:《100 年汉语新词新语大辞典(1912 年—2011 年)》,上海辞书出版社 2014 年版,第 50 页。

② 谭浩:《我国产业工人的六大变化》,《半月谈》2004 年第 10 期。

③ 推进产业工人队伍建设改革协调小组办公室:《产业工人队伍建设改革职工知识 50 问》,中国工人出版社 2022 年版,第 3 页。

④ 王辉:《正式与非正式组织氛围对反生产行为的协同效应——基于产业工人的研究》,吉林大学 2017 年博士学位论文。

国战略的有生力量。①

二、未来产业工人

"未来产业工人"有两种理解：一是就社会发展而言，指未来社会的产业工人；二是就个体发展而言，指未来将成为产业工人的人员，本书指后者。未来产业工人的来源有多个方面，本书又主要聚焦职业院校学生，他们是未来产业工人来源的主体。

三、工匠精神

《辞海·工部》的注释是："工，匠也。凡执艺事成器物以利用者，皆谓之工。"而今，工匠并不单指传统意义上的手艺人，还包括那些运用现代科学技术手段与工具，解决各种现实问题，创造或制造某种产品的发明者与制造者，包括那些在劳动中精益求精、勤勉不懈者。工匠，既是称谓，也是赞誉。工匠精神，是指工匠对自己的产品精雕细琢、精益求精、追求卓越的精神理念。作为一种职业价值取向和行为表现，作为一种职业精神②，工匠精神不但是手工劳动者应该具备的独特精神，而且是所有从业人员都应该具备的品质③。随着时代的发展，工匠精神的具体内涵也会有所变化，工匠精神会涵养时代气质。

四、职业生涯教育

职业生涯教育是有目的、有计划、有组织地培养个体规划自我职业生涯的

---

①　易舒冉：《产业工人队伍建设改革五年来不断走深走实——实现人生出彩　书写时代荣光》，《人民日报》2022 年 6 月 4 日。

②　徐耀强：《论"工匠精神"》，《红旗文稿》2017 年第 10 期。

③　邓宏宝、李娜、顾剑锋：《产业工人工匠精神的时代内涵与培育方略——基于 31 个省或市级评选文件的分析》，《职教论坛》2020 年第 10 期。

意识与技能,发展个体综合职业能力,促进个体职业生涯发展的活动①,是以引导个体进行并落实职业生涯规划为主线的综合性教育活动。

职业生涯教育,一是为了职业生涯发展。当前个体职业生涯已从传统职业生涯走向无边界(易变性)职业生涯,这种生涯模式的转变,要求未来从业者具有在多个组织(而非单个组织)内通用的可携带的知识和技能,从业者要更注重对工作(而非特定岗位)意义的认同,其职业生涯成功更多的是一种主观内在感知(而非外显)的成就感,从业者个体(而非用人单位)成为自身职业生涯管理的主要角色②。二是处于特定职业生涯发展阶段的未来产业工人所应具有的工匠精神有其特定的内涵与要求。作为现代从业者应该必备的一种品质,工匠精神培育应该贯穿个体职业生涯全程(0岁—退休),需要多方面共同努力。本书主要立足未来产业工人特定的工匠精神要求,探讨其工匠精神的培育路径与策略,以促进其职业生涯健康发展。

职业生涯教育视角下的工匠精神培育,首先,强调工匠精神不是天生的,其培育是一长期的过程,应该贯穿于职业生涯全程;其次,强调处于生涯探索阶段的未来产业工人(职业院校学生)工匠精神培育的目标、内容、方式与处于生涯建立阶段的在岗从业人员工匠精神的培育有所不同,应有其特定的使命与功能定位,对未来产业工人工匠精神养成度的评价,应有其独特的衡量指标与评价方式;再次,强调在无边界(易变性)职业生涯时代,未来从业人员工匠精神培育要注重关键能力与必备品格的培养,注重提升对工作(而非特定岗位)意义的认同,注重丰富个体内在的自尊与成功体验。

---

① 余艳梅:《美国公立高中职业生涯教育研究——以加州为例》,上海师范大学2015年硕士学位论文。
② 白艳莉:《个体职业生涯发展理论视角下的知识员工敬业度提升策略》,《统计与决策》2010年第22期。

第四节　已有的相关研究

基于"核心期刊""CSSCI"期刊的论文在国内社科领域具有较强的权威性和代表性,研究主要利用中区知网(CNKI)数据库获取研究数据。将"工匠精神"这一关键词输入到中国知网(CNKI)数据库中,截至 2022 年 6 月 18 日,"核心期刊""CSSCI"期刊中共收录了 991 篇文献。为了确保选择的文献和本次研究主题之间有着比较高的关联度,按照相关度、被引系数及下载次数由高到低排序,将新闻报道、书评、会议记录等题材的信息剔除之后,最终共得到907 篇有效文献并进行分析。

一、研究方法与技术

研究选择了 Citespace 工具进行分析,该工具是由美国德雷塞尔(Drexel)大学的陈朝美教授以 Java 技术为基础开发的、在分析文献资料增长与分布的过程中普遍应用的一种信息可视化工具,其针对知识领域实施图谱分析,将知识体系不同部分之间的相互关系展现出来,并预测未来的研究发展方向,大幅增强了知识结构的可视化水平。[1] 因其便捷性、准确性、可靠性等特点,国内外研究者在文献数据计量和分析中,日益重视该工具的应用。基于此,本书在研究中将整理好的文献数据导入 Citespace 6.1.R2中,提取了文献的发布时间、作者、机构以及出现的各种关键词,并通过对中国知网中收录的文献展开分析,对工匠精神的研究历程进行系统性的梳理,揭示其热点问题及其内在联系。

---

[1]　李杰、陈超美:《科技文本挖掘及可视化》,首都经济贸易大学出版社 2021 年版,第 2 页。

二、我国工匠精神总体研究现状

(一) 文献产出量分析

文献的数量、质量是判断学术界、理论界对研究主题关注度水平的主要依据,研究中获取到的研究文献资料属于工匠精神研究高质量成果,具有较强的典型意义,能够准确了解现阶段针对工匠精神的研究状况以及遇到的问题。以关键词在知网数据库中搜索,可以发现,2013—2015 年有关工匠精神的高质量文献只有 8 篇,而到 2016 年快速增长到 149 篇,2017 年更是达到了 217 篇,呈现出几何级增长的发展趋势,但在 2018 年以后,发文数量呈现递减的趋势,具体分布见图 0-1。由此可以发现,针对工匠精神的大规模研究是从 2016 年开始的,2017 年的发文量达到了峰值,虽然近几年关于工匠精神的高质量文献发表数量呈现下降趋势,但随着国家对职业教育的重视,经济高质量发展背景下对劳动力素质提升的需求,对工匠精神的研究必然会朝着更有深度、视角更新的趋势发展。

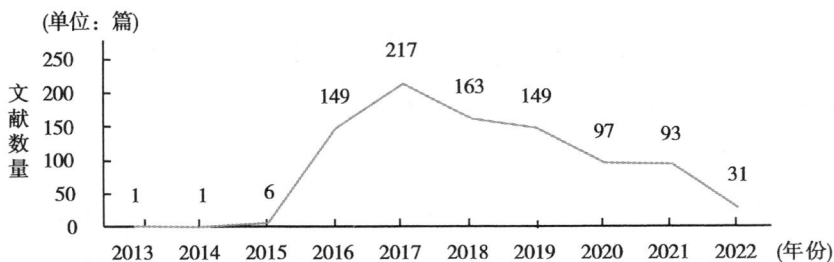

(单位:篇)

图 0-1 2013—2022 年工匠精神相关研究文献年度产量

(二) 机构分析

对上述 907 条有效文献的发文机构进行分析,有助于研究者进一步了解工匠精神领域的研究现状。进入 CiteSpace 界面,节点类型选择 Institution,阈值默认,运行软件。共计得到 218 个节点、43 条链接线、密度为 0.0018 的研究机构聚类共现图谱。由研究机构共现图谱可知,节点分布基本上属于"星状"结构,"网状"结构分布较少,还有相当一部分研究机构呈现零散分布。整体上反映了工匠精神研究与科研合作联系不够紧密,研究机构存在分散化、独立化的特征,预示着工匠精神研究在加强学术交流、研究资源共享等方面存在一定的进步空间。

(三) 作者分析

通过作者聚类共现图谱可知,在工匠精神研究领域发文数量较多且被引频次较高的有李群、张宏如、庄西真等学者,其相关研究成果的贡献与影响较大。研究者共现图谱的密度值为 0.002,低于 0.1 的正常水平,合作连线较为短促,节点分布基本上呈现的都是"星状"结构,"网状"结构分布较少,尚有许多作者零散分布,这种离散状态一定程度上会妨碍该领域的深入研究。

以工匠精神为关键词在中文社会科学引文索引(CSSCI)数据中搜索,虽然得到的文献数量相对不多,但是依旧存在引用次数较多的文献,其中以肖群忠发表于 2015 年的《工匠精神及其当代价值》最具代表性,截止到 2022 年 6月 23 日,该文的引用、下载次数分别达到了 765 次、20085 次。李宏伟等学者于 2015 年发表的《工匠精神的历史传承与当代培育》共被引 663 次、下载17273 次。通过对这些研究成果的分析,能够更加准确、深入地理解工匠精神的内在含义,见表 0-1 CSSCI 高被引文献及作者表。

表 0-1　CSSCI 高被引文献及作者表

序号	文献名称	作者	发表年份	被引次数
1	工匠精神及其当代价值	肖群忠;刘永春	2015	765
2	工匠精神的历史传承与当代培育	李宏伟;别应龙	2015	663
3	工匠精神及其当代价值	刘建军	2016	308

序号	文献名称	作者	发表年份	被引次数
4	工匠精神的当代价值意蕴及其实现路径的选择	叶美兰;陈桂香	2016	248
5	多维视角下的工匠精神:内涵剖析与解读	庄西真	2017	188
6	论职业院校思想政治教育的新使命——对理性缺失下培育"工匠精神"的反思	胡冰;李小鲁	2016	184
7	中国工匠精神及其历史演变	张迪	2016	131
8	刍议"工匠精神"培育与高职教育改革	王文涛	2017	120

(四) 关键词共现分析

在关键词共现图谱中,节点圆圈越大,关键词出现的频率就越高,节点间的连接线表现共现关系,连接线越粗,关系越密切。网络节点(N)数量共计407个,连接线(E)共计836条,网络密度(Density)为0.0101。通过对关键词共现图谱的分析,工匠精神、职业教育、人才培养等关键词出现频次较高,且具有较高的中介中心性,是工匠精神研究的重点领域,具体如图0-2所示。

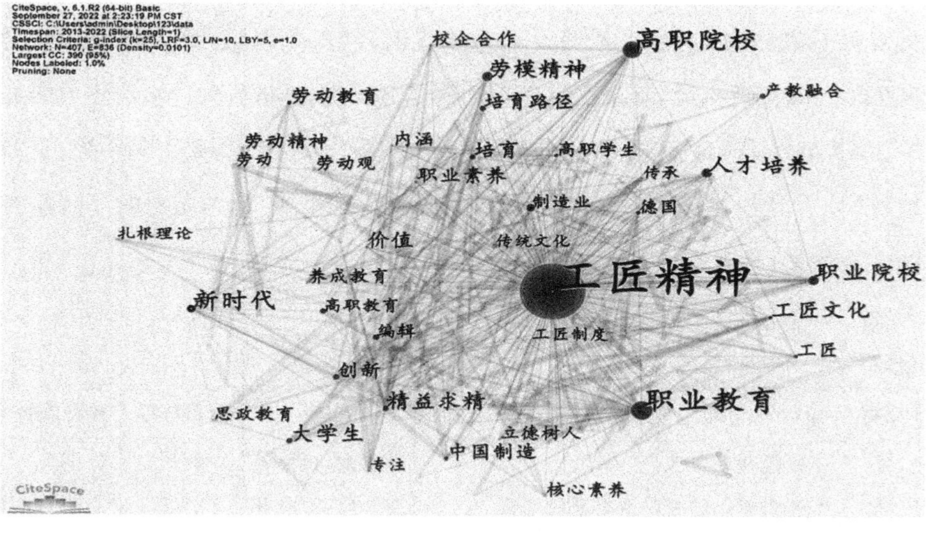

图0-2 工匠精神研究关键词共现图谱

（五）关键词聚类分析

通过 Citespace 工具提取关键词进行分析,可以看出,在工匠精神的研究成果中,关键词的集中性比较突出。在 907 篇文献资料中,工匠精神、核心素养、职业教育、精益求精、劳动教育、职业院校等关键词的出现次数相对较高。其中,Modularity 代表的是聚类模块值,用 Q 表示,通常来说,Q 值在 0.3 以上代表聚类结构具有较强的显著性;Silhouette 代表的是聚类平均轮廓值,用 S 表示,通常来说,S 值超过 0.5,那么就意味着聚类具有较强的合理性;S 值超过了 0.7,那么就意味着聚类具有较高的可信度①。就本聚类而言,Q 值、S 值分别为 0.5027、0.9486,说明聚类分析结果的显著性、可靠性处于比较高的水平,具体如图 0-3 所示。

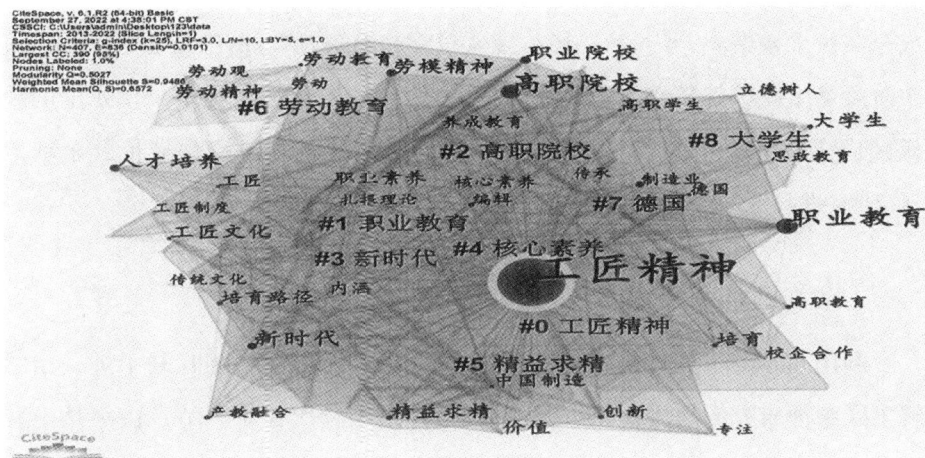

图 0-3　工匠精神关键词聚类图谱

---

① 张入川:《公费师范生教育研究可视化分析与评述——基于 CNKI 数据库与 Citespace 知识图谱》,《湖北成人教育学院学报》2021 年第 6 期。

（六） 关键词时间线图谱分析

CiteSpace 的时间线图谱能够清晰地显示不同关键词在不同时间节点上的信息,外部年轮的大小与关键词的中心性之间为正相关的关系。关键词的密度体现了某一时间范围内的研究成果数量的多少,也代表着这一课题的研究热度。通过对 2013—2022 年工匠精神研究时间线图谱的分析,我们能够直观地看出这一主题的研究发展趋势,从时间发展看,研究演进具有较强的阶段性特征,结合时间线图谱和相关研究梳理,将我国工匠精神的研究路径大致划分为三个阶段:第一阶段 2013—2015 年,此时的工匠精神研究处于起步阶段,研究节点较少,说明该领域的研究初步被研究者发现,并且可以看出图中部分节点与后续节点存在共现关系,说明这一阶段的研究为后续研究提供了基础;第二阶段为 2016—2019 年,是工匠精神研究的快速发展期,这一阶段的研究成果数量大幅增多,并开始呈现多维度研究的趋势;第三阶段是 2020 年至今,该阶段是工匠精神研究的系统深入期,该阶段的发文量出现了一定幅度的降低,但是研究的内容更为系统、聚焦,研究方法、视角和研究领域也越来越丰富,研究进入了一个较为成熟的阶段。①

（七） 研究前沿趋势

利用 citespace 软件的突现性检测(Burst Detection)功能有利于进一步了解工匠精神研究的趋势变化。突现词,指其运用频次在某一节点内突然上升或下降,通过分析突现词可反映特定时间段内的研究前沿及其随时间发展的历史演变情况,从而了解学者们未来的研究方向。本书中,利用突现性检测对整理好的 907 篇文献进行分析,将突现词的最小持续时间单位设置为 0.5,筛选出了 15 个突现关键词。

---

① 汪超:《工匠精神研究脉络、热点及展望的知识图谱研究》,《西华师范大学学报(哲学社会科学版)》2022 年第 3 期。

从时间维度观察,工匠精神研究紧跟国家方针政策的制定与实施。"中国制造"和"精益求精"作为最先出现的突现词,强度(Strength)分别为1.98和1.42。"中国制造"与当时我国制造业面临的困境有关,2015年党的十八届五中全会召开,会议上明确指出,在未来发展阶段,要以"创新、协调、绿色、开放、共享"为核心,将发展质量摆在第一位,而不再单纯地"以GDP论英雄"。邵安菊指出,重塑中国制造形象,使"中国制造"向"优质制造"升级,应重塑"工匠精神",打造完美的企业文化。①

2016年政府工作报告后,工匠精神成为各行各业的热词,新闻出版行业也不例外。2018年,党中央下发了《关于加强和改进出版工作的意见》中指出,编辑要以工匠精神来要求自己,正确看待自身的工作,将打造精品作为自身的核心任务,将出版精品作为自身的职业目标。2017—2018年,针对工匠精神的研究基本上集中在如何培育出契合时代发展的"大国工匠"这一主题上,之所以出现这种现象,主要有两个方面的原因:一是历年的政府工作报告反复强调要培育工匠精神;二是国家对职业教育的重视程度不断攀升。通过推动职业教育高质量发展,更好地回答了"培养什么人"的问题。2017年年末,《国务院办公厅关于深化产教融合的若干意见》颁发,产教融合进入了2.0时代,进而为工匠精神的培养创造了良好的条件。② 2018—2019年,工匠精神研究中的"新时代"成为该研究领域的突发词,这与2017年习近平总书记在党的十九大报告中庄严宣告"经过长期努力,中国特色社会主义进入了新时代"③密切相关。

"劳动教育""量表开发""产业工人""劳动观""思政教育"这五个关键词自2020年开始突现,一直持续到2022年。2020年3月,《中共中央、国务院

---

① 邵安菊:《"中国制造"向"优质制造"升级的路径及对策》,《经济纵横》2016年第6期。
② 肖波、肖霞:《产教融合视域下高职学生工匠精神培养》,《教育与职业》2018年第14期。
③ 《习近平谈治国理政》第三卷,外文出版社2020年版,第8页。

关于全面加强新时代大小中学劳动教育的意见》指出,在中国特色社会主义制度构成中,劳动教育是重要的组成内容,需要以此为基础构建与时代发展相契合的劳动教育体系。在培育工匠精神的过程中,要依托于产业工人的培养,只有这样,才能实现培养真正的大国工匠、能工巧匠的目标,推动我国朝着制造强国的方向前进。2020年,教育部发布了《高等学校课程思政建设指导纲要》,该文件的出台为高校课程思政改革指明了前进的方向。从图0-4中可以看出,"思政教育"从2020年突现至今,突现强度为1.66,这表明此段时间内探讨关于通过课程思政教学改革增强工匠精神培育成效的研究受到了众多学者的关注。

Keywords	Year	Strength	Begin	End	2013 - 2022
中国制造	2013	1.98	2015	2017	
精益求精	2013	1.42	2015	2017	
编辑	2013	1.86	2016	2018	
职业道德	2013	1.44	2017	2018	
大国工匠	2013	1.44	2017	2018	
高校	2013	1.44	2017	2018	
影响因素	2013	1.73	2018	2019	
产教融合	2013	1.73	2018	2019	
核心素养	2013	1.38	2018	2019	
新时代	2013	2.76	2019	2020	
劳动教育	2013	3.82	2020	2022	
量表开发	2013	1.91	2020	2022	
产业工人	2013	1.91	2020	2022	
劳动观	2013	1.91	2020	2022	
思政教育	2013	1.66	2020	2022	

图 0-4　2013—2022 年文献中关键词突现信息图谱(前 15 位)

三、关于工匠精神的主要研究专题

(一) 关于工匠精神内涵的研究

自古以来,人们对工匠高超的技艺赞誉不已,炉火纯青、庖丁解牛、出神入化、匠心独具①等皆是对其生动的描写,不少大家也纷纷倡导"仁义济世""敬业乐群""忠于职守"的优良传统。早在春秋时期,孔子就主张人在一生中始终要勤奋、刻苦,为事业尽心尽力,"执事敬""事思敬""修己以敬"。唐代经学家孔颖达说:"敬业,谓艺业长者,敬而亲之",宋代理学家朱熹也指出"敬业者,专心致志,以事其业也"。他们都认为敬业是从业人员的基本素质,是成就事业的基础②。进入21世纪以来,随着生产技术的进步,产业结构的转型升级,特别是中国制造强国的打造,党和政府对从业人员的职业精神提升日趋重视。由此,工匠精神成为我国学界新的研究热点,学者们纷纷就工匠精神的内涵发表了诸多见解。

对于"工匠精神"的内涵,国内学术界还没有形成统一的内涵界定。唐国平、万仁新(2019)认为工匠精神经历了三个阶段变化:古代手工业时期,工匠精神蕴含专注、精益求精、一丝不苟的品质;近代工业时期,工匠精神表现在精益求精、精雕细琢的工作状态;现代工匠精神成了企业的资本。③ 李梦卿、任寰(2016)从知行合一、敬业乐业、德艺并举等方面概括了工匠精神内涵。④ 朱厚望(2017)提出专业精神与多重素养结合成工匠精神,具有专业性、人文性以及职业性特点,其内涵包括精益求精、爱岗敬业、认真专注、追求至善。⑤ 刘洪银(2017)把工匠精神看成精益求精和锲而不舍,认为人格品质、心理资本和政策法规等对工匠精神的形成都会产生很大影响。⑥ 李宏伟、别应龙(2015)将工匠精神的内涵概括为五种特质:尊师重教的师道精神、一丝不苟

---

① 崔秀然:《工匠精神缘何重要》,《人民论坛》2018年第6期。
② 刘卫琴:《试论大学生敬业精神及其培养》,《扬州职业大学学报》2011年第2期。
③ 唐国平、万仁新:《"工匠精神"提升了企业环境绩效吗?》,《山西财经大学学报》2019年第5期。
④ 李梦卿、任寰:《技能型人才"工匠精神"培养:诉求、价值与路径》,《教育发展研究》2016年第11期。
⑤ 朱厚望:《论工匠精神的价值意蕴及其培育路径》,《中国职业技术教育》2017年第33期。
⑥ 刘洪银:《从学徒到工匠的蜕变:核心素养与工匠精神的养成》,《中国职业技术教育》2017年第30期。

的制造精神、求福立德的创业精神、精益求精的创造精神、知行合一的实践精神。① 肖群忠、刘永春(2015)则将其内涵概括为尚巧的创造精神、求精的工作态度以及道技合一的人生境界。② 李小鲁(2016)认为工匠精神具有专业性、职业性、人文性。③ 祁占勇、任雪园(2018)运用扎根理论对央视《大国工匠》进行了质性分析,提炼出工匠核心素养之"三大维度、六大内容"的理论模型。④

在国外,"工匠精神"一般被描述为职业道德、职业精神、职业伦理等。如在日本"工匠精神"对应的日语词汇为"职人气质",作为职业精神风貌的反应。学者汪中求(2016)在有关日本匠人特质分析的文章中指出日本工匠精神的实质:一是对所从事工作的热爱;二是对工作的庄敬;三是对工作的专注和追求完美。⑤ 米勒(Miller,1986)等认为职业道德是指信仰、价值观和原则,是每一个职员应努力践行的准则,能够指导个人在其职业环境中的任何实践。⑥ 里士满(Richmond,2000)等结合社会中出现的具体职业,指出医生职业精神主要包含三个维度,分别是医德高尚、医技精湛和自我奉献。⑦ 另外,青山玲次郎(Aoyama,2015)针对当前由工业化过渡到信息化时代,个性化消费需求的出现,认为日本的工匠精神就是对产品质量的高度重视和服务意识较

---

① 李宏伟、别应龙:《工匠精神的历史传承与当代培育》,《自然辩证法研究》2015 年第 8 期。

② 肖群忠、刘永春:《工匠精神及其当代价值》,《湖南社会科学》2015 年第 6 期。

③ 李小鲁:《对工匠精神庸俗化和表浅化理解的批判及正读》,《当代职业教育》2016 年第 5 期。

④ 祁占勇、任雪园:《扎根理论视域下工匠核心素养的理论模型与实践逻辑》,《教育研究》2018 年第 3 期。

⑤ 汪中求:《借鉴日本经验 思考工匠精神》,《中国工业评论》2016 年第 6 期。

⑥ Miller,Pamela,Coady,William,Vocational Ethics:Toward the Development of an Enabling Work Ethic,*Adoption*,Vol.1,1986,p.53.

⑦ Richmond,Eisenberg,Medical Professionalism in Society,*Journal of Medicine*,Vol.342,No.17,2000,p.288.

高。德国的工匠精神与其思辨文化是一致的,更多表现出来的是严谨。① 马克斯·韦伯(Max Weber,2005)在《新教伦理与资本主义精神》一书中阐述了所谓天职,就是个体履行其社会地位所加之于他的一种义务与责任。个体将宗教中的虔诚精神深入工作之中,然后将其逐渐内化为职业素养,最后积淀为德国匠人的职业文化。② 与德国、日本不同的是,美国的工匠文化更多地表现为追求创新。美国作家亚力克·福奇(Alec Foege,2014)认为,创新性地解决问题的人就可以称之为工匠。也就是说,当前时期所倡导的工匠精神,已经不仅是手工艺人的职业精神,而是各行各业人的职业追求。③

(二) 关于工匠精神培育意义的研究

不同的学者从不同的角度论述了工匠精神培育的意义。有的学者侧重阐述了工匠精神培育对国家经济发展的意义;有的学者侧重强调了工匠精神本身作为一种优秀文化对社会的文化意义;有的学者侧重论证了工匠精神对个人发展的意义。

其一,国家经济发展的意义。学者们普遍认为工匠精神培育有助于中国制造业的转型升级。刘建军(2016)认为,工匠精神有助于我国制造业的转型升级,有利于我国企业"增品种、提品质、创品牌"。④ 朱凤荣(2017)认为,工匠精神是推动中国制造业升级的重要动力,是增强制造业企业竞争力的重要因素,引领着制造业从业人员职业发展的方向。⑤ 张楠(2019)认为工匠精神

---

① Aoyama, Global Journeymen: Reinventing Japanese Craftsman Spirit in Hong Kong, *Anthropology*, Vol.14, No.3, 2015, pp.265–282.

② [德]马克斯·韦伯:《经济与社会》第一卷,阎克文译,上海人民出版社 2010 年版,第 74 页。

③ [美]亚力克·福奇:《工匠精神:缔造伟大传奇的重要力量》,陈劲译,浙江人民出版社 2014 年版,第 6 页。

④ 刘建军:《工匠精神及其当代价值》,《思想教育研究》2016 年第 10 期。

⑤ 朱凤荣:《社会主义核心价值观视域下制造业工匠精神培育的思考》,《毛泽东思想研究》2017 年第 1 期。

培育是推进我国向制造业强国转变的必然选择,是实现当代中国社会转型发展的推动力量。[①] 赵志群(2017)认为在全面建成小康社会决胜阶段,"工匠精神"是推进供给侧结构性改革、实现从制造大国向制造强国转变的重要推动力,是提高产业工人就业创业能力、实现全面发展的重要动力,是引导广大产业工人立足本职岗位劳动创造,切实提升技术技能素质,不断发展工人阶级先进性的有力抓手。[②]

其二,对社会的文化意义。学者们认为工匠精神是中华优秀传统文化、民族文化,依曹顺妮(2016)所见,通过工匠教育和民间教育可以培育工匠精神的文化土壤,将"中国制造"推广到"中国智造"。[③] 匡瑛(2018)将工匠精神的价值置于智能化背景下进行研究,认为当今工匠精神既具有对坚守执着、精益求精、追求卓越的一种历史传承,又富有勇于突破、协同合作的一种新时代意涵。[④] 陈友力(2018)从工匠精神的信仰价值出发,指出新时代工匠精神的培育肩负着实现社会主义现代化建设和中华民族伟大复兴的历史使命,应围绕立德树人的根本任务,切实把培育和弘扬社会主义核心价值观落实到教育教学和管理服务各个环节,以培养德智体美劳全面发展的社会主义建设者和接班人。[⑤]

其三,对个人发展的意义。学者们从工匠精神的本体价值出发,认为工匠精神的培育能够促使个人意义与价值的实现。肖群忠、刘永春(2015)认为工匠精神有助于工作者自我价值的实现,有助于同事之间、师徒之间亲密情感的

---

① 张楠:《铁人精神视域下大学生工匠精神的培育》,东北石油大学2019年硕士学位论文。

② 赵志群:《挖掘职教工匠精神 壮大新时期产业工人队伍》,《中国培训》2017年第13期。

③ 曹顺妮:《工匠精神》,机械工业出版社2016年版,第203页。

④ 匡瑛:《智能化背景下"工匠精神"的时代意涵与培育路径》,《教育发展研究》2018年第1期。

⑤ 陈友力:《新时代"工匠精神"的培育:误区、价值与路径》,《中国职业技术教育》2018年第18期。

建立,有助于人与物之间亲密关系的建立。① 陈友力(2018)从工匠精神的道德价值出发,认为工匠精神培育的基本道德准则是"四德并举"。②

　　作为从业人员的一种重要品质,国外学者对工匠精神同样充分关注。美国学者亚力克·福奇在其所著《工匠精神:缔造伟大传奇的重要力量》③(The Tinkerers: The Amateurs, DIYers, and Inventors Who Make Amerrica Great)中界定了工匠的三个基本内涵,并对工匠精神的意义作出了充分肯定,认为工匠精神是一种信仰,是一个国家生生不息的源泉;美国罗特格斯大学(Rutgers University)和范德比尔特大学(Vanderbilt University)进行的实证性研究揭示了员工敬业度与经营业绩之间的联系,指出员工敬业度更高的企业其资产回报率平均高出竞争对手20%、市价与账面值比率平均高出竞争对手23%,累计股票回报接近同类企业的 2 倍④。威尔玛·绍菲利(Wilmar. Schaufeli, 2002)等将敬业度划分为奉献、活力和专注三个维度。⑤ 他们认为,敬业的员工在工作过程中能感觉到自己的重要性和热情,并有自豪感和灵感,愿意承担有挑战性的工作,这是甘于"奉献"的表现;敬业的员工在工作过程中精力充沛、精神饱满,愿意努力工作,工作上遇到困难时能坚持不懈,这是有"活力"的表现;敬业的员工在工作过程中注意力高度集中,常常觉得时间过得很快,而且觉得要让自己脱离工作岗位是件很困难的事情,这是对工作"专注"的表现。

　　① 肖群忠、刘永春:《工匠精神及其当代价值》,《湖南社会科学》2015 年第 6 期。
　　② 陈友力:《新时代"工匠精神"的培育:误区、价值与路径》,《中国职业技术教育》2018 年第 18 期。
　　③ [美]亚力克·福奇:《工匠精神:缔造伟大传奇的重要力量》,陈劲译,浙江人民出版社 2014 年版,第 1 页。
　　④ 李慧:《个人——组织价值观匹配与员工敬业度关系的实证研究》,江西财经大学 2008 年硕士学位论文。
　　⑤ Wilmar Schaufeli, The Measurement of Engagement and Burnout: A Two Sample Confirmatory Factor Analytic Approach, Journal of Hoppiness Studies, Vol.3, No.1, 2002, pp.71-92.

（三）关于"工匠精神"培育影响因素的研究

目前,关于"工匠精神"培育影响因素的研究,大致是从宏观和微观层面、外部和内部因素这些方面来探讨。姜勇(2020)指出,现代社会的分工使个人被限制在狭小的活动范围之内,造成了人的劳动(活动)的固定性与片面性,技术专业化在资本逻辑之下导致工匠情感的消逝。[①] 刘志彪(2016)认为,工匠文化的缺失是工匠精神缺乏的深层次原因,并提出打破市场垄断、惩罚侵犯知识产权行为、营造崇尚实业和技能劳动者的社会价值观等建议。[②] 陶文辉、马桂香(2017)以调查问卷的形式对工匠精神培育情况进行了调研,认为传统落后观念的束缚和复杂的社会因素是影响当前工匠精神培育的主要障碍。[③] 邓成(2014)则认为当前工匠精神的培育受两大因素的影响:一是历史文化传统的偏见;二是当代教育体制的弊端。[④] 丁彩霞(2017)从整个社会大环境的宏观角度认为形塑工匠精神的基本因素有"社会文化因素、社会制度因素、社会发展阶段因素"。[⑤] 朱永跃等(2019)提出工匠精神受到宏观和微观层面的制度与文化、生产模式、学校人才培养机制以及领导和员工个人等多种因素的影响。[⑥] 钱欣等(2021)基于自我一致性理论,探讨职场地位对员工工匠精神的影响机理,发现职场地位显著正向影响员工的工匠精神。[⑦] 曾颢等(2017)

① 姜勇:《从"自在整体性"走向"自为整体性"——"碎片化"世界工匠精神培育的现代性困境与中国方案》,《职业技术教育》2020年第22期。
② 刘志彪:《工匠精神需要制度和文化支撑》,《人民日报》2016年4月27日。
③ 陶文辉、马桂香:《基于工匠精神的职业教育人才培养实践研究》,《职教论坛》2017年第2期。
④ 邓成:《当代职业教育如何塑造"工匠精神"》,《当代职业教育》2014年第10期。
⑤ 丁彩霞:《建立健全锻造工匠精神的制度体系》,《山西大学学报(哲学社会科学版)》2017年第1期。
⑥ 朱永跃、马媛、欧阳晨慧:《工匠精神研究述评与展望》,《江苏大学学报(社会科学版)》2019年第5期。
⑦ 钱欣、刘淑桢、刘园园:《职场地位视角下员工工匠精神的形成机制》,《科研管理》2021年第9期。

认为,企业应以师徒制为基础,发挥导师对徒弟的烙印效应,使其产生工匠精神印记。① 王弘钰等(2020)基于自我决定理论分析了高承诺工作系统影响工匠行为的作用路径。② 阿利迪纳(Alidina,2013)提出实践行为有助于促进员工的职业素养的提升。③ 汪中求(2016)提出日本工匠精神的培养主要依赖于其尊重"职人"(Takumi)的文化,在日本只有行业内技艺高超、精益求精、专注的人才可以被称为匠人,其具备崇高的社会地位和声誉。④

(四) 关于工匠精神形成机理的研究

2016 年后诸多学者面向不同人群,指向不同领域,针对不同时期,关注不同国别,对工匠精神形成机理展开了探索,如任国友(2020)剖析了石油工人工匠精神的历史形成与传承过程,指出石油工人工匠精神形成于长期的中国石油工业发展进程之中,不仅携带有石油文化的基因,而且有其产生的特定历史渊源⑤;李强(2019)在分析唐卡绘画声誉广泛流传原因时,认为手工艺人的信仰与价值观、手工作方延续、新生代匠人培育呈现的"文化自觉"是嘎玛乡"工匠精神"传承的内在动力⑥;陈金彪(2020)梳理了社会主义革命和建设时期工匠精神的形成轨迹,得出"工匠精神具有社会政治属性,不同的社会形态下有不同的工匠精神"的结论⑦;潘建红等(2018)在深入探究的基础上,认为

---

① 曾颢、赵曙明:《工匠精神的企业行为与省际实践》,《改革》2017 年第 4 期。
② 王弘钰、赵迪、李孟燃:《高承诺工作系统能否培育工匠行为?——一个有调节的中介模型》,《江苏社会科学》2020 年第 1 期。
③ Alidina, Professionalism in Post-licensure Nurses in Developed Countries, *Journal of Nursing Education and Practice*, Vol.3, No.5, 2012.
④ 汪中求:《看日本工匠,悟"工匠精神"》,《企业管理》2016 年第 8 期。
⑤ 任国友:《石油工人工匠精神的历史形成与传承》,《天津市工会管理干部学院学报》2020 年第 1 期。
⑥ 李强:《西藏昌都嘎玛乡"工匠精神"的形成过程、基本特征与现代传承》,《青藏高原论坛》2019 年第 4 期。
⑦ 陈金彪:《社会主义革命和建设时期工匠精神的形成》,《中共杭州市委党校学报》2020 年第 3 期。

从历史文化角度来看,哲学思维启蒙、新教伦理熏陶、地理环境为德国工匠精神的形成奠定了基础;从形成机制来看,中世纪的行会发展及技艺传承、质量文化意识的提高、良好社会经济环境的营造构成了德国工匠精神形成的内外部因素①。

(五) 关于未来产业工人(职业院校学生)工匠精神培育的研究

我国近代思想家、实业家郑观应从工商立国、富强救国的高度,认为"工艺学堂乃今世之亟务",强调举办工艺学堂,大力培养专门产业人才。近代著名教育家蔡元培也提出,教育本为职业而设,应将培养产业人才视为职业教育的重要使命。新时期,学者们对职业院校在培养未来产业工人方面的作用更是寄予厚望。孙艺蕾(2022)认为职业教育在产业工人技能形成体系中具有可为之处②;文志辉(2014)主张强化职业教育培训,让更多农民成为产业工人③;庄西真(2014)等就职业教育与中国新产业工人队伍的培养进行了专题调查与研究④。至于职业院校如何有效开展工匠精神培育,学者们更是畅所欲言,提出了诸多有代表性的观点。

1. 关于职业院校学生工匠精神培育意义的研究

张旭刚(2017)认为,工匠精神是职业院校立德树人的灵魂特征,培育工匠精神是职业院校转型升级的重要推手,有利于院校文化软实力的提升。⑤王丽媛(2014)认为,职业院校培养学生的工匠精神不仅是中国经济转型升级

---

① 潘建红、杨利利:《德国工匠精神的历史形成与传承》,《自然辩证法通讯》2018年第12期。

② 孙艺蕾:《职业教育在产业工人技能形成体系中的可为之处》,《江苏教育》2022年第20期。

③ 文志辉:《加速培训新生代农民》,《吐鲁番日报(汉)》2014年3月7日。

④ 庄西真:《职业教育与中国新产业工人队伍的培养》,《职教论坛》2014年第16期。

⑤ 张旭刚:《高职院校培育工匠精神的价值、困囿与掘进》,《教育与职业》2017年第21期。

和发展的需要,也是企业和职业院校生存发展的需要。① 芮明珠(2016)认为,工匠精神是一种担当,在高职学生中进行工匠精神的培育,有利于促进其社会责任感的提升。② 李皓、向玉乔(2018)认为,培育职业院校大学生工匠精神是引领劳动实践坚持以人为本的价值导向,是凝聚劳动者力量的精神纽带,是劳动者的精神寄托和心灵归之所在,是成就劳动自由幸福的重要保障。③

2.关于职业院校学生工匠精神培育目标定位研究

其一,基于社会发展与需求。姜勇(2018)认为,应从社会实际出发,凝练当代工匠精神内涵;综合国内外工匠精神内涵立足本国实际确立培育目标;确定社会、组织和个人在发展中的不同精神需求,具体化培育目标;考虑岗位特点,让工匠精神能体现产品、服务和自我提升上的差异。④ 王晨、杜霈霖(2018)从当前现代化经济体系的背景出发,主张工匠精神培育应以社会需求为导向,充分考虑社会对人才的需求,这不仅是社会发展的必然要求,还是教育发展基本规律的应然要求,更是学生全面发展的本质需求。⑤ 胡文龙(2019)从智能化时代的背景出发,认为工匠精神培育目标可概括为守、求、创、合。"守":注重坚守、持之以恒;"求":卓越追求、精益求精;"创":全面创新、敢于突破;"合":协同合作、共享共赢。⑥

其二,根据个体身心发展的规律。陈春敏(2018)结合影响工匠精神形成的因素,从知、情、意、行四方面总结得出培育目标:加强对工匠精神的系统认

---

① 王丽嫒:《高职教育中培养学生工匠精神的必要性与可行性研究》,《职教论坛》2014 年第 22 期。
② 芮明珠:《略论当代工匠精神与高职学生社会责任感的培育》,《学校党建与思想教育》2016 年第 22 期。
③ 李皓、向玉乔:《工匠精神:劳动实践的内在逻辑和价值引领》,《思想政治教育研究》2018 年第 5 期。
④ 姜勇:《搭建应然与实然之间的桥梁——新时代高职院校工匠精神培育现状调研报告》,《职业技术教育》2018 年第 4 期。
⑤ 王晨、杜霈霖:《关于大学生工匠精神培育的思考》,《黑龙江高教研究》2018 年第 12 期。
⑥ 胡文龙:《智能化时代的工匠精神:价值、意蕴与培育路径》,《中国职业技术教育》2019 年第 4 期。

知、增强对工匠精神的情感体验、强化对工匠精神的社会认同、促进工匠精神的自觉践行。① 张培、夏海鹰(2022)从五育融合的角度出发,认为新时代工匠精神培育的根本目标在于促进人的全面发展。②

其三,根据高职人才培养目标。魏力敏、宫婷婷、祁可(2021)从职业院校"德技并修"的培养目标出发,认为职业技能重在学、练,职业精神则重在育与修,这就为高职技能型人才工匠精神的培育指出了两方面的工作目标,即"育"与"修"。"育"侧重以感性因素为主导,如情感育人、文化育人等,帮助学生树立对工匠身份、工匠文化与工匠价值的认同。"修"侧重以理性因素为主导,是有目标、有步骤地训练提升,如育人目标的设定、内容的选择、方法路径和步骤的设计等以目标为引导的自我完善,重在发挥自我能动性。③

3.关于职业院校学生工匠精神培育内容组织的研究

学者们大多从心理学的视角出发,认为工匠精神培育的内容是知、情、意、行多种要素构成的统一整体。刘志国、刘志峰、张向阳(2018)认为,不同的社会发展时期对工匠精神的要求是不一样的,应该按照社会发展的需要去设计工匠精神培育目标,明确工匠精神培育内容,从整体上把握工匠精神培育过程的各方面内容,至少应该包括理念层、心理层和行为层三个方面。理念层主要指培养劳动者对工匠精神的价值认知;心理层主要指培养劳动者对工匠精神的心理认同;行为层主要指培养劳动者对工匠精神的行为实践。其中,理念层是工匠精神培育的前提,心理层是工匠精神培育的关键,行为层是工匠精神培育的根本。④ 黄翠翠(2020)认为,职业院校应着重从认知、情感、意志三方面

① 陈春敏:《"工匠精神"的当代价值及其培育路径研究》,华中师范大学2018年硕士学位论文。
② 张培、夏海鹰:《技能型社会视域下职业教育工匠精神培育的时代审视与行动框架》,《教育与职业》2022年第9期。
③ 魏力敏、宫婷婷、祁可:《高职院校技能型人才工匠精神培育研究——以江西外语外贸职业学院实践为例》,《职教论坛》2021年第10期。
④ 刘志国、刘志峰、张向阳:《基于产教融合视角的工匠精神培育研究》,《中国高等教育》2018年第17期。

加强对学生职业精神的培育,职业认知方面,着重加强高职学生职业理想;职业情感方面,着重激发高职学生的职业兴趣;职业意志方面,着重强化高职学生的职业责任和进取意识。① 周天娇(2021)认为,培育职业院校学生工匠精神,主要是培育高职大学生的工匠精神认知、工匠精神情感认同、工匠精神意志及工匠精神行为。以上四个基本要素是一个相互关系、不可分割的整体。工匠精神认知是基础,工匠精神情感认同和工匠精神意志是中间环节,工匠精神行为是工匠精神的外在表现,也是工匠精神培育最终要达到的目的。②

4. 关于职业院校学生工匠精神培育路径选择的研究

首先,学生个人层面。金亚梯(2019)认为,"大学生自身要克服功利的职业态度,要提高较低的职业道德要求,要夯实薄弱的实践动力,要树立崇高的职业理想"③。宋晶(2019)认为,应在为社会贡献中实现自我,又在实现自我中去为社会作贡献,自我价值与社会价值统一的时候,内在的主体性被激活,成为一种创造自我价值的强大动力,人的主动性、职业信念才可能普遍建立起来。④

其次,学校层面。学者们认为,应该将工匠精神的培育纳入职业院校人才培养体系中。郝琦、房磊(2017)从依托优秀传统文化的角度出发进行研究,认为应该增强工匠精神的逻辑感染力,实现教育过程向多样性、生命性及和谐性的回归,打造融实践性、职业性及创造性于一体的精彩课堂。⑤ 谢历尔和布莱恩(Cheryl 和 Bryan,2004)从人的心理特征出发,将职业精神的培养结合具

---

① 黄翠翠:《校企合作视角下高职学生职业精神培育的内容和路径研究》,《机械职业教育》2020 年第 9 期。

② 周天娇:《新时代高职院校大学生工匠精神培育研究》,云南师范大学 2021 年硕士学位论文。

③ 金亚梯:《新时代高职院校大学生工匠精神培育研究》,西安科技大学 2019 年硕士学位论文。

④ 宋晶:《新时代职业教育的工匠精神:诉求、价值与培育策略》,《职教论坛》2019 年第 6 期。

⑤ 郝琦、房磊:《依托优秀传统文化涵养高职院校学生工匠精神研究》,《中国职业技术教育》2017 年第 11 期。

体的专业实践,通过给学生设置出一个模拟的道德困境情景,让学生在道德困境中思考该采取何种方法解决所面临的问题,并在这个过程中去感受职业精神规范及约束。① 施瓦茨(Schwartz,2009)等主要研究了医学专业的学生如何培养自身的职业精神,他认为可以通过角色扮演的方式,让学生在一个有效的指导系统下体验职业精神的魅力,力求使每一个学生都有机会参与职业精神的培育中。② 伊丽莎白(Elizabeth,2009)等通过实验发现游戏的形式有助于学生职业精神的形成,即通过寓教于乐的方式将职业精神教育注入课堂中,让学生在不同的游戏中亲身感受不同行业的职业精神。③

最后,社会层面。学者们认为应规范社会和市场,形成良好的培育氛围,为职业院校学生工匠精神培育提供社会支持。匡瑛(2018)认为,将普通教育与职业教育融会贯通,通过参与职业体验、工作角色扮演、走进工作环境等途径为工匠精神的养成提供培育的摇篮,为工匠人才的发展铸就成长平台。构建社会支持体系,助力持之以恒、追求卓越品质之陶融。④ 徐耀强(2017)认为,培育工匠精神要做到四个"必须":必须形成良好的社会氛围,必须畅通职业培训机制,必须融入企业文化建设,必须建立激励保障制度。⑤ 李进(2016)从市场的角度出发,提出应该完善市场管理制度,培育高品质的消费市场,针对技术技能人员建立完整的薪酬激励体系,同时发挥职业院校的教育职能。⑥

5.关于职业院校学生工匠精神培育现状及其影响因素的研究

吴玉剑、刘燕(2017)指出职业院校传承和培育学生工匠精神面临着历史

① Cheryl,Bryan,A Professional Ethics Learning Module for Use in Cooperative Education,*Science and Engineering Ethics*,Vol.2,2004,pp.401-407.

② Schwartz,Raymond Kotwicki and William M.,McDonald,Developinga Modem Standard to Define and Assess Professional Spirit in Trainees,*Academic Psychiatry*,Vol.33,No.6,2009,pp.442-450.

③ Elizabeth,Donald,Wygal,Ethics and Professional Spirit:Bringing the Topic to Life in the Classroom,*Journal of Accountancy Education*,Vol.27,No.2,2009,pp.71-84.

④ 匡瑛:《智能化背景下"工匠精神"的时代意涵与培育路径》,《教育发展研究》2018年第1期。

⑤ 徐耀强:《论工匠精神》,《红旗文稿》2017年第10期。

⑥ 李进:《工匠精神的当代价值及培育路径研究》,《中国职业技术教育》2016年第27期。

文化传统的偏见和社会价值导向的异化、工匠培养制度的缺失与市场管理制度的失位、培养模式的"技术主义"偏差与教学模式"说"和"做"的悖论等三大现实困境。① 梅洪(2016)认为加强培育学生的工匠精神,是高职院校改革创新发展的必然选择和义不容辞的历史使命,高职教育要积极打造以工匠精神为特色的育人体系,着力把学生培养成为具有工匠精神的技术技能人才。②

南瑞萍(2018)运用因子分析法得出影响高职教育工匠精神水平的社会环境影响因素可划分为受尊重程度、专业就业形势与专业认可度三个方面,并且运用回归分析法得出社会环境因素会正向影响工匠精神。③ 章黎黎、李兴武(2018)通过回归分析验证了性别和生源地对学生的工匠精神素养有显著影响,并指出男生的工匠精神素养高于女生,而农村学生工匠精神素养高于城市学生。④ 曾亚纯(2017)通过对552名职业院校毕业生进行问卷抽样调查,首次用实证分析的研究方法得出自我效能感对工匠精神行为表现影响显著的结论。⑤ 许应楠(2018)从外部社会环境、学校培育环境、内生力量、实践行为和工匠精神形成五个方面构建了职业院校人才工匠精神培育影响因素模型。⑥ 张宏等(2018)基于校园文化、课程教学、实践操作、校企合作四个维度构建了职业院校学生工匠精神培育效果影响因素模型,分析发现校园文化、校企合作、课程教学、实践操作等因素均对工匠精神培育效果产生正向影响,其

① 吴玉剑、刘燕:《高职院校传承与培育学生工匠精神的三大困境刍议》,《职教论坛》2017年第4期。
② 梅洪:《论高职学生工匠精神的培育》,《职教论坛》2016年第25期。
③ 南瑞萍:《高职教育中工匠精神缺失的影响因素与培育路径研究》,山西财经大学2018年硕士学位论文。
④ 章黎黎、李兴武:《高职学生工匠精神素养培育及影响因素分析——以园林技术专业为例》,《现代商贸工业》2018年第9期。
⑤ 曾亚纯:《职业院校毕业生工匠精神行为表现的影响因素分析》,《中国职业技术教育》2017年第20期。
⑥ 许应楠:《职业院校人才工匠精神培育影响因素模型构建研究》,《中国职业技术教育》2018年第2期。

中课程教学和实践操作的影响达到了显著程度。①

（六）关于职业生涯教育视角下未来产业工人工匠精神培育的研究

齐晓威等（2021）提出以职业生涯教育为基础,积极培育学生的工匠精神,是提升未来产业工人培养质量,帮助他们适应经济社会发展的需要。② 王妍、米靖（2018）联系日本"职业生涯教育"实践阐述了其工匠精神的培育目标:一是未来"职业人"的意识、技术能力;二是未来"职业人"的职业观、劳动观;三是未来"职业人"的职业兴趣。③ 周跃南（2019）从职业生涯教育课程的角度出发,认为引导中学生正确认识自己,增强专业学习兴趣,是培养其工匠精神的前提,培养坚毅的意志品质是培育工匠精神的核心,培养中学生的学习能力和创新精神,是工匠精神的重要组成部分。④ 陈友力（2018）从学生职业生涯发展所需的知识技能的角度出发,认为要培育支撑职业生涯发展的知识技能,助推学生在人生职业生涯中逐渐成长为精益求精、追求卓越、甘于奉献的大国工匠。⑤ 郭子章（2021）从培养学生对工匠精神的认知出发,认为职业院校应抓住教育关键期,开展职业生涯规划教育,提高学生对工匠精神的认知水平,促使学生在实践过程中形成敬业、严谨、专注、创新等这些体现工匠精神内涵的品质。⑥

---

① 张宏、孙宏兴、徐涛、赵彬羽:《高职院校学生工匠精神培育效果影响因素研究》,《中国职业技术教育》2018 年第 9 期。

② 齐晓威、李天锁、王佳琦、耿欢欢、黄保霞:《职业生涯教育视角下高职学生工匠精神培育的路径研究》,《邯郸职业技术学院学报》2021 年第 4 期。

③ 王妍、米靖:《从日本"职业生涯教育"论其工匠精神的培育机制》,《中国职业技术教育》2018 年第 18 期。

④ 周跃南:《如何在职业生涯规划课程中培养学生的工匠精神》,《中国教育学刊》2019 年第 S1 期。

⑤ 陈友力:《新时代工匠精神的培育:误区、价值与路径》,《中国职业技术教育》2018 年第 18 期。

⑥ 郭子章:《职业院校工匠精神培育路径分析》,《职业》2021 年第 18 期。

四、我国工匠精神研究展望

进入新时代以来,中国经济发展进入了高质量发展阶段,产业结构不断转型升级,社会发展速度加快,社会文化日益多元,社会整体也面临着观念转变、利益转换、机制调整等诸多挑战,无论是生活方式,还是行为习惯,抑或是价值取向,都出现了变化,教育理念、教育体制、教育结构、教育方法等方面也需要进行根本性的变革。① 因此,在传承弘扬工匠精神、注重立德树人的背景下,我国工匠精神研究也应从研究主体、研究内容、研究方法上进行相应的创新,契合时代发展的趋势,构筑具有自身特色的研究范式和研究体系。

(一) 倡导多元主体学术合作,提升工匠精神研究力量协同性

在传承和培育工匠精神的过程中,职业院校和职业教育被寄予厚望,职业院校是培育工匠精神的重要主体,但不是唯一主体,培育工匠精神是全社会的共同责任。不同研究主体之间要打破隔阂,提高合作力度,利用多学科的相互融合,弥补各自的劣势,构建一个覆盖面较广、立体性较强的研究领域的学术共同体。特别是企业,在培养技术技能型人才工匠精神的过程中,扮演着至关重要的角色。一方面,企业是衡量职业院校人才培养质量的一把"尺子",可以通过人才培养质量评价体系,使职业院校明晰自身的不足,并促使职业院校进行教学改革来推动工匠精神培育;另一方面,企业在组织员工岗前培训、在岗培训之际,也可以将工匠精神融入其中,创新人才培养模式。当前,学界已经出现了一些针对工匠精神研究的联盟和研究院等学术共同体。2016 年,"工匠联盟"在北京饭店正式宣告成立,有近二十家社会团体和志同道合之士共同加盟。2018 年 3 月齐鲁工匠研究院成立,通过整合山东管理学院和国内

---

① 范国睿:《从规制到赋能——教育制度变迁创新理论》,华东师范大学出版社 2018 年版,第 77 页。

外优势学科与研究资源,致力于新时代劳模精神、劳动精神和工匠精神的研究与弘扬。2019 年大汉国际工匠院倡议并联合丝绸之路城市联盟发起的"一带一路"工匠联盟正式在北京成立。2021 年上海市总工会、江苏省总工会、浙江省总工会、安徽省总工会共同宣告成立长三角工匠联盟。这些研究共同体始终将工匠精神的弘扬放在第一位,对深化工匠精神研究水平、培养高素质技术技能人才具有重要支撑作用。

(二) 倡导多维视角理论融合,提升工匠精神研究内容创新性

随着时代的发展,信息化、数字化、人工智能等各种技术广泛应用于各个领域,既带来了新的发展机遇,也带来了新的挑战,教育领域也不例外,同时也赋予了工匠精神新的内涵。因此,在培育工匠精神的过程中,首先要立足于时代的发展与区域教育实践发展的客观实情,进一步丰富工匠精神的研究内容,结合数字技术、人工智能等最新热点开展工匠精神的研究。其次要加强理论研究与实践探索的有机衔接,实现工匠精神研究重心转向"发展实践"和"现实问题"。马克思主义理论指出,实践既是人们认识世界的来源,也是检验认识正确与否的唯一标准。对工匠精神培育的实践探索,不仅有利于推动理论创新,还有利于及时总结经验、形成机制,在更宽广范围、更多领域推动工匠精神的有效培育。再次,针对工匠精神的研究不能只局限于对他国理论的借鉴,要结合本国的实际情况,以传统文化为切入点,融合心理学、社会学、人类学等多个学科的内容,深入全面地对工匠精神进行学理阐释,构建与之相匹配的理论范式与话语体系,从而找到合适的培养路径。最后,要进一步加大劳模精神、劳动精神、工匠精神一体化培育机制的研究力度,大部分学者认为,培育工匠精神和培育劳动精神、劳模精神三者之间的关联密不可分,从本质上讲,工匠精神是对劳动精神的延伸升华。① 在具体实践中,劳模精神、工匠精神、劳

---

① 韩艳玲:《我国工匠精神研究:图景、演进与展望——基于 CiteSpace 的可视化知识图谱分析》,《职业教育(下旬刊)》2022 年第 21 期。

动精神是当前大中小学劳动教育的精神引领,劳动教育是三者一体化培育的重要载体,从当前的研究情况来看,将三者一体化培育的研究并不多,因此有必要加强三种精神一体化培育的研究。①

(三) 倡导多种方法综合运用,提升工匠精神研究方法多样性

研究方法是达到研究目的的一种方式,不同的研究方法各有利弊。在检索的有效文献中,约70%的文献都围绕工匠精神的科学内涵、价值意蕴、培育困境等理论问题进行思辨研究,而工匠精神的培育既是理论问题,同时也是一种实践问题,需要研究者们对思辨研究产生的理论成果在实践中应用的实际效果进行检验,以此避免理论成果过于抽象化的弊端。② 因此,在研究方法上,研究人员既要合理使用思辨研究、数量分析等分析方法,还可以采用借助田野调查等质性研究分析来弥补量化分析的不足,定性与定量研究相结合,才能保证研究成果的可靠性、准确性。当前,科学技术的发展速度不断加快,不同学科之间相互交叉渗透,边界越发模糊,多领域跨学科研究将会是工匠精神研究的主流之一,工匠精神是一个涉及众多学科和领域的研究范畴,研究者理应转变思想观念,树立跨界意识,融合各个学科,利用多学科交叉融合的研究方法开展系统性的研究。③ 此外,随着大数据时代的到来,人工智能、5G、云计算等新一代科学技术的发展,工匠精神的未来研究将会出现更多跨学科、跨领域的结合,也会有更多的前沿技术方法交叉应用于工匠精神研究。

---

① 韩艳玲:《我国工匠精神研究:图景、演进与展望——基于 CiteSpace 的可视化知识图谱分析》,《职业教育(下旬刊)》2022 年第 21 期。

② 王立柱、何云峰:《基于 CiteSpace 的我国课程思政研究可视化分析》,《教育理论与实践》2022 年第 42 期。

③ 李芷萱、向云、陆青:《农业经济高质量发展领域研究进展、热点与展望——基于 CiteSpace 可视化分析》,《中国农机化学报》2022 年第 43 期。

第五节　研究的目标、思路与方法

一、研究目标

(一) 揭示未来产业工人工匠精神的时代内涵

根据时代需求及相关理论规约,界定当代职业院校学生——未来产业工人应具备的工匠精神特质,"让工匠精神涵养时代气质",强化职业院校学生工匠精神培育意识,将工匠精神培育作为构建未来产业工人技能形成体系的思想基础。

(二) 评估未来产业工人工匠精神的基本状况

借助多方面手段与方法,对当代职业院校学生——未来产业工人工匠精神的基本状况作出准确判断,明晰新时代职业院校学生工匠精神培育起点,剖析影响工匠精神培育因素,打造合力推进产业工人队伍建设改革的工作格局。

(三) 研制未来产业工人工匠精神培育策略

依据未来产业工人应具备的工匠精神特质,对职业院校学生工匠精神培育的目标定位、内容组织、实施方略等提出建议,形成实施纲要文本,增强新时代职业院校学生工匠精神培育实效,为造就有理想守信念、懂技术会创新、敢担当讲奉献的产业工人队伍提供实践引领。

二、研究思路

在充分调研职业院校学生工匠精神培育基本状况、社会发展对未来从业者工匠精神素养需求的基础上,依据社会学习、情境学习、态度与品德形成及改变等相关理论,界定未来产业工人工匠精神的时代内涵、行为表征,提出我国职业院校应达成的学生工匠精神培育目标、内容框架、实施路径及策略等，且通过试点院校的教育探索，进一步修订完善相关建议（见图0-5）。

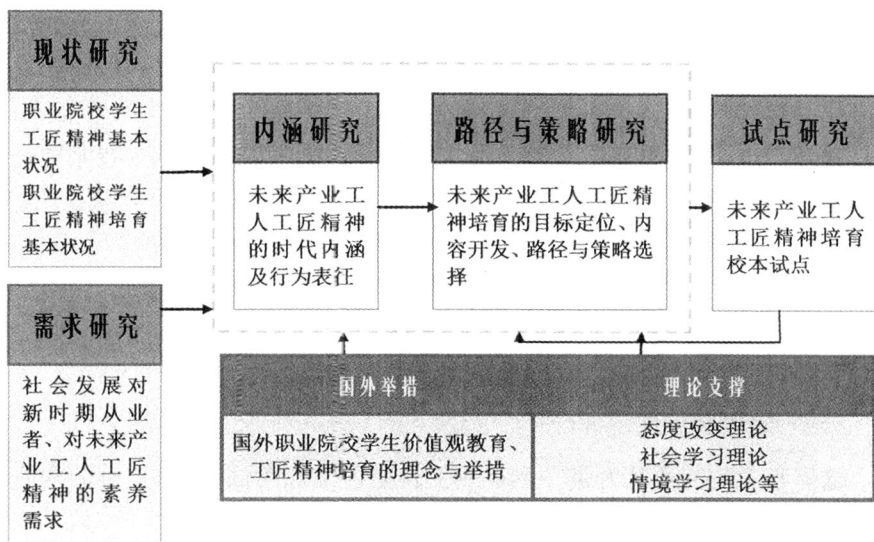

图 0-5　研究思路

三、研究方法

本书主要采用文献法、问卷调查、作品分析、专家咨询、行为观察、量表测试、比较研究、行动研究等方法展开。

（1）调查法

采用问卷及现场访谈等方法，调查了青岛海尔股份有限公司、南通国盛智能科技集团股份有限公司、南通甬金金属科技有限公司、昊石新材料科技南通有限公司、枫盛汽车科技集团、南通皋开汽车制造有限公司、南通振康焊接机电有限公司等多家高科技、新能源企业，了解其对新时期从业人员、对未来产业工人的素质需求。对江苏、山东等地多家学校相关管理人员、教学人员、学生进行抽样调查，了解当前职业院校学生工匠精神培育工作的基本情况。

（2）作品分析法

对职业院校相关教材进行分析，挖掘其中有关工匠精神培育的理念。抽样分析学生书面作业、生产产品、毕业设计等作品，解析学生工匠精神的具体表现。

（3）德尔菲法

邀请行业专家、德育专家对个体工匠精神的形成阶段及相应特征进行背对背预测，明确职业院校在学生工匠精神培育中的重点及要求。

（4）行为观察法

借助感官和辅助工具对学生课堂学习行为、实训行为、生产行为等进行观察，其结果作为评判学生工匠精神状况的重要依据。

（5）行动研究法

选择职业院校开展为期一学年的工匠精神培育的试点，并借助多种测量手段比较培育工作前后学生工匠精神的变化，检测实施效果。

第一章　我国职业院校学生工匠精神培育的历史发展与现状

　　虽然"工匠精神"一词,是新时期的话语表达,但我国对从业者职业精神、职业价值取向和行为表现的重视与培养则有着悠久的历史、良好的传统。我国秦汉、隋唐、宋元、明清时代手工业的繁荣,既源于统治阶级的文治武功与良好的社会环境,也依赖于能工巧匠的辈出,而这些能工巧匠的培养,大多是德在先,学技在后,重心性的培埴与天资的涵育。①

第一节　新中国成立以来我国职业院校学生工匠精神培育的历史发展

　　职业价值观是人们在职业选择和职业态度上的总体认识、基本理念和理想追求,合理的职业价值观是个体工匠精神形成的前提。职业院校作为培养未来产业工人的主要机构,自新中国成立以来,始终对学生强化职业价值观教育,注重促进学生提升职业素养,养成敬业乐群精神,为工匠精神培育作出了诸多有益的探索。

---

　　①　舒光强:《工匠精神的当代价值》,《中国文化报》2019 年 9 月 9 日。

职业价值观教育作为一项特殊的社会实践活动,是多元背景因素共同影响下的产物。通过梳理新中国成立以来我国职业院校职业价值观教育发展的历程,不难发现,职业价值观教育在其演变过程中,受到经济、政治、文化多重因素的影响和制约①,而最直接因素就是经济水平与国家就业政策的变化。

一、职业价值观教育的基本阶段

查阅相关文献可知,目前学术界对于经济发展和就业政策发展阶段的划分并不一致,主要有"两阶段说"②"三阶段说"③"五阶段说"④等代表性观点,这些观点虽揭示和反映了我国社会经济发展以及就业政策发展的历史过程,但某种程度上存在指导理论模糊化、划分标准简单化等问题。笔者认为,职业价值观教育发展研究应以马克思主义关于人的本质⑤、人的全面发展以及职业选择的理论为支撑,立足于新中国成立以来党的百年奋斗重大成就、经济发展以及就业政策的历史调整,依其重点内容的不同,划分为集体主义精神培育、敬业乐业精神培育、创新创业精神培育、工匠精神培育四个阶段。

(一) 集体主义精神培育(新中国成立——党的十一届三中全会前)

新中国成立以后,经过最初几年的经济恢复以及随后几年的大规模社会主义改造的基本完成,我国确立了社会主义政治制度和经济制度。但在所有制构成上,形成的是比较单一的全民所有制和集体所有制形式;在管理体制

---

① 薛利锋:《我国大学生职业价值观教育研究》,东北师范大学 2011 年博士学位论文。
② 李志明:《中国就业政策 70 年:走向充分而有质量的就业》,《天津社会科学》2019 年第 3 期。
③ 惠建国、刘冠军:《新中国 70 年就业政策的创新发展与经验总结》,《财经问题研究》2020 年第 9 期。
④ 谢秀军、陈跃:《新中国 70 年就业政策的变迁》,《改革》2019 年第 4 期。
⑤ 薛利锋:《我国大学生职业价值观教育研究》,东北师范大学 2011 年博士学位论文。

上,实行的是单一的指令性计划方式。与此相适应,在毕业生的分配制度上,开始形成以"统"和"包"为特征,面向全民所有制单位分配的模式①,即"国家统一招生,统包学生所用费用,统一分配工作的分配制度"②。

新中国成立初期,国家正处于国民经济恢复时期,百废待兴,国家面临的主要任务是恢复经济民生,保障和巩固革命的胜利果实,同时全面展开国家建设。就业政策立足于巩固新生政权和国民经济恢复,以稳定就业为目标,从分散管理逐步迈上集中调配的轨道,体现出"阶段性调整"的鲜明特征。1949 年为了解决旧社会遗留下来的公职人员的就业问题,中共中央发出关于旧人员处理问题的指示,通过采取"包下来"的政策,解决了 600 余万公职人员的就业问题。③ 1952 年《政务院关于整顿和发展中等职业技术教育的指示》中指出,中等职业技术学校的"设置、变更、停办、分科、毕业生分配以及其他日常行政事宜等,应以分别由各有关业务部门直接决定为原则"④。同年,在全国劳动就业会议上制定了对劳动力实行"统一调配、限制农村劳动力流入"的政策。与此同时,《中等技术学校暂行实施办法》中也强调"中等技术学校学生毕业后,原则上由主管部门统一分配工作"⑤。

我国从 1953 年开始,实施发展国民经济的第一个五年计划。在这一阶段,国家政治稳定,经济发展较快,职业技术教育事业根据经济建设的需要有计划地得到发展。1953 年政务院发布了《关于中等专业学校毕业生分配工作的指示》,对于中等专业学校毕业生的分配工作作出了明确的要求,业务部门培养的毕业生原则上由业务部门分配,地方人民政府或中央业务部门委托地

---

① 罗自成:《马克思人学理论视域下我国大学生就业政策的演变分析》,广州中医药大学 2015 年硕士学位论文。

② 王海棠:《主编大学生就业指导教程》,北京大学出版社 2009 年版,第 1 页。

③ 谢秀军、陈跃:《新中国 70 年就业政策的变迁》,《改革》2019 年第 4 期。

④ 李树陈:《国家治理体系现代化视角下的职业教育政策研究》,中共中央党校 2016 年博士学位论文。

⑤ 何东昌:《中华人民共和国重要教育文献:1949—1975》,海南出版社 1998 年版,第 156 页。

方培养的毕业生,由地方政府有关部门分配,同一系统内需要调剂的由中央或地方业务部门负责调剂。1955年,劳动部第二次全国劳动部门局长会议正式确定了"统一管理、分工负责"的劳动用工政策,形成了统包统配、能进不能出的劳动管理体制。①

我国的社会主义改造基本完成后,开始转入全面的大规模的社会主义建设,1958年,国家进入了第二个五年计划发展时期,各类学校有了大规模的发展。1962年,中央成立了"毕业生分配委员会",标志着毕业生工作"统包统配"制度的完全形成。1964年10月,国务院批转高等教育部《关于中等专业学校招生和毕业生分配统筹规划的报告》中规定:"实行毕业生余缺调剂的办法""此项工作,建议由内务部负责"。根据上述规定,原内务部对1965年到1966年的中专毕业生进行了全国统一调剂。

"文化大革命"开始后,我国曾深陷于意识形态领域的自我肯定,高喊着"宁要社会主义的草,不要资本主义的苗",以至于忽略了发展才是社会进步的根本。十年动乱,将国民经济推向崩溃边缘,打乱了正常的就业制度,大量毕业生滞留社会等待安排。当时的解决办法是鼓励大量城镇知识青年上山下乡。1968年中央开展了知识青年"上山下乡"活动。1973年,中共中央转发国务院《关于全国知识青年上山下乡工作会议的报告》,各省也纷纷制定"上山下乡"政策性文件。② 通过此项活动,大量劳动力向农村转移,形成了"亦工亦农"的独特就业模式。1972年之后,一些"文化大革命"期间推荐入学的学生,依据相关规定,由各省、自治区、直辖市分配回来源地区或单位安排工作,称之为"厂来厂去""社来社去""哪来哪去",国家只做少量调剂。

总体而言,"统包统配"政策一方面适应了我国当时发展现状及需要,有效地促进了经济社会的健康发展,并体现了社会主义制度的优越性,有力保证了国家重点建设对人才的需要,在一定程度上支援了"老、少、边、穷"等地区,

---

① 谢秀军、陈跃:《新中国70年就业政策的变迁》,《改革》2019年第4期。
② 谢秀军、陈跃:《新中国70年就业政策的变迁》,《改革》2019年第4期。

解决了人才分布不均衡的问题,促进了各地区、各部门经济的协调发展。另一方面,随着我国经济社会体制改革的不断深入,"统包统配"政策也显现出诸多的不适应性,难以实现人职之间的合理匹配,在一定程度上制约了学生学习求知的积极性和主动性,使学生产生"铁饭碗""等、靠、要"的消极态度。①

黄炎培先生曾指出"仅仅教学生职业,而于精神的陶冶全不注意",是把一种很好的教育"变成器械的教育"。作为一种特殊的"精神的陶冶",职业院校职业价值观教育旨在为学生将来从事某类职业提供必要的、适应一定社会要求的思想和认识基础,特定的社会经济制度、人才就业政策、学校的培养目标决定了职业院校职业价值观教育的内容与方式。

从新中国成立至党的十一届三中全会期间,职业院校的培养目标主要是为社会主义建设培养"又红又专"的技术技能人才。1950 年 5 月 1 日,钱俊瑞在《人民教育》创刊号上发表了题为《当前教育建设的方针》的文章,指出"为工农服务,为生产建设服务,这就是当前实行新民主主义教育的中心方针"②。1950 年 6 月 8 日,周恩来同志在全国高等教育工作会议上对我国职教的发展宗旨讲得尤为明确,他说:"现在我们国家的经济正处在恢复阶段,需要人'急',需要人'专',这是事实。""为了适应需要,可以创办中等技术学校"③。1951 年 6 月 12 日,毛泽东同志在第一次全国中等技术教育会议上强调"培养技术人员是我们国家的根本之图"④。1952 年,教育部《中等技术学校暂行实施办法》指出,培养具有必要的文化、科学的基本知识,掌握一定的现代技术、

① 薛利锋:《我国大学生职业价值观教育研究》,东北师范大学 2011 年博士学位论文。
② 何东昌:《中华人民共和国重要教育文献:1949—1975》,海南出版社 1998 年版,第 17—25 页。
③ 中央教育科学院研究所:《周恩来教育文选》,教育科学出版社 1984 年版,第 9—10 页。
④ 何东昌:《中华人民共和国重要教育文献:1949—1975》,海南出版社 1998 年版,第 95 页。

身体健康,全心全意为人民服务的初级和中级技术人才。① 高等教育部在1954年11月颁发了《中等专业学校章程》,提出中等专业学校要培养具有马克思主义基础知识、普通教育文化水平和基础技术知识、并能掌握一定专业技能的、身体健康,全心全意为社会主义服务的中等专业干部。② 1956年劳动部颁发的《工人技术学校标准章程(草案)》中规定:"工人技术学校培养的目标为四级和五级技术工人",要求其"能掌握一定专业的现代技术操作技能和基础技术理论知识的、身体健康的、全心全意为社会主义建设的中级技术工人。"③1958年9月19日,中共中央、国务院下发了《关于教育工作的指示》,明确"党的教育工作方针是教育为无产阶级的政治服务,教育与生产劳动结合",并且提出了要培养出一支数以千万计的又红又专的工人阶级知识分子的队伍④。1964年的两种教育制度实行之后,半工半读的中等技术学校提出了要培养"又红又专、能文能武的、既能体力劳动又能脑力劳动的新型劳动者"⑤。1973年7月,国务院批转了国家计委和国务院科教组《关于中等专业学校、技工学校办学中几个问题的意见》,要求"中等专业学校是为社会主义革命和社会主义建设培养又红又专的中等专业人才""技术学校培养有社会主义觉悟有文化的技术工人"⑥。

与此相对应,社会主义建设时期的职业价值观教育在教育内容上以培养"无私奉献""全心全意为人民服务""服从国家安排"的集体主义精神为主。在计划经济时期,为了使国民经济得以较快恢复,改变国家一穷二白的局面,以毛泽东同志为主要代表的中国共产党人提出"全心全意为人民服务"的伟

① 何东昌:《中华人民共和国重要教育文献:1949—1975》,海南出版社1998年版,第154—156页。
② 何东昌:《中华人民共和国重要教育文献:1949—1975》,海南出版社1998年版,第403—406页。
③ 李蔺田:《中国职业技术教育史》,高等教育出版社1994年版,第266页。
④ 李蔺田:《中国职业技术教育史》,高等教育出版社1994年版,第292页。
⑤ 李蔺田:《中国职业技术教育史》,高等教育出版社1994年版,第310页。
⑥ 李蔺田:《中国职业技术教育史》,高等教育出版社1994年版,第347页。

大口号。毛泽东同志认为"全心全意为人民服务,一刻也不脱离群众,一切从人民的利益出发,而不是从个人或小集团的利益出发,向人民负责和向党的领导机关负责的一致性,这些就是我们的出发点"①。"自私自利,消极怠工,贪污腐化,风头主义等,是最可鄙的;而大公无私,积极努力,克己奉公,埋头苦干的精神,才是可尊敬的"②。当时广为流传的口号"一颗红心,两种准备""我是一颗螺丝钉,哪里需要哪里钉""我是革命一块砖,哪里需要哪里搬"等③,都要求以党和人民的事业这一"大厦"为重,以自己个人荣辱得失为轻,真正能"正确对待个人进退留转",在职业院校,就是要引导和鼓励毕业生服从安排,安心学业、听从分配,"不谈条件、不讲价钱",确保毕业之后能够到国家需要的地区和岗位上,充分发挥主力军作用,为国家建设发展作出应有贡献。

在职业价值观教育方法上,主要采取政治动员、个别谈话等方式。当时,全国各地几乎没有设置就业指导机构,也没有出版就业指导类的图书,职业院校更没有开设职业指导课程④,甚至连"职业指导""职业选择"之类词汇也鲜见于各类出版物之上。学生职业价值观教育主要依托学校思想政治工作展开,除了开设系统马列主义、毛泽东思想系列课程之外,更多则采取政治动员、个别谈心等方式,引导和鼓励学生在校安心学习、锻炼本领,到工作岗位上安心工作、多作贡献。

总体而言,此阶段职业院校职业价值观教育具有两方面的特点:一是教育内容上体现了社会本位的理念。基于社会发展需要对学生进行价值引领,鼓励学生主动放弃个人利益,一切从国家建设考虑,听从党的指挥,服从组织安排。主要反映的是择业观,对职业平等观、从业过程中的相关要求等强调不多,对工匠精神的培育论及不多。二是教育方式的单一性,主要局限于意识灌

---

① 《毛泽东选集》第三卷,人民出版社 1991 年版,第 1043 页。
② 《毛泽东选集》第二卷,人民出版社 2008 年版,第 522 页。
③ 薛利锋:《我国大学生职业价值观教育研究》,东北师范大学 2011 年博士学位论文。
④ 薛利锋:《我国大学生职业价值观教育研究》,东北师范大学 2011 年博士学位论文。

输、榜样引领,教育过程中对学生内在情感、内在体验关照不多,学生更多的是单向接受。

(二) 敬业乐业精神培育(党的十一届三中全会——党的十四大)

党的十一届三中全会作出了实行改革开放的新决策,将全党的工作重心转移到社会主义现代化建设上来,揭开了党和国家历史的新篇章。由于经济体制改革的推进、对经济结构和产业结构的调整,造成了少部分就业人员的结构性就业矛盾。兼之此前由于林彪、"四人帮"极"左"路线的干扰破坏,各项社会事业和经济事业发展缓慢,导致待业人员数量持续增加。传统计划经济体制下"统包统配"的城镇就业政策已经不能解决如此严峻的就业问题①。在此背景之下,党和政府根据经济结构、产业结构和就业方式的变化,提出要改革传统就业体制,并制定了"三结合""劳动合同制""再就业工程"等保障就业政策,使我国就业政策体现出统筹性、多元化、市场化的鲜明特征。

1980 年 10 月 7 日,国务院批转《关于中等教育结构改革的报告》,提出职业中学毕业生不包分配,由"劳动部门(或劳动服务公司)推荐,经用人单位考核后,择优录取"②。同年 8 月,中共中央转发全国劳动就业工作会议通过的《进一步做好城镇劳动就业工作》的文件,明确"三结合"的就业方针,即"在国家统筹规划和指导下,实行劳动部门介绍就业、自愿组织起来就业和自谋职业相结合"。1981 年 10 月,中共中央、国务院《关于广开门路,搞活经济,解决城镇就业问题的若干决议》中提出:"新办的职业技术学校,毕业生不采取统一分配的办法,由劳动部门(或劳动服务公司)推荐,经用人单位考核,择优录用,也可以自由选择职业。"③1983 年 4 月,《劳动人事部关于改革技工学校毕业生分配制度等问题的意见》规定,1983 年后招收的学生,毕业后根据"三结

---

① 董晶:《改革开放以来党的城镇就业政策研究》,华东师范大学 2008 年硕士学位论文。
② 李蔺田:《中国职业技术教育史》,高等教育出版社 1994 年版,第 368 页。
③ 教育部组织编纂:《中国教育年鉴》,中国大百科全书出版社 1984 年版,第 185 页。

合"就业方针,统筹安排。①

　　适应上述要求,当时职业院校主要将培养有道德的劳动者作为主要追求。
1983 年,邓小平同志为北京景山学校题词:"教育要面向现代化,面向世界,面
向未来。"此后他又提出著名的"有理想、有道德、有文化、有纪律"论断,强调
要使青少年一代成为"四有"的社会主义新人。② 1991 年,全国职业技术教育
工作会议上,李沛瑶指出职业技术教育的主要任务是培养德智体全面发展、掌
握必要的专业技能的合格劳动者。同年,国家教委发布了《关于大力发展乡
(镇)、村农民文化技术学校的意见》,该意见指出,要坚持"科技、教育兴农"的
战略方针和教育方针,大力发展乡(镇)、村农民文化技术学校,广泛提高农村
劳动者的思想政治素质和科学文化素质,培养"四有"的新型农民,为全面振
兴农村经济、促进农村两个文明建设、实现我国社会主义现代化建设服务。③
1992 年劳动部《关于扩大高级技工学校试点工作的通知》指出,高级技工学校
要培养热爱党、热爱社会主义、坚持四项基本原则、具有良好的职业道德、文化
技术理论知识并且身体健康的"四有"人才。④

　　在此背景下,此阶段职业院校职业价值观教育从内容上来看,内涵丰富且
具有针对性,以"乐业、勤业、敬业"为主要教育内容,逐渐摆脱了以往社会主
义建设时期以服从分配为主要内容的教育传统,侧重教育学生增强职业意识、
树立"职业不分高低贵贱,行行出状元"的职业观⑤,教育学生为将来择业做好
充分的准备,树立"现在学好本专业,未来干好本职业"的决心等⑥。例如
1984 年中共中央宣传部、中共教育部党组印发的《关于加强和改进中等专业

① 李蔺田:《中国职业技术教育史》,高等教育出版社 1994 年版,第 369 页。
② 陈至立:《在探索有中国特色社会主义教育发展道路中前进》,《求是》1999 年第 19 期。
③ 何东昌:《中华人民共和国重要教育文献》,海南出版社 2003 年版,第 3170 页。
④ 何东昌:《中华人民共和国重要教育文献》,海南出版社 1998 年版,第 3399 页。
⑤ 何介雄、马尧炯:《职业道德教育的原则和方法》,《教育与职业》1987 年第 1 期。
⑥ 王治俊:《职业大学应加强学生的职业道德教育》,《江汉大学学报(社会科学版)》1988
年第 1 期。

学校当前思想政治工作的几点意见》，针对"有的学生不热爱专业，不认真学习，自由散漫"等问题，强调"从入学第一天起，就要帮助学生明确学习目的"，"要教育他们热爱专业，勤奋学习"，"热爱本行，忠于职守"。① 1987 年，北京职业道德教育研究小组发布了《北京市中级职业技术学校（职业高中、职业中专）职业道德教育大纲初稿》，要求职业技术学校要加强学生职业观的建设，培养学生正确的职业观念，培养"行行都光荣、行行出状元"的职业荣誉感和幸福感，不断提高专业知识和技术水平，树立职业上的奋斗目标及为职业献身的精神。② 枝城市职业中等专业学校还经常辅以"爱我专业""爱我选择""学好专业建设宜昌"等演讲活动，促使学生树立专业思想。③ 1991 年上海市颁布了《上海市职业学校德育纲要》，该纲要中明确指出"职业学校的德育工作有其特殊的教育内容和教育规律"，所谓特殊的教育规律，即"按循序渐进的原则以乐业教育、勤业教育和敬业教育为教育的三个阶段"，促使学生树立起乐业、勤业、敬业的精神。④

就教育方式而言，此阶段职业院校学生的职业价值观教育，主要以职业道德课、专题讲座、浸润养成等方法为主，注重学生行为习惯养成。不少职业院校主动开设职业道德教育课程，将职业价值观教育正式纳入课程体系。例如1988 年之后，上海市各职业学校开始设置了职业道德课，贯彻知行统一的原则，组织学生进行街头便民服务，利用专业知识和一技之长为民服务，促进学生树立起职业理想及乐业、勤业和敬业的精神。⑤ 1986 年 11 月，中华职教社深圳办事处与深圳市教育局联合举办了"职业指导问题研讨会"，这是新中国

---

① 李蔺田：《中国职业技术教育史》，高等教育出版社 1994 年版，第 457—458 页。
② 北京市职业道德教育研究小组：《北京市中级职业技术学校（职业高中、职业中专）职业道德教育大纲（初稿）》，《教育与职业》1990 年第 7 期。
③ 杜茂春：《面向市场经济加强职业道德教育》，《中原职业技术教育》1994 年第 2 期。
④ 上海市教委职业教育办公室：《加强职业道德教育 搞好职校德育工作》，《中国职业技术教育》1997 年第 6 期。
⑤ 上海市教委职业教育办公室：《加强职业道德教育 搞好职校德育工作》，《中国职业技术教育》1997 年第 6 期。

成立后第一次召开专门研究职业指导问题的会议。① 再如中华职业教育社福建分社与劳动局合办了职业指导所,1989 年上半年为 3594 名求职者推荐了就业。苏州各类中等职业技术学校采取举办讲座、请业务主管部门负责人介绍专业情况、参观对口单位、开展主题活动等多种形式,推动形势前途教育、专业思想教育,帮助学生逐步树立正确的人生观、职业观和人才观,懂得"职业不分高低贵贱,行行出状元"的道理。② 1991 年时任国家教育委员会主任李铁映同志在全国职业技术教育工作会议上也指出,在普通教育的适当阶段因地制宜地引进职业技术教育因素,从小培养学生热爱劳动、热爱科学技术的精神,养成良好的习惯与作风。③

总而言之,此阶段职业院校职业价值观教育与社会主义建设时期相比有所调整,从关注择业观教育转向职业理想教育、转向勤业和敬业的从业观教育,引导学生具备工匠精神的基本品质,实践活动的参与、对口单位的参观等教育方式也有利于丰富学生的职业体验,锻炼其劳动品质,有助于学生工匠精神相关品质的养成。

(三) 创新创业精神培育(党的十四大—党的十八大)

1992 年,随着邓小平同志"南方谈话"的发表和党的十四大的召开,中国迈入建设社会主义市场经济体制的新发展阶段。党的十四大报告确定我国经济体制改革的目标是建立社会主义市场经济体制,党的十四届三中全会通过《中共中央关于建立社会主义市场经济体制若干问题的决定》,正式确立社会主义市场经济的改革方向。随着社会主义市场经济体制的建立和"合同制"

---

① 天津职业技术师范大学:《中国职业教育改革二十年(1980—2000)》,科学出版社 2016 年版,第 16—17 页。

② 天津职业技术师范大学:《中国职业教育改革二十年(1980—2000)》,科学出版社 2016 年版,第 16—17 页。

③ 何东昌:《中华人民共和国重要教育文献》,海南出版社 1998 年版,第 3102 页。

"聘任制"等劳动人事制度的推进,职业院校学生的就业制度亦在悄悄变革,1993 年,中共中央、国务院印发《中国教育改革和发展纲要》指出:除对师范学科和某些艰苦行业、边远地区的毕业生,实行在一定范围内定向就业外,大部分毕业生实行在国家方针政策指导下,通过人才劳务市场,采取"自主择业"的就业办法。与此相配套,建立人才需求信息、就业咨询指导、职业介绍等社会中介组织,为毕业生就业提供服务。① 1998 年,首批职业院校招生实行"并轨"改革,即自费上学、自主择业,这标志着我国毕业生就业制度进入就业政策与市场经济发展密切相关的以市场为导向的自主择业阶段。同年,国家教委、国家经贸委、劳动部《关于实施〈职业教育法〉加快发展职业教育的若干意见》中提出,随着劳动力市场的完善,所有职业学校和职业培训机构的毕(结)业生的就业应逐步转到面向社会、进入市场、公平竞争、自主择业的轨道。② 2002 年印发的《教育部关于加强职业技术学校职业指导工作的意见》要求,教育引导学生树立正确的职业理想和职业观念,全面提高学生职业素质和职业能力;为学生根据社会需要及其身心特点顺利就业、创业和升学提供必要的指导和帮助,使其在适应社会、融入社会的同时得到发展。③

　　为增强学生的自主择业能力,1994 年,国务院在《关于〈中国教育改革和发展纲要〉的实施意见》中指出,职业教育要注重职业道德和实际能力的培养,努力造就一批能够适应社会主义市场经济发展需要,能够跻身于国际市场激烈竞争的、具有良好素质的新一代熟练劳动者和生产一线的建设者。④ 1995 年,国家教委颁发了《关于普通中等专业教育(不含中师)改革与发展的

　　① 胡春梅、陈婷婷、雷旭平:《少数民族毕业生就业政策及其演变历程(1949—2000 年)》,《内蒙古师范大学学报(教育科学版)》2016 年第 5 期。
　　② 《中华人民共和国重要教育文献》编委会:《中华人民共和国重要教育文献:1998—2002》,海南出版社 2003 年版,第 53 页。
　　③ 本刊编辑部:《见证 2002——我们眼中的中国职业技术教育亮点》,《职业技术教育》2003 年第 3 期。
　　④ 何东昌:《中华人民共和国重要教育文献》(1949—1997),海南出版社 1998 年版,第 3664 页。

意见》,该意见指出,中等专业学校要改变过去那种与计划经济体制相适应的单纯为全民所有制单位培养人才、统包统配的制度。通过改革,为多种所有制单位服务,为我国现代化建设,特别是为农村经济建设培养合格适用的中等专业人才。① 2000 年,教育部颁发的《教育部关于加强高职高专教育人才培养工作的意见》提出,学生应具有良好的职业道德和敬业精神,要求学生具有爱岗敬业、踏实肯干、谦虚好学和与人合作的精神。2005 年发布的《国务院关于大力发展职业教育的决定》提出,坚持"以服务为宗旨、以就业为导向"的职业教育办学方针,积极推动职业教育从计划培养向市场驱动转变,从政府直接管理向宏观引导转变,从传统的升学导向向就业导向转变。

适应上述就业制度与培养目标要求,此阶段职业院校职业价值观教育内容主要是"爱岗敬业、诚实守信、办事公道、服务群众、奉献社会"的职业道德教育和竞争、创新意识的培养。在社会主义市场经济的大潮中,有人沉舟覆没,有人脱颖而出,其中主动开拓和勇于竞争品质是决定性因素。个体要想能顺利就业,做到事业有成,仅有专业知识和技能是远远不够的,还必须具有创新创业精神。例如 1995 年,龙岩华侨职业学校在职业道德教学的过程中强调了开拓、竞争意识、敬业精神,认为在面对社会主义市场经济给我们带来的机遇挑战,仅仅凭着专业知识和技能是不够,还必须增强学生的开拓、竞争意识。② 河北玉田职教中心以"学做人之道,修立业之本"为校训主线,组织职业道德课程,邀请优秀企业家、奉公守法的私营企业主和优秀毕业生到校作创业报告,开展创新创业教育,引导学生树立敬业精神,增强创新意识。③

从职业价值观教育方法看,此阶段,多地高度重视加强职业教育与劳动力市场的联系,纷纷成立了中等职业学校毕业生就业指导服务机构,专门召开毕

---

① 何东昌:《中华人民共和国重要教育文献》(1949—1997),海南出版社 1998 年版,第3819 页。

② 孙桂华:《适应市场经济,深化职业道德教育》,《龙岩师专学报》1995 年第 2 期。

③ 张银凤:《加强职业学校学生道德教育的尝试》,《职业技术教育》2007 年第 5 期。

业就业指导会议、毕业生就业供需洽谈会,河南等一些地方还建立了中等职业学校毕业生就业网站①。各地致力于进行职业价值观教育实践和理论研究,帮助学生学习职业知识,掌握职业生涯设计方法,在全社会倡导"三百六十行,行行出状元"的观念,推动学生树立"技术工人也是人才"的观念②,唱响了"毕业生到农村、到基层就业"的主旋律,取得了诸多成效,形成了一系列丰硕的成果③,增强了学生的实战能力,提升了其就业竞争力。

此阶段职业院校学生职业价值观教育表现出鲜明的主体性和多元化特征。具体而言,主体性指这一时期职业价值观教育更强调尊重学生主体地位,遵循学生发展规律,发挥学生职业选择能动性,这种主体性教育形态有力地激发了学生塑造自我职业价值观的积极性和创造性,大大地凸显了职业价值观教育对学生健康成长成才的积极作用④。多元性指这一时期职业价值观教育的形式日趋多元。受长期传统观念的影响,诸多从业人员依然坚守"等、靠、要"的思想,坚持"先国有,后集体,死活不愿干个体"的想法,相信只有"到国有单位端'铁饭碗'才可靠""宁端铁饭碗喝汤,不端泥饭碗吃肉",这些择业观念的偏见比比皆是,随之而来的便是违约率居高不下、诚信度逐渐下滑、就业期望过高等问题层出不穷。针对这些根深蒂固的陋见,职业价值观教育在依托既有的职业道德教育课、职业生涯讲座展开的同时,还有意识地通过文化课和专业课教学、入学和毕业教育、班主任和学生日常管理工作、社会实践和课外活动等形式,通过组织多种形式的模拟创业、举办创业有成者的典型案例教学和报告会等活动,转变学生的职业观念、择业取向,激发学生主动创业的意识。

---

① 王湛:《在2002年度职业教育与成人教育工作会议上的讲话》,《中国职业技术教育》2002年第4期。
② 张方应:《技校应注重敬业爱岗教育》,《职业技能培训教学》1996年第5期。
③ 薛利锋:《我国大学生职业价值观教育研究》,东北师范大学2011年博士学位论文。
④ 薛利锋:《我国大学生职业价值观教育研究》,东北师范大学2011年博士学位论文。

（四）工匠精神培育（党的十八大以来）

2012 年,党的十八召开,开启了开创中国特色社会主义新时代的崭新征程。2017 年在党的十九大报告中,习近平总书记作出"中国特色社会主义进入了新时代,这是我国发展新的历史方位"的这一重大判断。我国站到了新的历史起点上,社会主要矛盾已转化为人民日益增长的美好生活需要和不平衡不充分的发展之间的矛盾,发展的内在要求和外部条件都发生了重要变化。党的十八大以来,我国经济从高速增长阶段转向高质量发展阶段,从要素驱动、投资驱动转向创新驱动,科技创新必须深度融入经济发展主战场和社会民生各个方面。① 党的十八大报告指出:"科技创新是提高社会生产力和综合国力的战略支撑,必须摆在国家发展全局的核心位置。"②党的十九大报告进一步强调:"创新是引领发展的第一动力,是建设现代化经济体系的战略支撑。"③在实现全面建成小康社会第一个百年奋斗目标,向着全面建成社会主义现代化强国第二个百年奋斗目标迈进之际,党的十九届五中全会明确提出:"坚持创新在我国现代化建设全局中的核心地位,把科技自立自强作为国家发展的战略支撑。"④党的二十大郑重提出,到 2035 年,我国"实现高水平科技自立自强,进入创新型国家前列"⑤。功以才成,业由才广;千秋基业,人才为先。创新的事业呼唤创新的人才,职业教育为我国经济发展、产业结构转型升级提供了重要的人才支撑。

---

① 邢怀滨:《中国特色社会主义进入新时代,党领导科技事业开创全面创新发展新局面》,《国际人才交流》2021 年第 8 期。

② 中共中央党史和文献研究院编:《十八大以来重要文献选编》(上),中央文献出版社 2014 年版,第 17 页。

③ 中共中央党史和文献研究院编:《十九大以来重要文献选编》(上),中央文献出版社 2019 年版,第 22 页。

④ 中共中央党史和文献研究院编:《十九大以来重要文献选编》(中),中央文献出版社 2021 年版,第 793 页。

⑤ 习近平:《高举中国特色社会主义伟大旗帜　为全面建设社会主义现代化国家而团结奋斗——在中国共产党第二十次全国代表大会上的报告》,人民出版社 2022 年版,第 24 页。

职业教育大有可为,也应当大有作为。李克强总理强调要把提高职业技能和培养职业精神高度融合,不仅要培养大批怀有一技之长的劳动者,而且要让受教育者牢固树立敬业守信、精益求精等职业精神。2016 年,中国政府工作报告中首次提出工匠精神:"鼓励企业开展个性化定制、柔性化生产,培育精益求精的工匠精神。"①同年,习近平总书记在安徽考察期间强调"无论从事什么劳动,都要干一行、爱一行、钻一行"②。2017 年,党的十九大报告再次强调要"弘扬劳模精神和工匠精神,营造劳动光荣的社会风尚和精益求精的敬业风气"③。2021 年中共中央办公厅、国务院办公厅发布的《关于推动现代职业教育高质量发展的意见》、2022 年新修订的《中华人民共和国职业教育法》,均继续对职业院校中工匠精神的培育提出了要求。

新时代赋予新使命,新征程昭示新未来。新时代对人才培养目标也提出了新诉求——要"培养担当民族复兴大任的时代新人"④,习近平总书记也多次殷切寄语青年,"要坚定理想信念,志存高远,脚踏实地,勇做时代的弄潮儿"⑤。2015 年两会期间李克强总理指出:"我们要用大批的技术人才作为支撑,让享誉全球的'中国制造'升级为'优质制造'。"⑥我国职业院校作为职业技术技能人才输出的主阵地,将"工匠"定位成职业院校的人才培养目标恰如其分,职业院校必须担起培养具有工匠精神的学生这一神圣使命,在职业道德教育过程中注重对学生工匠精神培养责无旁贷。

从教育内容上看,此阶段的职业院校既重视知识、能力的教育,也突出意

---

① 中共中央党史和文献研究院编:《十八大以来重要文献选编》(下),中央文献出版社 2018 年版,第 270 页。
② 习近平:《在知识分子、劳动模范、青年代表座谈会上的讲话》,人民出版社 2016 年版,第 9 页。
③ 中共中央党史和文献研究院编:《十九大以来重要文献选编》(上),中央文献出版社 2019 年版,第 22 页。
④ 《习近平谈治国理政》第四卷,外文出版社 2022 年版,第 339 页。
⑤ 《习近平谈治国理政》第三卷,外文出版社 2020 年版,第 55 页。
⑥ 王保纯:《今天我们更需要什么样的人才》,《光明日报》2014 年 8 月 26 日。

识、品质的教育,重视"有业、乐业、志业""不唯学历凭能力""职业无贵贱"等观念①、"敬业奉献、精益求精、求实创新"等价值观②的教育。江苏财经职业技术学院在培养"脑子灵、懂管理、善经营、会动手、身心好、讨人喜"具有财院特质的高素质技术技能型人才的实践中,充分发挥学校地处伟人故里——江苏淮安的优势资源,把周恩来同志的题词"努力学习、精益求精"作为学院精神,教育师生员工努力践行周恩来同志的"学习观、职业观、科技观、教育观和群众观",做到崇尚实践、永不懈怠、锲而不舍、追求完美③。德胜—鲁班(休宁)木工学校在办学过程中将"诚实、勤劳、有爱心、不走捷径"作为校训,以敬业教育为核心,着力职业精神培养,一是让学生从内心喜爱木工这一行,通过精美家具作品的展示和参观徽州古建筑艺术使学生体会木匠工作的创造性与艺术魅力;二是"在做中学,在学中做"体验做木工的乐趣与神奇,使学生体味到选择木工职业是生命深处的需要,而不是仅仅为了赚钱而活着;三是通过向师傅学习木工技能,学会感恩,学会爱;四是使他们在学艺中养成勤劳敬业的品行;五是在干活中养成按规则、按程序、有条理、有计划地做事,不走捷径,不投机取巧,不弄虚作假的好习惯,实现做人做事教育并举。④ 类似探索,不胜枚举。

从教育方法看,此阶段职业院校主要通过职业技能竞赛、职业指导、校外实习、榜样学习等多种途径为学生提供职业价值观教育。自 2015 年起,国务院将每年 5 月的第二周确定为"职业教育活动周"(简称活动周),在 2016 年,活动周主题为"弘扬工匠精神,打造技能强国"。不少职业院校结合活动周开

---

① 刘延东:《弘扬工匠精神 打造技能强国——在 2016 年职业教育活动周启动仪式暨全国职业院校技能大赛开幕式上的讲话》,《中国职业技术教育》2016 年第 16 期。

② 李进:《工匠精神的当代价值及培育路径研究》,《中国职业技术教育》2016 年第 27 期。

③ 孟文玉:《周恩来总理的职业观与高职院校精益求精的"工匠精神"培育》,《经济研究导刊》2016 年第 17 期。

④ 曾颢:《企业举办职业教育的模式探究——以德胜—鲁班(休宁)木工学校为例》,《职业教育研究》2019 年第 4 期。

展了系列特色活动,如南通职业大学设计了非物质文化遗产进校园、江苏作家协会职业教育文化采风、"工匠精神"书法作品巡展、校企合作与教学成果展示、职业体验与职业技能展示、学术讲座和社区服务等6大主题30多项活动,弘扬了工匠精神,加深了学生对工匠精神的理解。① 2017年甘肃省举办了以"让工匠精神更闪亮"为主题的中职学校技能大赛,在竞赛中弘扬工匠精神,让学生在实践中感受工匠精神。② 广州市贸易职业高级中学以工匠精神的内涵,打造了票币点算课程,"弘扬工匠精神,培养中职财经专业技能"践行于教育教学实践中。③ 广州铁路职业技术学院计算机应用技术专业(智能家居方向)与国家数字家庭应用示范产业基地合作的现代学徒制班级,采取了项目小组教学制,学生在企业由师傅带领接受学徒制训练,在师傅的言传身教中感受敬业守信、精益求精的职业精神,在实实在在的劳动成果中体验到劳动的光荣与自豪,收获对行业与职业的尊重与自信。④ 苏州丝绸职业中学邀请市劳模、纺织女工陈淑萍讲当纺织工人的体会,组织学生观看"中国纺织工人理想演讲会",浙江某职业中学将企业能人如某粽子厂创始人请到学校,讲述从业经历和追求工匠精神的奋斗历程,让学生感受精益求精的钻研精神以及工匠精神对个人成长成才和社会发展的重大意义。⑤

　　从教育特点看,此阶段职业价值观教育具有整体性、实践性等特点,在具体实践中,职业院校着重关注学生的职业观、择业观、从业观等多方面价值观的教育,相对过去而言,内容上更加全面、丰富。在教育方式上,注重依靠多种

　　① 《南通市成功举办2016职业教育活动周系列活动》,《南通职业大学学报》2016年第2期。
　　② 《让"工匠精神"更闪亮——2017年甘肃省中职学校技能大赛总开幕式在我校举行》,《兰州石化职业技术学院学报》2017年第1期。
　　③ 陈建瑜:《打造精品课程,弘扬工匠精神——票币点算精品课程建设的实践与探索》,《职业》2016年第24期。
　　④ 王金兰、薛胜男:《现代学徒制与工匠精神的共融发展——以广州铁路职业技术学院为例》,《南方职业教育学刊》2017年第4期。
　　⑤ 魏冬:《"五双教育":产教融合下中职食品专业学生工匠精神培育的实践研究》,《卫生职业教育》2021年第17期。

实践,引导学生体悟,促进学生将价值观内化于心,切实提升了价值观教育成效。当然,由于职业价值观教育的效果并不是立竿见影的,而是体现于学生主体意识结构和成长发展过程之中,我们不能简单地判断学生对某种职业的看法是否正确,也无法准确地测量学生职业价值观的养成度,因此如何选择合理的教育内容、方式以形成学生正确的职业价值观,成为职业院校职业价值观教育需要永远探索的一个难题。[1]

二、职业价值观教育的影响因素

其一,社会的急剧变化、市场经济体制的建立,导致社会价值观念出现多元化。任何一种价值观教育的根源都在社会生活本身,一段时间我国采用了高度集中的计划经济体制,因而在职业价值观上更多强调集中统一的模式,其主要内容是强调集体主义的思想和全心全意为人民服务的精神。[2] 随着我国改革开放的不断深入,就业政策的不断变化,竞争、协作深入到各个领域,经济基础和上层建筑经受了前所未有的变化,社会发展出现了"四个多样化"(即:经济成分和经济利益多样化、社会生活方式多样化、社会组织形式多样化、就业岗位和就业形式多样化)[3]。作为最敏感的一个社会人群,青年们的行为往往是其所处时代思想价值动态最及时的反映,上述社会多样化的发展必然会多层面地影响职业院校学生职业价值观教育。

其二,产业结构调整对职业院校学生职业价值观教育的影响。随着社会的不断分工,产生了不同的行业与部门,催生出多类就业群体和从业人员。我国农村劳动力从农村向城市、第一产业向第二第三产业的转移所带来的产业结构调整,引致了劳动就业结构的变化。基于此,以往"保险箱""铁饭碗"的

① 薛利锋:《我国大学生职业价值观教育研究》,东北师范大学 2011 年博士学位论文。

② 杨敏:《当代高等师范院校师范生职业价值观研究》,华东师范大学 2008 年硕士学位论文。

③ 本报记者:《"四个多样化"与思想政治工作——访陈俊宏》,《光明日报》2000 年 11 月 7 日。

就业观念也必然转变,毕业生就业途径和手段逐步走向多样化,就业形式走向多元化,进而要求职业院校职业价值观教育必须与此相适应,作出相应的变革。

其三,就业政策的变化是影响职业院校学生职业价值观教育的主要因素。制度与政策措施作为社会利益关系的调节器,通常是和人们的切身利益紧密联系在一起的,发挥着利益调节与刺激功能。并且制度、政策措施本身就体现着社会的价值导向,蕴含着一定的价值内涵与价值标准。因而,它们也必然左右着职业价值观教育的走势。在计划经济的背景之下,我国采用的是"统包统配"的就业政策,职业院校毕业生由主管部门分配去向,国家成为用人的主体。此时的职业院校学生职业价值观教育以为国家建设服务、奉献社会为重点。改革开放后,我国逐步建立了社会主义市场经济体制,"统包统配"政策已经不再适用,因此探索出了"三结合"就业政策,在国家统筹规划和指导下,实行劳动部门介绍就业、自愿组织起来就业和自谋职业相结合①,职业院校的毕业生不再分配工作,职业价值观教育相应地转变为以培养学生就业能力为主要内容。1992年之后,我国确立了社会主义市场经济体制改革的总目标,相对应的就业政策也逐渐转变为"自主择业"政策,在"自主择业"政策的影响下,职业价值观教育内容以职业生涯规划教育和学生竞争意识的培养为主。21世纪以来,国家和地方推行的各项面向基层、艰苦行业和边远地区就业以及鼓励自主创业的优惠政策,使创新创业教育逐渐受到了重视,此时的职业价值观教育重在培养学生的创新意识和创业能力,既重视知识、能力的教育,也突出意识、品质的教育。

三、职业价值观教育的基本走向

职业价值观教育随着时代主题和历史条件的变化而变迁,总体上表现为

---

① 赵峰:《阜橡集团人力资源管理与考评体系研究》,辽宁工程技术大学2005年硕士学位论文。

两方面趋势：一是随着社会的进步、人们主体意识的增强，教育内容从主要关注社会需求，强调教育为社会发展服务逐步转变为关注个人需求，为人的发展服务；二是教育方式从强调灌输到激发体悟。基于长期以来思想政治工作的经验，基于苏联凯洛夫教育学对教师在教学过程中地位的强调，职业价值观教育一度被认为在于传授职业选择知识，发展职业素养，其教育方式主要以政治动员、个别谈话为主，强调灌输。改革开放后，从20世纪80年代开始，尤其到了80年代中后期，满堂灌式的教学遭到质疑，像李吉林、顾怜沉等教育界的领军人物都在积极探索符合新时期教育特点的教育主张、教学模式。与此同时，在我国改革开放的呼唤、反思传统教育和回归历史潮流的过程中，80年代初期和中期对教学过程中主客体关系进行了讨论，启蒙人们去关注学生的主体地位。① 此时的职业价值观教育的方式从社会主义建设时期的强调灌输开始转变成生动实践，以职业道德课、讲座浸润养成等方法为主，注重学生行为习惯养成。党的十四大之后，随着社会主义市场经济体制的建立，受到多元价值观念的影响，此时的教育方式和载体可谓日益多样化，各地纷纷加强职业教育与劳动力市场的联系，职业学校就业指导工作得到进一步加强，不少地方成立了中等职业学校毕业生就业指导服务机构，专门召开了毕业就业指导会议、毕业生就业供需洽谈会等。② 党的十八大后，创新教育、工匠精神的培育开始得到重视，此时职业价值观教育的方式从过去的动员灌输转变为浸润体悟，激发学生由内而外对价值观的认同与内化。

四、对新时期职业院校学生工匠精神培育的启示

"教育对于学识之增加，人格之培养，本应并重"③。职业院校作为育人机

---

①　黄崴：《主体性教育理论时代的教育哲学》，《教育研究》2002年第4期。

②　王湛：《在2002年度职业教育与成人教育工作会议上的讲话》，《中国职业技术教育》2002年第4期。

③　唐茂槐：《教训合一论》，《教育与职业》1934年第4期。

构,培养德技兼备技术技能人才是其根本任务,我们应以史为鉴,借鉴新中国成立以来各个时期职业价值观教育的相关理念与举措,切实开展工匠精神的培育工作。

(一) 以"时代新人"为培育目标

随着中国特色社会主义进入新时代,中国也正处于近代以来最好的发展时期,因此更需要我们的教育高度关注世界发展和人类文明进步带来的共同挑战,不断输出高素质人才、高端科技成果和先进文化。近年来我国经济的发展、产业结构的进一步转型升级,特别是中国制造 2025 战略的提出,党和政府对于从业人员的职业精神提升愈加重视。2016 年,国务院李克强总理在全国两会上提出:"鼓励企业开展个性化定制、柔性化生产,培育精益求精的工匠精神。"[①]同年科技部部长万钢在第二届全国人大四次会议上表示,抓职业教育对人才培养的"工匠精神"十分重要。党的十九大报告上,习近平总书记强调要"培养担当民族复兴大任的时代新人"。要"弘扬劳模精神和工匠精神,营造劳动光荣的社会风尚和精益求精的敬业风气"[②]。中共中央、国务院印发的《新时期产业工人队伍建设改革方案》也要求"突出产业工人思想政治引领,加强理想信念教育、职业精神和职业素养教育,大力弘扬劳模精神、劳动精神、工匠精神"。2019 年国务院印发的《国家职业教育改革实施方案》也继续重申"落实好立德树人根本任务,健全德技并修、工学结合的育人机制"。由此可见,培育工匠精神已经成为国家与社会的共识,同时也是新时代职业教育改革与发展的重要使命。职业教育要改变"德""技"分离,"人""才"分割,成为两张皮的现状,要站在时代发展的高度,把培养大国工匠、培育"时代新人"作为自身教育目标,强化培育工匠精神的意识,把培育工匠精神融入办学理念、教育理念、教风学风等价值体系当中,纳入人才培养的全过程,使培育工匠

---

① 《2016 年国务院政府工作报告》,2016 年 3 月 5 日,见 http://news.xinhuanet.com。
② 《习近平谈治国理政》第三卷,外文出版社 2020 年版,第 24 页。

精神成为学校的一种文化自觉,造就"大国工匠"成为师生的一种文化追求①,为职业教育造就有理想信念、懂技术创新、有担当讲奉献的新时代产业工人队伍提供有力的支撑。

(二) 以追求创新为培育内容

新中国成立以来各个时期的职业价值观教育内容,基于当时的社会实际侧重点各有不同,建设时期重点培养学生服务社会、为社会主义建设作贡献的职业精神,改革开放时期重点培养学生的综合素质和就业能力,新时期重点培养学生的就业竞争意识,21 世纪则重点培养学生的创新创业意识与能力,新时代职业院校工匠精神培育的内容与此既有联系,更有区别。培育工匠精神,我们要充分挖掘其内涵与特征,以创新能力为抓手,结合职业院校在校学生的特点与从业人员之间的区别,合理设计在校学生培育工匠精神的教育内容,强化工匠在实践操作中所获得的成果、经验的概括、总结以及传播表达能力等素养的培育,使工匠精神得以不断传承与弘扬。加强学生观察能力、想象能力以及设计能力的训练,创新社会实践的实施方式,不断拓展社会实践的内涵,"以身体之,以心切之",使工匠精神深深地烙印在学生的言行举止之中,内化为精神内核和文化基因,营造有利于发挥学生自身潜能的环境氛围,提高学生创造性解决问题的能力。

(三) 以三全育人为培育模式

"三全育人"即"全员育人、全程育人、全方位育人",是中共中央、国务院《关于进一步加强和改进大学生思想政治教育的意见》出台后召开的全国加强和改进大学生思想政治教育工作会议上提出的大学生思想政治教育新机

---

① 黄君录:《高职院校加强"工匠精神"培育的思考》,《教育探索》2016 年第 8 期。

制。① 2017 年,中共中央、国务院印发的《关于加强和改进新形势下高校思想政治工作的意见》中同样指出要"坚持全员全过程全方位育人。把思想价值引领贯穿教育教学全过程和各环节,形成教书育人、科研育人、实践育人、管理育人、服务育人、文化育人、组织育人长效机制"。2019 年国务院印发的《国家职业教育改革实施方案》也明确指出"推进职业教育领域'三全育人'综合改革试点工作,使各类课程与思想政治理论课同向同行,努力实现职业技能和职业精神培养高度融合"。新时代的职业院校要以三全育人为培养模式,以工匠精神涵养学生品行,对其精心引导,做到春雨润物细无声。

一要全员育人,是指所有育人者都参与教育工作中。形成一个家庭、学校、社会、企业全员参与、责任明确、分工协作的群体,构建一个目标明确、价值丰富的管理、培育体系。② 在工匠精神的培育过程中,学校、教师、员工以及企业师傅都要做好学生生涯规划中的"贵人",严格以工匠精神约束、引领自身的工作,真正做到德技双修,成为学生工匠精神养成的楷模。

二要全过程育人,指育人工作应贯穿学生成长的全过程。工匠精神作为职业院校学生的重要素养之一,其培育的过程必须贯穿于职业教育的全过程。职业院校要充分根据学生在每一阶段的成长规律,将工匠精神有目的、有计划地落实到入学教育、课堂教学、实训实操、企业实践等方方面面。③

三要全方位育人,指在育人理念、体系、形态上实现有机联动。工匠精神的培育不是一蹴而就的,需要通过多种教育方式与手段,协同育人资源与模式,多层次渗透、多领域覆盖才能确保工匠精神的培育成效。职业院校要注重学生的学习、生活、实践等各个领域的教育与管理,借助物质文化、制度文化、

---

① 胡守敏:《新时代背景下高校"三全育人"研究》,《学校党建与思想教育》2019 年第 14 期。

② 陈爱华:《高职院校工匠精神培育机制探究》,《哈尔滨职业技术学院学报》2019 年第 1 期。

③ 张晓慧、梁同胜、古志杰:《基于"三全育人"理念的工匠精神培育研究》,《产业与科技论坛》2020 年第 3 期。

精神文化等文化建设,规范学生行为习惯养成过程中的细节,培养学生一丝不苟、精益求精的品质,磨炼学生不怕困难、千锤百炼的坚韧意志,催生学生内心工匠精神的萌发。

(四) 以制度建设为培育保障

工匠精神的培育不仅需要职业院校的努力,更需要国家与社会各界的参与和支持。对于国家而言,积极完善相关法律法规制度,将工匠精神的培育纳入健全的职业教育法律法规体系当中,2018 年人力资源和社会保障部颁布的《国家职业技能标准编制技术规程(2018 年版)》就已经将工匠精神和敬业精神在职业活动中的具体体现作为职业标准内容,这是国家运用法律制度保护工匠精神传承与发展的有力措施之一。对于社会而言,要在社会上营造尊重劳动、劳动光荣的社会氛围,弘扬工匠精神的社会价值,推崇一丝不苟、精益求精的职业精神,为工匠精神的培育提供肥沃的土壤。对于学校而言,将工匠精神培育积极融入学校教学、生活、文化建设等方方面面,做好顶层设计、完善人才培养目标与课程标准,开发关于工匠精神培育的校本课程,确保工匠精神的培育扎根于师生心中。

第二节　专科职业院校学生工匠精神培育的现状调查

一、研究过程与方法

(一) 问卷调查

课题组采取抽样调查的方式,对长三角地区 10 所职业院校的 1000 名学生、375 名教师以及部分用人单位开展了问卷调查。调查对象的基本情况见表 1-1、表 1-2、图 1-1、图 1-2。

表1-1 调查学生的性别比例

性别	人数	比例
男	393	39.30%
女	607	60.70%

表1-2 调查学生的年级比例

年级	人数	比例
一年级	376	37.60%
二年级	250	25.00%
三年级	374	37.40%

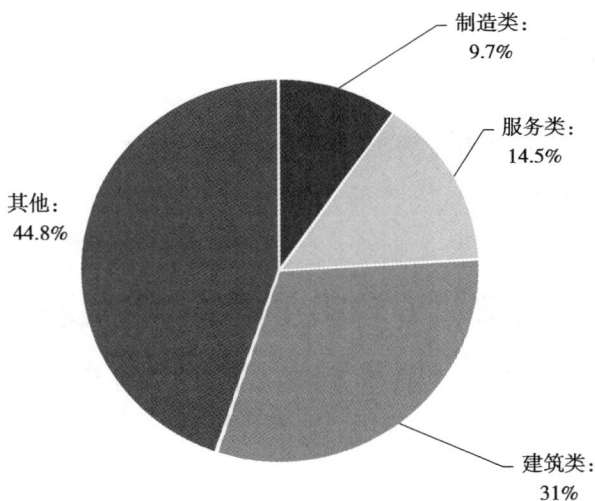

图1-1 调查学生的专业类别分类

关于学生的问卷调查,共计36题,1—3题为学生基本情况调查(性别、年级、专业),其余内容在结构上可以分为四个维度:4—9题从认知维度了解职校生对于工匠精神的理解、工匠精神的代表人物以及新时期强调工匠精神的

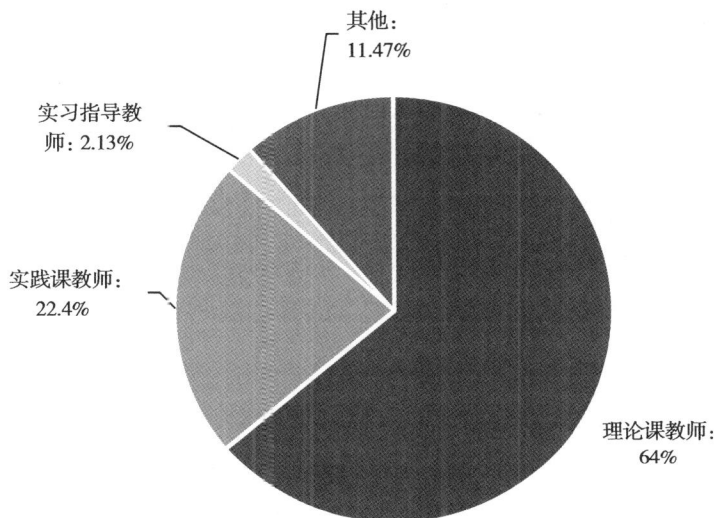

图1-2　调查教师的类型分类

意义;第10题涉及学校目前在培育学生的工匠精神上采取的举措;11—27题从需求维度了解学生对工匠精神培育主体、内容、方式的需求;28—36题是学生对学校培育工匠精神的评价(优点、不足)。

关于教师的问卷调查,共计16题,第1题为教师类型的调查(理论课教师、实践课教师、实习指导教师等),2—16题从结构上可以分为三个维度,2—6题是教师对工匠精神的认知;7—8题、15—16题是教师对学生个体自身工匠精神情况以及学校培育学生工匠精神的评价;9—11题、12—14题分别涉及教师目前在培育学生工匠精神上的表现以及学校目前在培育学生的工匠精神上采取的举措。

关于企业人力资源管理人员的问卷调查,共22题,主要了解企业的基本信息、录用职业院校毕业生情况,以及对毕业生职业素养的基本评价、对职业院校人才培养的相关建议等。

（二）现场访谈

为了更深入地了解当前职业院校培育学生工匠精神的现状以及学生个体工匠精神的养成状况，课题组在问卷调查的基础上对职业院校部分教师、管理人员以及青岛海尔公司、南通甬金金属公司、昊石新材料科技南通有限公司等用人单位代表进行了访谈。

（三）作品分析

依方便原则，抽取了30位理论与实践课程教师教案及30位学生制作的产品和设计的专业作品，对其内容、创意、品质等进行了分析。

（四）现场观察

依方便原则，抽取了职业院校三个年级各两节课进行了现场观察，了解其中师生教与学各自的态度与行为表现。

二、主要调查结果与结论

（一）职业院校多举措培育学生工匠精神

教师问卷调查显示（见图1-3），目前不少职业院校皆借助多种途径开展工匠精神培育。结合师生问卷调查与教师及管理人员访谈结果，可以将职业院校培育工匠精神的主要途径概括为：

1.理论引领

知之深，方能爱之切，只有提高学生对所学专业地位、价值的认识，才可能培育学生对专业的深厚情感。通过专业入门及专业理论课的教学，帮助学生了解所学专业的社会意义、从业素质、职场先辈等，从而增强专业认同感。专业课教师培育工匠精神的做法主要有：利用入学教育，集中加强专业思想教

（单位：%）

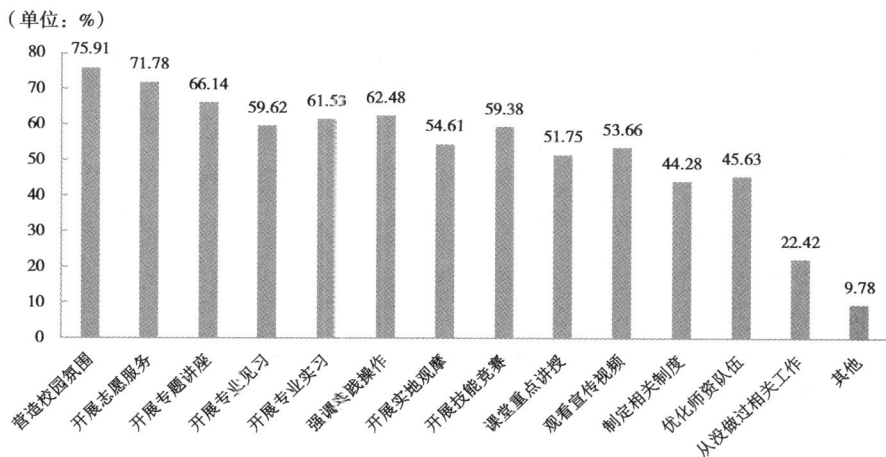

图1-3　工匠精神的培育方式

育;开设专业入门课程,系统介绍专业培养目标、就业前景、学习要求;结合专业理论教学,渗透专业价值观、专业操作规范、专业成才教育。

借助《思想道德修养与法律基础》《大学生职业发展与就业指导》等公共基础课程直接指向工匠精神培育,也是职业院校共同的选择。推动工匠精神"进教材、进课堂、进头脑",在丰富思想政治教育内容的同时,有助于提升个人素质,培养德才兼备、全面发展的技术技能型人才。[①] 虽然各学校使用教材有所不同,但教授内容有其相似性。在《思想道德修养与法律基础》课程中,学生学习职业道德规范,如爱岗敬业、诚实守信等。《大学生职业发展与就业指导》课程涉及职业素质培养、职业意识启蒙、职业能力发展等内容,强调爱岗敬业,凸显事业心、责任感、良好工作态度等品质。[②] 通过对教材内容进行分析,发现爱岗敬业、诚实守信等职业素质在教材中出现频率较高,是课程目标的重要组成部分,也是工匠精神的内涵之一。

---

① 胡淑贤、邓宏宝:《职业院校学生工匠精神培育的现状调查与对策探析》,《职教通讯》2020年第4期。

② 胡淑贤、邓宏宝:《职业院校学生工匠精神培育的现状调查与对策探析》,《职教通讯》2020年第4期。

2. 活动养成

活动是培养学生职业能力、丰富学生职业体验的重要手段。职业院校学生的活动一般可分为专业实习实训活动、社团活动、社会实践活动等。[①]

职业院校通过实训基地建设,为学生营造虚拟仿真环境,促进其进一步熟知未来工作流程,掌握基本操作技巧。同时,通过与企业合作,让学生进入一线生产现场,熟悉真实工作情境,接受企业文化熏陶,加深学生对工匠精神内涵和意义的理解。

创新是一名优秀工匠所彰显的时代气息,同时也应是其毕生追求的精神灵魂[②]。职业院校依托社团,以创新为理念,将"大众创业、万众创新"活动与工匠精神的培育相结合,旨在提高学生的主观能动性,强化培育成效。具体做法有:建立创业园,配备指导老师,进行专项辅导,培养创新思维;树典型,发挥示范引领作用,形成创业风,培养学生创新个性;开展系列就业创业服务,包括就业创业政策宣传、"一对一"就业创业咨询、就业创业知识竞赛、就业创业典型征集、职场沙龙、"创业嘉年华"等活动,在活动中培养学生创新意识,提升创新能力。

社会实践活动是拓宽学生视野、帮助学生认识社会、培养学生关键能力的重要途径。社会实践以社会为课堂,以实践为教材,使学生感受锲而不舍的执着精神,树立起对职业的敬畏之情。社会实践多利用假期(主要指寒假、暑假)或者课余时间开展[③]。相对于专业实习实训活动和社团活动,社会实践活动形式具有多样性,主要包括社会调查、参观考察、谋职打工、政策宣讲、科技(文化、公益)服务、志愿劳动、挂职锻炼等。同时,它更具灵活性,学生可根据

---

① 胡淑贤、邓宏宝:《职业院校学生工匠精神培育的现状调查与对策探析》,《职教通讯》2020年第4期。

② 柏嫱:《"工匠精神"融入高职思想政治教育的实践探索》,《九江职业技术学院学报》2018年第3期。

③ 胡淑贤、邓宏宝:《职业院校学生工匠精神培育的现状调查与对策探析》,《职教通讯》2020年第4期。

自己的爱好、特长,选择与所学专业关系密切的实践活动形式,探寻工匠精神。如开展以"弘扬工匠精神,传承古今文化"为主题的社会实践活动,成立非遗文化调研小分队,参观博物馆、走访工匠,领略传统手工技艺,感受工匠对品质的坚守和勇于探索创新的精神。①

3.评价激励

评价是活动开展的指挥棒、助力器,通过技能大赛、评优评先、组织发展等引导学生注重自律,激发学生的成就感、荣誉感,也是职业院校培育工匠精神的有效路径。

近年来,面向中高职学生的技能大赛不断推出,如全国职业院校学生纺织面料检测技能大赛、中英"一带一路"国际青年创新创业技能大赛等,学生对操作是否精准、能否做到精益求精、是否具有锲而不舍的精神均是大赛考察的指标。例如,2019年全国职业院校测绘技能大赛赛项规程中明确规定了评分标准由竞赛用时和竞赛成果质量(观测质量和测量成果精度等方面)两部分构成。竞赛成果质量评分项目包括方法完整性、点位精度、边长精度、高程精度等。此类评分标准既为参赛学生的学习、亦为职业院校教育教学改革提供了指引,使工匠精神的培育融入教学工作的全过程。②

职业院校为激励学生刻苦学习、奋发进取,每年都会组织各种评优评先,如国家奖学金、国家励志奖学金、国家助学金和校级奖学金评定,省级、市级、校级优秀学生干部和三好学生荣誉称号评定等。虽然各职业院校校级奖学金评定的具体细则不尽相同,但评奖基本条件有其相似性。基于对文件文本的分析发现,各类评优评先的基本申请条件中对学生知识水平、道德修养、实践和创新能力等综合素养皆作出规定,见表1-3。此外,与评优评先基本申请条

---

① 胡淑贤、邓宏宝:《职业院校学生工匠精神培育的现状调查与对策探析》,《职教通讯》2020年第4期。

② 胡淑贤、邓宏宝:《职业院校学生工匠精神培育的现状调查与对策探析》,《职教通讯》2020年第4期。

件相似,在推荐优秀团员作为组织发展对象上时也要求"推优"对象满足思想上积极要求进步、积极参加各项集体活动、成绩优良等基本条件。可见,在评优评先和组织发展时,均考查学生对学习的专注度、学习成果的专业性、职业道德、实践能力和创新能力,这是学校重视培育学生工匠精神的又一体现。①

表1-3　评优评先项目基本申请条件比对表

评优评先项目	学习情况	道德修养	实践能力	创新能力
国家奖学金	成绩优异		实践能力特别突出	创新能力特别突出
国家励志奖学金	成绩优秀	诚实守信、道德品质优良	—	
国家助学金	勤奋学习、积极上进		—	
校级奖学金	勤奋学习、成绩优良	道德品质优良	积极参加各项活动	—
省、市优秀班干部和三好学生	优秀的学习成绩	优良的道德品质,遵守社会公德	积极参加公益劳动和社会实践	—

4. 文化浸润

校园文化在教育中发挥着十分重要的作用,可以说,良好的校园文化不仅可以维持校园整体的和谐氛围,还可以促进学生的全面发展。课题组通过资料的查阅,了解到部分职业院校在校园文化,包括精神文化、制度文化、物质文化、行为文化等方面均采取了一定的举措以培育学生的工匠精神。部分职业院校在其校训中体现了工匠精神,如"厚德、匠心""精德砺能、精工铸艺""笃学、修德　精技、致业"等,倡导学生要像工匠对待"工艺品"那样在学习、生活上能够精益、专注;某职业院校为了在学生中树立"工匠精神"的理念,在学校里建设了"匠心亭""天工廊",真正将匠心融入校园文化;部分职业院校在校

① 胡淑贤、邓宏宝:《职业院校学生工匠精神培育的现状调查与对策探析》,《职教通讯》2020年第4期。

内建立了大师工作室,传承和弘扬工匠精神。此外,在校规的制定上,职业院校针对学生提出文明礼貌、遵守纪律、热爱学习、珍爱生命、用心做事等规范,强调通过制度的规范帮助学生养成工匠习惯,从而养成工匠精神。

(二) 工匠精神培育取得初步成效

1. 学生对工匠精神有一定认知

学生个体自身对工匠精神的认知可从学生对工匠精神含义的理解、对工匠人物的了解以及对工匠精神意义的认识出发进行分析。

图 1-4 的数据统计表明,学生们对工匠精神的理解还是比较到位的,敬业爱岗、严谨负责、精益求精等工匠精神的核心要义都能为学生所关注,还有部分学生认为工匠精神就是要脚踏实地、努力钻研、一往无前,做到知行合一。

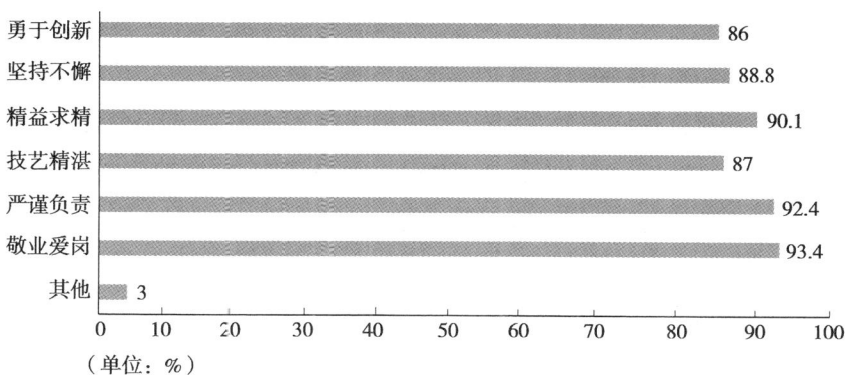

（单位：%）

图 1-4　学生对"工匠精神"的理解

关于工匠人物的了解,同学们的积累还不够,了解技艺精湛的鲁班的学生相对较多,共 938 人（占 93.8%）,其次是"游刃有余"的庖丁,共 637 人（占 63.7%）对其余人物的了解较少,均只达到一半的人数。可以看出,学生在日常的学习中,对工匠人物、"大国工匠"的关注度远远不够,需要在日后的学习、生活中不断积累。

关于"新时期强调工匠精神对国家、社会以及个人的发展是否有意义"的问题,课题组进行了程度赋值分析,5—1分别为非常有意义、比较有意义、一般、不太有意义、完全没意义,均值及标准差的结果见表1-4。

表1-4 学生对工匠精神培育意义的认识

项目	N	极小值	极大值	均值	标准差
对国家的意义	1000	1	5	4.78	0.560
对社会的意义	1000	1	5	4.77	0.574
对个人的意义	1000	1	5	4.76	0.580

从表1-4中可以看出,三个问题的回答,其均值都接近于4.8,说明学生们比较认同新时期强调的工匠精神对国家、社会以及个人的重要意义。

总体而言,学生对工匠精神内涵的理解还是比较完善的,但他们自身是否具备这样的精神品质?

关于"您认为目前在工匠精神方面自己最欠缺的是什么"的问题,旨在引导学生反思自身存在的不足,以便在日后的学习、工作中采取措施进行针对性弥补。见图1-5所示,超过半数的同学认为自身不具备精湛的技艺并且不乐于创新,其余精神品质不具备的学生也不少。

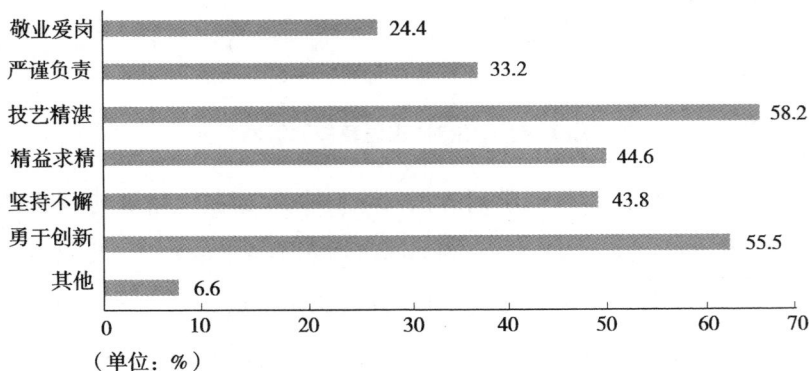

（单位：%）

图1-5 学生工匠精神品质欠缺状况

2.部分学生自觉践行工匠精神

学校对学生的工匠精神进行培育后,学生的学习、生活、行为方式等都会产生一定的变化。94%的同学在学校培育工匠精神后,对"工匠"这个话题更加关注;93.1%的同学会用工匠的标准反思自己的学习行为,以期养成良好的学习习惯;96.5%的同学会向身边的工匠榜样学习,传承工匠精神;94.9%的同学遇到困难时想起工匠精神,他的意志会更加坚定,用工匠精神应对生活难题;96.8%的同学当感受到自己身上具备某些工匠精神时,会感到愉悦;95%的同学在学校培育工匠精神后,常会用工匠精神的标准严格要求自己。

当问及如何践行工匠精神时,部分同学表示他们会"在兼职时准时下班,不早退,按工作要求佩戴口罩和手套";"实训课上认真测量数据,一次不行就测量两次,力求精确";"值日当天,会将宿舍打扫干净,争取得优"。总体而言,学生践行工匠精神主要体现在寒暑假勤工俭学或兼职、实训课程中的操作、宿舍卫生维护方面,注重从细微处养成良好行为习惯。[①]

针对所在院校学生工匠精神的评价,179名教师(占47.73%)选择了"一般",100名教师(占26.67%)选择了"大多数具备",而选择"全部具备""很少具备"以及"没人具备"的分别有19人(占5.07%)、74人(占19.73%)、3人(占0.8%),说明在教师们的眼中,目前职业院校学生工匠精神的具备情况尚不够十分理想。

见图1-6,教师对学生已具备的工匠精神品质的评价,大部分同学能够在学习、生活中团结合作,但精益求精、坚持不懈、勇于创新的品质只有不到半数的学生具备,说明仍有部分学生平时不够细心仔细,对于一件事情不能坚持完成,也很少在学习、工作中发挥个性、敢于创新。同样,在对教师的访谈中,有教师反馈学校只有部分同学具备工匠精神的品质,愿意为专业付出,能认真地对待每一门课程的作业,精益求精;而不具备工匠精神品质的同学是受到一些

[①]　胡淑贤、邓宏宝:《职业院校学生工匠精神培育的现状调查与对策探析》,《职教通讯》2020年第4期。

因素的影响,比如专业调剂、家庭环境影响、迷失方向等。

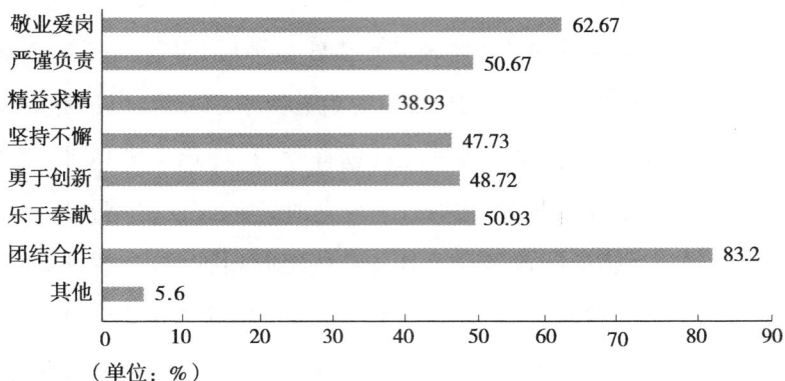

図1-6 学生工匠精神品质养成情况

(三) 工匠精神培育尚存在不足

虽然职业院校在培育学生工匠精神方面予以了高度重视,取得了一定成效,但仍存在一些不足,主要表现在:

1. 课程目标落实不力

工匠精神的培养一方面要大力依靠实践中的经验积累,另一方面也需要教师在课程教学中对工匠精神的传授。① 通过对多位专业理论课教师教案的分析,发现其课程目标虽涉及"知识与技能""过程与方法"以及"情感、态度和价值观"三方面,但落实到具体教学内容上,对情感领域涉及不多,相对忽视职业素养的培育,出现重实用知识传授和专业技能训练、轻综合素养培育的现象,课程中对工匠精神的渗透不够,教学的教育性落实不力,立德树人工作任务不能有效达成。②

---

① 温霞:《高职院校学生工匠精神培养研究》,曲阜师范大学 2018 年硕士学位论文。
② 胡淑贤、邓宏宝:《职业院校学生工匠精神培育的现状调查与对策探析》,《职教通讯》2020 年第 4 期。

2.教师榜样引领作用不够

教师的工作态度和行为在一定程度上影响着学生对职业的认知和对工作的态度。有教学督导点评教师工作态度时表示,"部分教师要进一步端正工作态度,克服职业倦怠,在备学生、备教材、备教法上多下功夫"。通过课堂观察,也发现部分教师对学生学业基础了解不深、对讲课内容把握不准,存在讲课深度不当、讲课进度过快的现象;除专业实践课外,专业理论课和文化基础课以教师理论讲授为主,偶尔穿插课堂讨论、自主学习、多媒体演示等教学方式,教学方法总体单一,教学精力投入不多。在教师敬业程度调查中,仅有19.75%的学生承认教师课后会辅导功课。[①]

班主任作为学生思想品德的导航人、专业成才的引路人、生活状态的知心人、心理健康的援助入,理当与学生关系密切。在"与班主任联系沟通"上,54.75%的学生提及一个学期见面次数为 2—3 次。见面形式以召开班会课居多,除请假等特殊情况外,通过手机、QQ 等方式联系较少。可见,班主任对学生的关爱不够,其责任意识、敬业精神有待提升,未能成为学生敬业、爱岗的楷模,一定程度上影响学生工匠精神的培育效果。

3.学生对工匠精神认知片面

问卷调查中,有学生认为"工匠其实是手艺人",将工匠简单等同为手艺人,反映出认知的局限性。另外,在了解工匠精神的途径方面,有95.25%的学生选择了网络,57.75%的学生选择了专业书籍和课堂,30.75%的学生选择了广播电视,22.25%的学生选择了报纸杂志,18.5%的学生选择了社交了解,0.25%的学生通过其他途径了解,如宣传海报。学生了解工匠精神的途径大部分来源于网络的宣传,课堂、学校主渠道发挥作用不够。[②]

---

① 胡淑贤、邓宏宝:《职业院校学生工匠精神培育的现状调查与对策探析》,《职教通讯》2020 年第 4 期。

② 胡淑贤、邓宏宝:《职业院校学生工匠精神培育的现状调查与对策探析》,《职教通讯》2020 年第 4 期。

4.学生践行工匠精神不尽到位

作为在校学生,其本职工作是学习,践行工匠精神主要体现在顶岗实习和就业中对工作的态度、上课对课堂的专注度、学习成果的专业性等方面。通过访谈部分教师和学生、观察学生课堂行为、对学生作品进行分析,了解到学生践行工匠精神不尽到位[①],主要表现在:

(1)毕业生爱岗敬业精神不佳

麦可思研究院发布的《2018年中国大学生就业报告(就业蓝皮书)》显示:2017届大学毕业生的就业满意度为67%,其中,高职高专院校毕业生的就业满意度为65%。据不完全调查,目前大多数职业院校学生的对口就业率均为60%左右,可见,就业满意度有待提升。部分学生毕业后未从事本专业相关工作,调查中,部分学生表示如有好机会,会选择跳槽。此外,根据对用人单位的调查,16.67%的用人单位表示毕业生职业素养较好,50%的用人单位表示一般,还有33.33%的用人单位表示较差,认为"部分学生在顶岗实习过程中过度高估自己,眼高手低,不能吃苦耐劳,不愿从一线做起,维修设备经验积累不足""有时候布置任务,一些员工认为做了就行,但把工作做了和把工作做好是有区别的""有学生缺乏责任意识,和我们单位签订了就业协议,回校论文答辩后迟迟不回,打电话询问,说已换工作,其负责的工作也未交接",反映职业院校毕业生在组织管理能力、文字表达能力、独立工作能力以及勇于创新、精益求精等品质方面相对欠缺。

(2)学生缺乏课堂专注度

根据学习迁移理论,态度迁移属于普遍迁移,学生能专注于自己的学业,才可能在今后职场上专注于自己的岗位。课堂专注度是学生课堂学习状况的评判标准之一,课题组制定了课堂观察量表,每个年级分别随机选取了两节文化基础课进行观察,发现13.64%的学生参与过课堂问答,22.73%的学生参与

---

① 胡淑贤、邓宏宝:《职业院校学生工匠精神培育的现状调查与对策探析》,《职教通讯》2020年第4期。

过小组讨论,4.55%的学生记笔记,9.09%的学生用手机拍摄教学课件。但也有部分同学课堂注意力不集中,做与课堂无关的事情,如上课玩手机、睡觉等,且年级越高,课堂专注度越低。据统计,上课玩手机的学生占课堂总人数的21.29%,做其他功课作业的占1.49%,睡觉的占5.45%。可见,学生对课堂的专注度有待进一步提升①。

（3）学生学习成果缺乏专业性

为了解学生的专业水准,课题组对部分学生的学习作品进行了分析,发现不少学生专业素养亟待提高。笔者收集了相关院校产品设计、艺术设计和家用纺织品设计三个不同专业131名学生的海报设计作品,分别邀请相关专家对作品进行评价,作品满意率为19.08%、基本满意率为67.94%、不满意率为12.98%,说明学生的专业水平有待进一步提升。对不满意的作品进行点评时,专家认为"海报的创新性不够,一些设计的思路沿用之前的套路,色彩搭配上缺乏协调性,上色很不均匀,基本功不扎实"。同时,通过与道桥专业的教师进行交流,了解学生在专业方面的表现。教师点评学生制作的桥梁设计模型,认为"一些桥梁造型有一定的独特性,但未考虑到桥梁本身的稳固性,这是桥梁设计必须要保障的"。基本功不扎实、未能将专业知识合理运用于设计作品中,正是学生专业性不够的表现。②

（四）多方因素制约工匠精神的培育

1.社会

尽管近年来党和政府高度重视工匠精神培育,但相关的配套措施还不够健全,如工匠精神的时代内涵目前仍是仁者见仁、智者见智,存在多种不同的

---

① 胡淑贤、邓宏宝:《职业院校学生工匠精神培育的现状调查与对策探析》,《职教通讯》2020年第4期。

② 胡淑贤、邓宏宝:《职业院校学生工匠精神培育的现状调查与对策探析》,《职教通讯》2020年第4期。

解读。关于职业院校学生工匠精神培育的目标定位、内容安排尚缺乏应有的研究,有关职业院校工匠精神培育的教材与读本依然有待开发,对职业院校工匠精神培育的评估督导等尚未纳入相应体系,企业参与学生工匠精神培育的动力机制还需建立,社会对工匠精神培育的激励举措还需拓展,所有这些都在一定程度上制约工匠精神培育的成效。

2. 学校

少数职业院校对自身办学目标和定位不够明确,在教育教学中,单纯满足于学生技术技能的掌握,对立德树人、德技兼修的要求贯彻落实不够到位,全员育人、全过程育人、全方位育人的氛围尚未能形成。课题组通过前期的问卷和访谈调查,了解到部分职业院校对学生工匠精神的培育还是不够重视,相关制度不尽完善,只是把培育学生工匠精神当作一个口号,而未真正落到实处。从数据的反馈中,也可以看出,部分职业院校的老师还未能积极参与学生工匠精神的培育工作中去,自身的职业素养还有待提高。

3. 家庭

在对职业院校学生进行访谈的过程中,发现仍有不少家长受到传统观念的影响,将进入普通高校学习视为孩子的理想选择,而将进入职业院校学习视为无奈之举,并将此种观念有意无意地传递给孩子,导致孩子形成"破罐子破摔"的不思进取的精神状态。还有部分学生反映自己的家长缺乏管教能力,忙于工作,甚至不想管自己的学习和生活,未能尽到孩子生涯导师的责任。此外,少数家长对待工作敷衍塞责、得过且过,在产品制作及服务提供方面满足于"差不多",不求尽善尽美,这些也间接妨碍了孩子工匠精神的养成。

4. 学生

学生是工匠精神培育的主体,是关键。《2012 中国中等职业学校学生发展与就业报告》显示,农村户籍学生占中职在校生总数的比例高达 82%,而中西部地区学生占在校生总数的近 70%。有研究者指出,职业院校学生中,有95% 左右的学生过去未曾担任学生干部,部分学生选择职业院校并非出自志愿。职业院校学生总体上自信心不足、自我效能感不强、专业情感不深,这些均可能阻碍部分学生在专业上的追求与进取,导致其德不高、技不精,难以成为工匠、大师。

第三节　应用型本科院校学生工匠精神养成状况调查

应用型本科高校是我国高等教育的重要组成部分,其立身之本在于立德树人。[①] 工匠精神作为应用型本科高校立德树人的重要内容,长期以来一直得到党和政府的高度重视。深入了解学生工匠精神养成状况,倾听学生相关建议与意见,对于推进应用型本科高校工匠精神培育工作,落实中共中央办公厅、国务院办公厅印发的《关于推动现代职业教育高质量发展的意见》中"弘扬工匠精神,培养更多高素质技术技能人才、能工巧匠、大国工匠"要求具有深远意义。

一、调查过程与方法

本次调研采取方便抽样方式,对某城市 A 学校的 2022 届毕业生进行问卷调查。某城市地处长三角,自改革开放以来,该地区经济持续快速增长,高等教育事业在规模、质量等方面迅猛发展。A 学校是该城市的一所全日制应用型本科高校,学校自创建以来,始终坚持服务地方经济社会发展的办学宗旨、"以学生为中心"的育人理念,将"立品格、学技能、创事业"作为育人追求,办学业绩得到了政府和社会各界的充分肯定和好评。

本调查的问卷设计基于四个维度:认知、表现、需求以及评价,首先,从对工匠精神这一抽象概念的理解出发,了解 A 学校毕业生对工匠精神的认知情

---

① 周联清:《着力提高应用型本科院校办学质量和水平——深入学习贯彻习近平总书记在福建考察时的重要讲话精神》,《中国教育报》2021 年 5 月 28 日。

况;然后,归纳总结 A 学校培育学生工匠精神的举措以及学生工匠精神的养成情况,揭示其中存在的问题与不足;最后,结合学生的需求以及评价提出合理的培育学生工匠精神的策略。

调查问卷共计 19 题,第 1—4 题为 A 校毕业生基本情况调查(性别、专业、职业资格证书获得情况、就业或升学情况);第 5—7 题、第 9 题从认知维度了解学生对工匠精神的理解、工匠精神的代表人物以及新时期培育工匠精神的意义;第 8、第 10、第 15—16 题涉及 A 学校目前培育学生工匠精神的举措以及学生个体自身工匠精神的养成情况;第 11—13 题从需求维度了解学生对工匠精神培育主体、内容的需求,以及对工匠精神作为评奖评优依据的认可情况;第 14 题、第 17—18 题是学生对学校培育工匠精神的评价(优点、不足);第 19 题是学生对学校开展工匠精神培育的建议。

基于问卷的调查结果,笔者对问卷的信效度进行检验。本次问卷调查共发放问卷 3269 份,回收 2967 份,回收率为 91%。问卷回收后对其进行整理与分析,笔者将问卷中第 8—9、第 13—14 题设置为五级量表的形式,即对这些问题的选项进行赋值,5 为程度最高(如经常、非常有意义、非常满意),1 为程度最低(几乎不、非常没意义、非常不满意),并借助统计学软件 SPSS 19.0 对这部分题目的数据进行效度检验(见表 1-5)。

表 1-5 KMO 和巴特利特(Bartlett)的检验

取样足够度的 KMO 度量		0.606
Bartlett 的球形度检验	近似卡方	1509.385
	df	6
	Sig.	0.000

从表 1-5 中可以看出,问卷检验的 KMO 值为 0.606,大于 0.5,说明该问卷适合做因子分析。

二、调查结果与结论

（一）调查对象基本信息

1.性别比例

A校参与调查的毕业生性别分布情况梳理见表1-6。

表1-6　调查对象的性别比例

性别	人数	比例
男	1797	60.57%
女	1170	39.43%

2.专业分布

A校参与调查的毕业生专业分布情况见图1-7,回收的2967份问卷中,所学专业是理学的有347人(占11.7%)、工学的有1502人(占50.7%)、经济学的有114人(占3.8%)、管理学的有823人(占27.7%)、艺术学的有180人(占6.1%),工匠精神是任何一个专业的学生都应该具备的,也是他们未来进入工作岗位后考量其职业素养的重要指标。

3.职业资格证书获取

问卷调查对象中,在校期间已获得职业资格证书的(一个及以上)的同学共2717名,占比91.57%,未获得职业资格证书的共250人,占比8.43%。在A学校,职业资格证书是学生顺利毕业的基本条件之一,与学生的毕业资格息息相关,从数据中可以看出,大部分同学在校期间能够勤奋学习,尽早拿到与专业挂钩的职业资格证书,努力为自己就业积累求职资本;少部分同学对待自己的学业、就业不够专注,缺乏一定的意志力,尚未取得相关证书。已经升学的同学有457人,占比15.40%、就业的同学有1844人(其中对口就业1332人,非对口就业512人),占比62.15%、尚未落实就业的有666人,占比

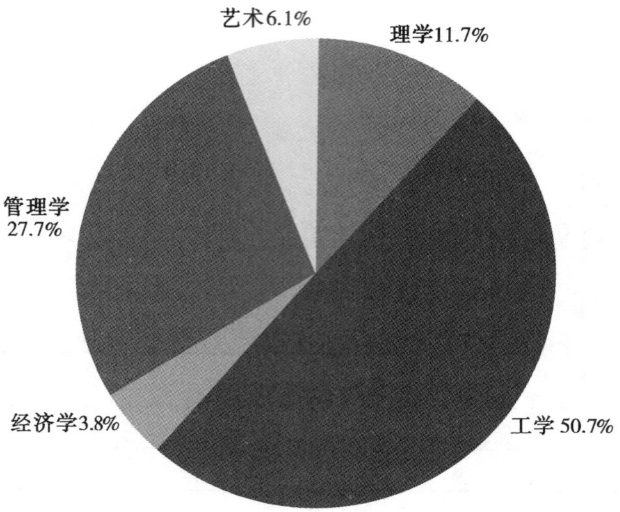

图1-7 调查对象的专业分布示意图

22.45%,可见,大部分学生能够主动把握机遇,珍惜学习机会,对人生未来作出了明智抉择,取得了初步成效;少部分同学面对自己的未来略显迷惘,面对就业或好高骛远,或不知所措,被动等待。

(二) 工匠精神养成情况

1. 对工匠精神的认知

只有知之深,方能爱之切,工匠精神作为一种特定情感与职业素养,其养成离不开认知。对工匠精神的认知水平是其养成状况的表征之一。

图1-8表明学生们对工匠精神的理解总体上是比较到位的,能够把握严谨负责、专注坚守、追求卓越等工匠精神的核心要素,为工匠精神的内化与习得奠定了坚实基础。当然,也不可否认,仍有少部分学生对工匠精神的认识存在偏差,将工匠精神等同于脚踏实地、加班加点、知行合一,未能准确认识工匠精神的时代内涵,未能区别工匠精神与敬业精神、劳动精神等概念的异同。

关于对工匠人物的知晓面,学生们的积累还不够,了解技艺精湛的鲁班的

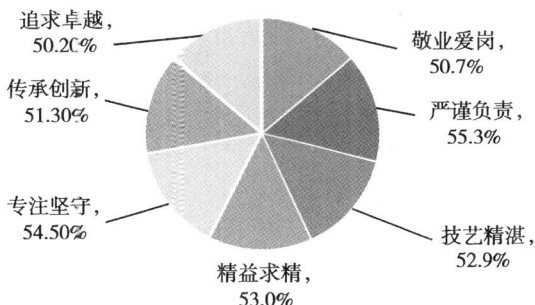

图1-8　学生对"工匠精神"内涵理解示意图

学生相对较多，共1619人（占54.6%），其次是"游刃有余"的庖丁，共1596人（占53.8%），对其余人物的了解较少。可见，学生对我国历史及当代优秀工匠代表、工匠文化尚知晓不多，需要在日后的教育教学中加强宣传。

关于"新时期强调工匠精神培育对个体的意义"的问题，笔者进行了程度赋值分析，由5—1分别为非常有意义、比较有意义、一般、不太有意义、非常没意义，结果均值为4.38，说明学生们比较认同新时期对工匠精神培育的重视。

针对"您认为目前在工匠精神方面自己最欠缺的是什么"的问题，见图1-9，超过半数的学生认为自己不具备精湛的技艺，对待工作不能够精益求精、专注坚守，而认为欠缺"严谨负责""敬业爱岗""传承创新""追求卓越"品质的学生同样不在少数，说明工匠精神培育既有必要，更是任重道远。

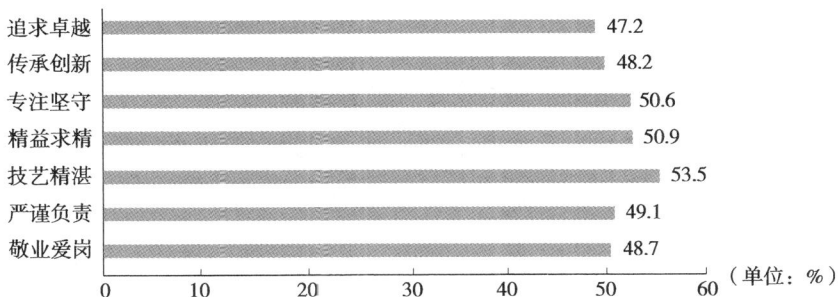

图1-9　学生自认为欠缺的工匠精神品质

2.践行工匠精神的表现

多年来 A 学校注重厚德强能、知行精进,在培育工匠精神方面采取了不少措施,对学生的学习、生活、工作等均产生了积极的推动作用。

关于"您所在学校通过哪些方式培育学生工匠精神"的问题,问卷数据统计见图 1-10。

（单位：%）

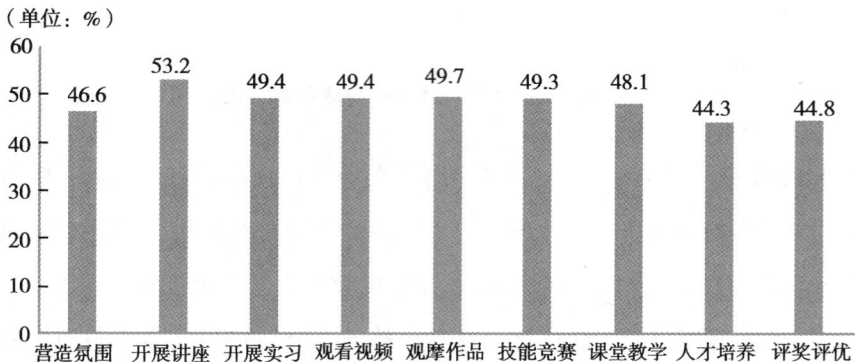

图 1-10 A 学校工匠精神培育方式示意图

图 1-10 中显示,A 学校借助开设讲座、观看视频、观摩作品、技能竞赛、课堂教学、营造氛围、评奖评优等多种有效途径,全面推进工匠精神培育工作,借此过程,学生收获良多。在被问及"您在学习、工作中是否体现过工匠精神"的问题时,27.5%的学生回答经常这样,42.3%的学生回答一般如此,22.8%的学生回答偶尔这样,少部分学生回答很少或者几乎不在学习、工作中体现工匠精神。

面对"您在学校生活中是如何践行工匠精神的"问题,学生们表示在校学习项目期间,能够认真学习专业理论知识,开拓创新;积极参加院系组织的各项活动(专题讲座、技能竞赛、实践活动、课题研讨等),提升专业技能;对待自己的学习任务、工作任务能够坚持不懈地完成,有较强的责任心和意志力;做事一丝不苟、专注坚守、精益求精。

至于"大学期间,您在工匠精神方面的进步主要表现在哪些方面"的问题,学生们表示自己的专业知识更加扎实了,拓宽了自己的知识面;通过学校组织的技能训练,自身的专业能力有所提升;对待自己的学业更加自律、负责,在校期间获得了一定的荣誉;在校期间,养成了严谨负责、敬业爱岗、不断创新的优良品质等。

(三) 对学校工匠精神培育的需求

在学校教育、社会舆论、政策引导下,学生们对工匠精神培育重要性的认识明显提高,对学校如何有效开展工匠精神培育也有着诸多的需求与见解。

根据问卷调查,学生希望由班主任、专职辅导员、公共课教师、校内专业课教师、行业企业兼职教师(实训师傅)以及行政管理服务人员等培育工匠精神的人数分别占总人数约48.9%、49.2%、49.9%、49.1%、48.8%以及46.2%,可以看出,学生希望学校全员皆能参与相关工作,打造全员育人的良好局面。

针对"您希望学校培育您二匠精神的哪些方面"的问题,见图1-11,1610名(占54.3%)学生希望学校培育他们的职业技能,帮助他们掌握精湛的技艺,为以后顺利适应工作岗位提供支持;分别有1576名(占53.1%)、1531名(占51.6%)、1497名(50.5%)学生希望学校培养他们严谨负责、精益求精、敬业爱岗的精神品质,帮助他们在学习中、工作岗位上表现更为出彩。

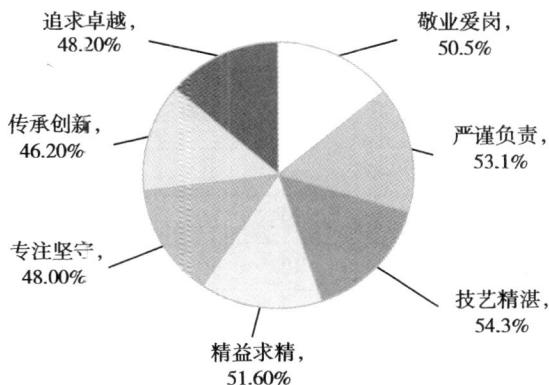

图1-11 学生对工匠精神培育内容需求情况

为促使工匠精神培育落到实处,学生们还希望学校能将工匠精神作为评奖评优的参考条件。对于"您是否希望学校将工匠精神作为评奖评优的依据"的问题,笔者进行了程度赋值分析,由5—1分别为非常同意、同意、一般、不同意以及非常不同意,均值为4.19,说明同学们对于将工匠精神作为评奖评优依据比较认同,希望通过这种方式激励自己认真对待学业、工作,养成工匠品质。

(四) 对学校工匠精神培育的评价

学生是学校工匠精神培育工作的直接"受益者",在本次的问卷调查中,笔者就学生对 A 学校工匠精神培育工作的认可度进行了调查,发现学生对学校的培育工作较为认可。首先,就"您对于学校工匠精神培育状况是否满意"的问题,笔者进行了程度赋值分析,由5—1分别为非常满意、满意、一般、不满意、非常不满意,均值为3.88,可以看出,学生们对于学校工匠精神培育状况基本满意;其次,笔者对问卷中的第10题"您所在学校通过以下哪些方式培育学生的工匠精神?"以及第14题"您对于学校工匠精神培育状况是否满意?"进行卡方检验,$P=0.000$有效;最后,笔者对不同培育方式的满意度进行整理汇总(见表1-7)。

表1-7　学生对不同培育方式的满意度(N=2967)

满意度 ＼ 方式	营造氛围	开展讲座	开展实习	观看视频	实地观摩	开展竞赛	融入课堂	培养方案	评奖评优
非常满意	450	460	455	451	455	460	452	438	443
满意	468	527	470	493	505	478	489	474	473
一般	372	457	408	402	403	408	385	330	342
不满意	69	100	100	89	83	88	78	55	52
非常不满意	23	33	32	30	29	30	23	17	19

问卷中,笔者采取开放题的方式,听取学生对"您所在学校在工匠精神培育上有哪些优点和不足"的看法,概括而言,学生们认为,学校对工匠精神的宣传比较到位,定期开展专题讲座,帮助学生对工匠精神有了深入的了解;经常组织开展教育活动,激发学生参与活动的积极性和主动性;组织开展教学技能大赛,提升学生的专业技能;实践操作机会多,有专业的教师进行指导;老师认真负责,对学生一丝不苟。当然,在学生们看来,学校的培育工作也存在一些不足,比如教育设施不够完善、学生的培养渠道少、创新意识不浓、校园工匠精神的氛围不够、缺乏相关的校本课程、课堂上很少融入工匠精神、缺少实地观摩等。

三、推进工匠精神培育的相关建议

应用型本科院校处于现代职业教育体系的中端,是联通"职业教育"与"学术教育"的桥梁,培育工匠精神是当下应用型本科院校的根本使命。[①] 基于 A 学校的个案调查,可以由点及面推知,当前应用型本科院校在学生工匠精神培育方面成绩喜人,开局良好。为进一步促进学生工匠精神养成,结合调查中学生意见,建议今后需着力强化以下工作:

(一) 优化课堂教学

课堂教学是学生学习的主阵地,也是工匠精神培育的主要途径。为此:

1.拓展课堂教学目标

美国取得哲学博士后改当摩托车修理工的马修·克劳福德(Matthew B. Crawford)指出:如果你有学习的天赋,愿意将时间花在钻研学问上,那么,就

---

① 郑晋鸣:《培育"工匠精神"是应用型本科院校的使命——与盐城工学院院长叶美兰教授一席谈》,《光明日报》2016 年 4 月 22 日。

带着工匠精神去上大学,深入地学习①,无论应用型本科院校学生是直接就业,还是继续深造,都需要培育工匠精神。要从职业素养提升、从对学生终身发展负责的高度将工匠精神培育纳入人才培养、课堂教学目标,使工匠精神成为每一个"想要成为更好的自己"的人的人生追求。②

2. 激发课堂学习动机

加强学习目的教育,提高学生对专业价值与地位的认识,增强学生专业学习的使命感与责任感。创设问题情境,扩大学生的学习自主权,实施以学生为中心的启发式、合作式、项目式教学,搭建学生选择专业与课程的平台。凭借兴趣、责任,驱动学生养成对学业、专业的坚守与投入,并在此基础上,实现态度与情感的普遍迁移,为学生成为未来工匠作好准备。

3. 开发课堂教学资源

组织编写大国工匠、地方工匠优秀事迹案例,搜集校友中杰出工匠、学校所在地各类能工巧匠的成长故事,开发特色校本课程,开设选修课程。根据学生认知规律和情感特征设计各种主题活动,结合入学教育、专业教育,开展系统工匠精神教育。强化课程思政,在专业课程教学中浸润工匠意识,陶冶工匠情怀。

(二)推进校企合作

应用型人才有别于研究型、学术型人才,无论其精湛专业技能的掌握,还是工匠精神情感的体验均需要真实生产与工作情境的支撑。为培育学生工匠精神,在校企深度合作方面需着力:

1. 组建校企合作平台

通过组建学校理事会、专业建设指导委员会、聘请企业高管参与学校实践

---

① 朱亮:《应用型本科院校:塑造人文精神和工匠精神相结合的大学文化》,《高等工程教育研究》2016 年第 6 期。

② 胡蕾、马宇飞:《应用型本科院校大学生工匠精神的培养现状及其优化》,《青年学报》2019 年第 2 期。

教学管理、委派教师深入企业挂职,通过吸收人才需求单位代表全程参与人才培养方案的研制、实践工作的安排、专业技能的指导与考核,通过共同开发课程体系与课程资源、共同建设校外实践平台等,有效激发企业育人的内生动力,实现学校和行业企业互动发展、同频共振、融合创新,为校企深度融合、双主体共育人才探索出有效路径。

2.规范专业实践教学

依据现代社会对从业人员的职业素养需求,结合学生技能与情感形成规律,系统开发学生专业实践教学资源,依托见习、实习、研习路径,将实践教学贯穿学习全程。在实践教学中,既要秉持理论联系实际的理念,强化学生的专业技能学习,打牢工匠精神的专业技术基础,也要推动技术技能培养与工匠精神培育的融合统一,做到立德树人、德技兼修。

3.加强对工匠精神养成度的考核

相关管理人员和教师要自觉利用评价的育人导向和反馈改进功能①,引导学生练就过硬本领、锤炼品德修为。借鉴斯派蒂(Spady)提出的"成果导向教育"(Outcome-Based Education,简称为 OBE)理念②,对应用型本科院校工匠精神培育成效的评价,可遵循发展性、过程性、表现性的评价原则,从工匠精神的理解度、认同度、内化度等方面进行衡量。教师可采用公开讨论、案例分析、角色模拟等方式评估学生对工匠精神的理解度;依据学生在自主、自在、自为的状态下形成的情感倾向和价值判断③,评估学生对工匠精神的认可度;借助行为评价、作品分析、技能展示等手段评估学生工匠精神的内化度。

---

① 邓宏宝、顾建军:《职业院校劳动教育的功能定位与实践方略》,《教育学术月刊》2021 年第 8 期。

② Spady, Outcome-based Education: Critical Issues and Answers, American Association of School Administrators, 1994, p.212.

③ 人力资源社会保障部办公厅《关于印发〈技工院校工匠精神教育课教学大纲(试行)〉的通知》2016 年 6 月 24 日。

（三）发挥教师示范作用

美国心理学家班杜拉（Bandura）认为，人的行为，特别是人的复杂行为，主要是后天习得的。行为习得有两种方式：一种是通过直接经验获得行为反应模式；另一种是通过观察示范者的行为而习得行为。据此，在工匠精神培育过程中，应用型本科院校教师不仅要为学生提供行为训练、情感体验的机会，也要为学生树立示范、做好榜样。

1. 强化育人意识

习近平总书记引用"大先生"概念，要求教师既是学问之师，又是品行之师。要做学生锤炼品格的引路人、学习知识的引路人、创新思维的引路人、奉献祖国的引路人。因此，应用型本科院校教师要自觉钻研教育教学业务，占据学科与专业前沿，掌握现代教育教学技术，以高超的业务水准、深厚的教育情怀、进取的人格魅力做好学生的职业楷模。

2. 提高工匠精神培育素养

教师要通过社会实践、现场访谈等各种路径加强自身对工匠精神的理解，要主动与大国工匠、地方工匠沟通交流，倾听工匠们的经验分享，感受他们身上精益求精、坚持不懈的工匠品质，提升自我的精神境界。要围绕工匠精神时代内涵、形成机理、培育方略等展开专题研究。要学习、提升工匠精神培育中的说服教育、团体辅导、心理测评等多方面能力。

（四）建设学校文化

学校文化具有导向、凝聚、规范功能，工匠精神培育过程中，亦离不开学校文化以文化人、以文育人、以文培元作用的发挥。

1. 创设物质文化

积极创造条件，以工匠精神品质或代表性工匠人名命名学校道路、建筑、广场，在学校增设工匠雕塑，展示工匠名言，成立名师或工匠工作室，用立体且有温度的实体文化感染学生。

2. 营造精神文化

工匠精神是应用型本科院交学校文化的特质,因此,要克服短、平、快传统观念影响下唯技能论、唯学历论的精致功利主义的办学思想,要在办学理念、制度设计、教风学风中彰显工匠精神理念。① 可借助评选工匠之星、开展工匠知识竞赛、举办工匠节、成立工匠精神研究社团、聘请工匠大师为"工匠精神进校园"特聘教授,为工匠精神在应用型本科院校的传递探索全新的教育方式。

总之,工匠精神是"现代应用型教育的精神标杆、内涵发展的指导思想、文化软实力的象征"②。新时期,应用型本科院校要本着对学生、社会、国家负责的精神,积极作为,努力做好工匠精神培育工作,增强自身为区域经济社会发展服务的能力、为行业企业技术进步服务的能力、为学习者创造价值的能力③。

---

① 李飞、陶晓玲:《应用型本科高校大学生工匠精神培育探析》,《教育观察》2017 年第 13 期。

② 黄文博、马悦:《应用型人才培养过程中"工匠精神"培育策略研究》,《长春师范大学学报》2017 年第 12 期。

③ 教育部国家发展改革委财政部:《关于引导部分地方普通本科高校向应用型转变的指导意见》,2015 年 11 月 16 日。

第二章　我国产业工人工匠精神的时代内涵

一种精神的产生与演变是一定时代及其实践的折射,时代及其实践决定了精神内涵及其演变规律,而其作为对实践理性的认知又为人们的实践活动提供了方向。

第一节　新中国成立以来我国产业工人工匠精神的内涵变迁

新中国成立以来70余载波澜壮阔的历史中,孕育出了平凡而伟大的工匠精神,见证了工匠精神在中国特色社会主义伟大建设的进程中不断演进。2017年中共中央、国务院印发的《新时代产业工人队伍建设改革方案》中,突出强调对产业工人思想政治引领,加强理想信念教育、职业精神和职业素养教育,大力弘扬劳模精神、劳动精神、工匠精神。工匠精神以现实化、人格化的形式汇聚于中华民族精神与时代精神中,成为中国特色社会主义建设赓续前行的重要驱动力,成为引导全社会树立劳动最光荣、劳动最崇高、劳动最伟大、劳动最美丽观念的重要力量。

一、新中国成立以来工匠精神内涵的发展演进

《辞海》中,"工"指从事各种手工技艺的劳动者,"匠"指有专门技术的工人。早期工匠精神可追溯到先秦时期,《周礼·考工记》曾记载:"百工之事,皆圣人之作也。烁金以为刃,凝土以为器,作车以行陆,作舟以行水,此皆圣人之所作也。"由此可见,当时技术精湛的能工巧匠堪称"圣人"。而新中国成立以来,随着社会主义事业的建设与中华民族伟大复兴的推进,工匠精神不断被注入了符合时代精神的新鲜血液与营养。

(一)社会主义革命和建设时期:团结苦干、勇于革新

社会主义革命和建设时期主要指新中国成立至党的十一届三中全会前,即 1949—1978 年。新中国成立初期,在积贫积弱、百废待兴的局面下,最紧迫的任务是把一个经济、文化都很落后的六亿人口的大国建设成为一个先进的社会主义工业强国。当时全国人民的中心任务,就是要"又多、又快、又好、又省"地发展工农业生产和各方面的建设工作,争取提前完成和超额完成第一个五年计划。在此背景下,为革命事业付出巨大贡献的劳动模范和先进生产者成为党和政府号召工人阶级、广大人民群众学习的重要对象。1950 年秋,毛泽东同志在全国战斗英雄代表会议和全国工农兵劳动模范代表会议(全国群英会)上指出,"中国必须建立强大的国防军,必须建立强大的经济力量,这是两件大事。这两件事都有赖于同志们和全体人民解放军的指挥员、战斗员一道,和全国工人、农民及其他人民一道,团结一致,协同努力,方能达到目的"[1],"你们在消灭敌人的斗争中,在恢复和发展工农业生产的斗争中,克服了很多的艰难困苦,表现了极大的勇敢、智慧和积极性"[2]。劳动模范、先进生产者的评选彰显了党和国家对劳动者及其所创造价值的高度肯定,此举也有

---

[1]　《毛泽东年谱(一九四九——九七六)》第一卷,中央文献出版社 2013 年版,第 198 页。
[2]　《毛泽东文集》第六卷,人民出版社 1999 年版,第 95 页。

效地激发了劳动人民对祖国的满腔热血以及对自身行业的热爱,他们凭借团结协作、无私奉献的态度,积极投身于国家建设、经济复苏的伟大事业中。

社会主义改造基本完成后,开始探索中国自己的建设社会主义的道路,但资金严重不足、设备短缺、技术落后成为经济建设中的难题。在严峻的形势下,凸显劳动者的主体作用,依托人力资源数量优势弥补资金、设备不足成为唯一出路。其时,能够节约原料降低成本、提高工作熟练程度、改善现有技术水平、增加产品数量和改进产品质量的产业工人成为国家宣传的模范人物。1956年中华全国总工会第七届执行委员会主席团第十次会议通过的《关于开展先进生产者运动的决议》,要求全国工会一方面教育职工学习先进生产技术,提高产品质量和增加产品品种,节约原料、降低成本,提高劳动生产率;另一方面,需要广泛组织职工互助合作,组织先进工人帮助落后工人,先进企业帮助落后企业,以求工人、企业共同提高。[①] 同年,在全国先进生产者代表会议的闭幕式上,中华全国总工会副主席朱学范提出“我国劳动人民新的态度和道德品质表现在哪些方面?”“首先表现在生产中的革新精神和首创精神”“我国劳动人民的新的劳动态度和道德品质表现在生产建设中克服困难的英雄气概和坚强的毅力。”[②]这无疑对生产者团结苦干、艰苦奋斗的品质以及不断学习、勇于革新的首创精神提出了明确要求。正是在此要求的号召与影响下,当时社会上涌现出了一批先进人物与典型。以1956年长春第一汽车制造厂造出的第一辆“解放牌”汽车为例,由于技术的匮乏,产业工人坚持一边工作,一边借助业余学校学习等多种形式进行知识、技术培训,贯彻增产节约的理念,克服气候、环境等重重困难,发扬首创精神,提出合理化建议,夜以继日地探索新技术。其中,被授予“全国先进生产者”称号的沈惠敏在刻苦钻研后

---

① 本报通讯员:《中华全国总工会第七届执行委员会主席团第十次会议——关于开展先进生产者运动的决议》,《人民日报》1956年3月30日。

② 朱学范:《全国先进生产者代表会议的闭幕词(摘要)》,《人民日报》1956年5月11日。

创造出漆布折叠弯曲试验法,大大缩短了试验的周期,减轻了成本负担。[1] 面对鞍钢面临停产危机,孟泰矢志不渝地组织 500 多名产业工人攻克十几项技术难关,成功自制大型轧辊[2];尽管双腿受伤,王进喜也奋不顾身跳入泥浆池压住井喷,喊出"宁可少活二一年,拼命也要拿下大油田"的口号[3];即使雷汞把自己炸得遍体鳞伤,赵桂兰也誓死捍卫住工厂与车间[4]。高炉"卫士"孟泰、"铁人"王进喜、"人民的好女儿"赵桂兰等皆为这一时期基层一线产业工人的典型模范,在资源匮乏、设备落后的时代下,他们不顾个人安危,凭借"一不怕苦、二不怕死"大无畏的"硬骨头精神"和"老黄牛精神",确保了产业发展、经济复苏。

此后,经过多年的积累,一支有知识、有觉悟、有经验、有技能的产业工人队伍初步形成规模。但"文化大革命"十年浩劫使产业工人的队伍建设受阻,知识与技能的传承发生断代现象,全国推行的劳模评选皆以"政治性"为主要标准,对产业工人职业精神的重视与宣传退居次要地位。

(二) 改革开放时期:实干巧干,开拓创新

改革开放时期主要指党的十一届三中全会至党的十四大期间,即 1978—1992 年。1978 年党的十一届三中全会召开,党和国家的工作重心实现了从"以阶级斗争为纲"到"社会主义现代化建设"的重大转移。此次会议的召开不仅提出了"以现代化经济建设为中心",并且提出"调整、改革、整顿、提高"[5]的方针,开启了改革开放的新征程,对工匠精神内涵的发展也产生了深

---

[1]　郑明武:《汽车摇篮:长春第一汽车制造厂开工建设》,吉林出版集团有限责任公司 2009 年版,第 78 页。

[2]　乔东、李海燕:《劳模精神、劳动精神、工匠精神学习读本》,中国工人出版社 2021 年版,第 23—25 页。

[3]　本报通讯员:《中国工人阶级的先锋战士——铁人王进喜》,《人民日报》1972 年 1 月 28 日。

[4]　雷风:《共产党的好女儿——赵桂兰》,《人民日报》1950 年 3 月 1 日。

[5]　本报通讯员:《中共第十一届三中全会公报》,《工人日报》1978 年 12 月 24 日。

远的影响。1977 年全国工业学大庆会议召开,着重要解决好"建设一支又红又专的铁人式的革命化队伍;发展经济,保障供给,做生产建设的促进派"的问题。① 1979 年,中共中央、国务院关于召开全国劳模大会的通知中明确指出:"各条战线的劳动模范和先进集体,必须是先进生产力的优秀代表,能够体现社会发展的方向。"②该通知明确将产业工人对生产力发展与社会主义现代化建设的贡献作为评先评优的核心标准。

从 1978 年党的十一届三中全会的召开到党的十四大的召开,社会主义市场经济体制逐步取代"计划经济为主,市场调节为辅"的体制,随着市场机制的引入,生产力的发展速度显著提升。在社会主义市场经济体制下,要求劳动者不仅要有吃苦耐劳的态度,更强调实干巧干的智慧与勇于创新的精神。1978 年 3 月,邓小平同志在全国科学大会开幕式上提出,"在社会主义社会里,工人阶级自己培养脑力劳动者,与历史上的剥削社会中的知识分子不同了","他们的绝大多数已经是工人阶级和劳动人民自己的知识分子,因此也可以说,已经是工人阶级自己的一部分。他们与体力劳动者的区别,只是社会分工不同"。③ 随着 20 世纪 80 年代知识经济的到来,精神劳动逐步成为推进体力劳动的不竭动力,大众意识到真正的劳模能够同时带来社会效益和经济效益。在党和国家对精神劳动的认可度显著提升的背景下,产业工人的工匠精神逐步实现从团结苦干、艰苦奋斗的"老黄牛精神""硬骨头精神"向实干巧干、开拓创新转变。

改革开放初期,劳动模范和先进生产者表彰的领域包括工业交通、农业、

---

① 本刊特约记者:《改革初期的工业学大庆活动——访袁宝华同志(续)》,《百年潮》2002年第 8 期。
② 中华全国总工会编:《建国以来中共中央关于工人运动文件选编》(下册),中国工人出版社 1988 年版,第 1217—1218 页。
③ 《邓小平文选》第二卷,人民出版社 1994 年版,第 89 页。

财贸等,在此期间,曾受予赵春娥、艾有勤、罗健夫、赵成顺等人为全国劳模。[1]十年"文化大革命"的动乱影响了很多青年的思想,改革开放的春风唤出了赵春娥,她全年忍受伤病却能有条不紊地检验煤场将近上万吨的煤,超额完成节能任务,被称为"闲不住的实干家"。被称为"矿山铁人"的艾有勤在艰苦的环境中吃苦耐劳,一个人完成两个人甚至四个人的工作量,创造了一流的工作成绩,18 年一直坚守采煤第一线,为祖国的煤炭事业作出巨大贡献。[2]《人民日报》发表社论,"时代需要赵春娥这样的人! 时代呼唤赵春娥这样的人"[3],是时代对于工作坚定不移、执着专注实干家的肯定与呼吁。被称为"中国式保尔"的罗健夫,在 1972 年研制出了我国第一台图形发生器,随后不断完善研制出"Ⅱ型图形发生器",填补了我国电子工业的空白,为我国航天工业的发展作出巨大贡献。[4] 赵成顺年轻时在一次设备检修中不幸失去左臂,面临重大的考验,他没有退缩沉沦,而是以惊人的毅力刻苦学习,以主人翁精神忘我劳动、奋勇拼搏,在团队的协作配合中,先后完成了 130 多项技术革新,累计为国家创造财富 7000 多万元。[5] 刻苦钻研、忘我工作的罗健夫、赵成顺,不仅是一个实干家,更是行业领头人。随着改革开放转型期的到来,涌现出一大批将理想化为"实干"的产业工人,他们凭借自己的实干巧干填补了我国在各个领域的技术空白。1977 年 5 月,邓小平同志在"尊重知识,尊重人才"的谈话中,再次强调"不论脑力劳动,体力劳动,都是劳动""将来,脑力劳动和体力劳动更分不开来"[6]。时代不仅呼吁"实干家"赵春娥传递凝心聚力的实干精神,也召唤"中国式保尔"罗健夫开拓知识、技术和科学的新视野。

---

① 本报通讯员:《国务院授予赵春娥、罗健夫、蒋筑英全国劳动模范称号》,《光明日报》1983 年 3 月 5 日。

② 本报通讯员:《五位全国劳动模范先进事迹》,《人民日报》1987 年 6 月 6 日。

③ 本报通讯员:《全副身心献给共产主义事业——记赵春娥》,《贵州日报》1982 年 8 月 11 日。

④ 猴昱健:《罗健夫:知识分子学习的楷模》,《新西部》2021 年第 6 期。

⑤ 本报通讯员:《五位全国劳动模范先进事迹》,《人民日报》1987 年 6 月 6 日。

⑥ 《邓小平文选》第二卷,人民出版社 1994 年版,第 41 页。

1987年6月,《人民日报》以"我们今天需要什么样的英雄?"为题,发表社论"我们这个时代最需要的,是具有实干精神的英雄""从全国劳动模范和千余名先进个人的情况来看,他们的高尚精神和先进事迹值得我们学习的地方很多,但最重要的一条,就是把理想化为实干的献身精神,这就是他们先进事迹的精华"①。在此背景下,先进的产业工人一方面再现了孟泰、王进喜等老一辈产业工人的"实干"传统,另一方面,与前辈不同的是,他们生活在科学技术飞速发展的年代,他们的实干精神还与现代科学技术紧密结合在一起。这一时代的劳动者闪烁着改革、创新的风采,他们敢于打破旧有的观点,解放思想,从实际出发,勇于探索,推陈出新。改革开放时期的产业工人,不仅有出色的业务能力、精湛的技术水准,还被塑造成勇于探索、开拓创新的新形象,他们实干巧干、开拓创新的精神越发深入人心。

(三) 社会主义现代化建设时期:爱岗敬业、甘于奉献

社会主义现代化建设时期主要指党的十四大至党的十八大(1992—2012年)。党的十四大以来,我国经济社会全面发展,科学技术的进步促进生产力发展,市场经济体制释放了社会发展活力。公有制经济为主体、多种所有制经济共同发展的基本经济制度加速了非公有制经济的崛起,经济结构的变化致使社会分工也发生巨变。与此同时,我国确立的按劳分配为主体、多种分配方式并存的分配制度,促进人们逐渐摆脱旧有劳动形式的束缚,大大推动了劳动形式多样化。江泽民同志明确提出:"抓住机遇,开拓进取""不论是体力劳动还是脑力劳动,一切为我国社会主义现代化建设作出贡献的劳动,都是光荣的,都应该得到承认和尊重""一切合法的劳动收入和合法的非劳动收入,都应该得到保护"。② 在此影响下,凡是能够推动社会生产力发展,通过合法劳动创造社会财富的私营企业人员等,都被纳入了劳动者的范畴。随着市场经

① 本报通讯员:《我们今天需要什么样的英雄》,《人民日报》1987年6月6日。
② 《江泽民文选》第三卷,人民出版社2006年版,第540页。

济的发轫与完善,劳动观念也日趋成熟,创造价值的劳动不局限于体力劳动,科技劳动、管理劳动、服务劳动等多种劳动形式得到进一步认可,劳动者的主体构成日益多样化,劳动内涵得到进一步外延。2005 年,全国总工会颁布的《关于推荐全国劳动模范和先进工作者的通知》中,衡量劳动模范的关键指标由"无私奉献"转变为"对事业有突出贡献",这一指标的变化无疑更加强对劳动者的职业技能与创新意识的强调。与此同时,市场经济的逐利性也导致少数人价值观的扭曲,形成集体意识淡薄、好逸恶劳、职业道德沦丧的不良风气。为引导积极向上的社会风尚,胡锦涛同志提出了包含"以辛勤劳动为荣,以好逸恶劳为耻""以团结互助为荣,以损人利己为耻""以诚实守信为荣,以见利忘义为耻""以遵纪守法为荣,以违法乱纪为耻""以艰苦奋斗为荣,以骄奢淫逸为耻"等内容的社会主义荣辱观,体现了中华民族传统美德与时代精神的有机结合,体现了社会主义基本道德规范和社会风尚的本质要求,体现了社会主义核心价值观的鲜明导向,对推动形成良好的社会风气,构建社会主义和谐社会具有重要意义。①

　　针对职业精神,2005 年在全国劳动模范和先进工作者表彰大会上,胡锦涛同志首次明确对劳模精神作出全面阐释,即"爱岗敬业、争创一流,艰苦奋斗、勇于创新,淡泊名利、甘于奉献"②,这 24 字的科学阐释也体现了这一时代工匠精神的价值取向。劳模精神是所有劳动者值得学习的精神,是引领劳动者从平凡向不平凡努力的方向,工匠精神是每位劳动者都应该具备的精神,是激发和激励劳动者不断超越自我的内驱力,二者在内涵上具有共通性。"马班邮路"忠诚信使王顺友长期跋涉于雪域高原,每年投递报纸 8000 多份、杂志 700 多份、函件 1500 多份、包裹 600 多件,并且投递准确率达到 100%,20 多年来扎根于基层,真正做到了干一行爱一行、干一行干好一行,在平凡的岗位作

---

　　①　王润玲:《论社会主义荣辱观教育与大学生发展》,《福建医科大学学报(社会科学版)》2006 年第 3 期。
　　②　胡波:《致敬新时代普通劳动者》,《新华日报》2023 年 5 月 2 日。

出不平凡的业绩。① "港口工人的技能英雄"孔祥瑞长期作业于一线,在生产实践中创新发明了高压电缆保护装置、门座起重机中心集电器等,他对队友说"咱是操作工人,但不能只会操作,要敢于和善于改造设备缺陷"②。孔祥瑞热忱于自己的工作岗位,持之以恒地学习专业知识与技能,在实践工作中还充满创新意识,勇于革新技术。电力工人窦铁成带领技术攻关小组,先后研发疏散平台测量小车、钢性悬挂接触网垂直向上钻孔平台等多项科技成果,他说"自己就是个工人,只有在火热的施工现场,才能发挥自己的特长,只有把所学知识奉献社会,人生才有价值"。③ 改革开放不断推向深入的新时期,涌现出了"忠诚信使"王顺友、"蓝领专家"孔祥瑞、"金牌工人"窦铁成、"新时期铁人"王启明、"中国航空发动机之父"吴大观等一大批劳动模范和先进工作者,在各自行业里充分展现主人风采,真正做到了干一行、爱一行,专一行、精一行,既爱岗敬业、艰苦奋斗、甘于奉献,又以此为基础不断开拓创新、争创一流,他们带动产业工人锐意进取、积极投身改革开放与社会主义现代化建设,为和谐社会建设和科技事业的振兴贡献出自己的汗水。

(四) 开创中国特色社会主义新时代:精益求精、追求卓越

开创中国特色社会主义新时代主要指党的十八大以来(2012 年至今),随着中国特色社会主义进入新时代,改革开放也进入了攻坚期,经济发展的目标由原来的高速发展转向高质量发展,经济发展进入了新常态,主要表现在经济增长速度、经济结构、经济增长动力三个方面。在经济增长速度上,经济发展由高速发展调整为中高速发展,相比过去高速发展的目标,这一阶段我国将重

---

① 本报通讯员:《全国邮政系统劳动模范发出向王顺友同志学习倡议书》,《人民日报》2005 年 6 月 8 日。

② 陈杰、赵婀娜:《港口工人的技能英雄——记天津港(集团)有限公司煤码头公司一队队长孔祥瑞(上)》,《人民日报》2006 年 11 月 1 日。

③ 本报通讯员:《"工人教授"窦铁成》,《人民日报》2008 年 4 月 25 日。

心转向经济发展的质量。与此同时,人们的消费观念也不断升级,大众开始更关注产品的质量,中国的制造业面临着从"中国制造"向"中国创造"的转变。消费需求的转变促使生产亟须进行"供给侧结构性改革",消费者个性化、多样化、品质化的需求,需要消费品的生产制造能不断推陈出新、精益求精。在经济结构上,我国产业结构由中低端主导转向中高端主导,因此在社会可持续发展中,第三产业成为关键驱动力。随着土地、劳动力、资源等要素价格的上涨,导致凭借压低要素价格实现经济大幅增长的时代已一去不复返,实现要素驱动向创新驱动转变是目前的关键途径。[①] 2013 年德国提出"工业 4.0"的概念,英国、美国等发达国家纷纷提出本国在新一轮科技革命下的智能制造战略。2015 年,国务院印发《中国制造 2025》,提出我国从制造业大国向制造业强国转型。基于上述时代特征,工匠精神也被赋予了新的时代内涵。2013年,习近平总书记在同全国劳动模范代表座谈时指出,"全社会都要贯彻尊重劳动、尊重知识、尊重人才、尊重创造的重大方针"[②]"着力培养造就一大批知识型、技术型、创新型的高素质职工"[③]。在全国劳动模范和先进工作者表彰大会上,习近平总书记指出"劳动者素质对一个国家、一个民族发展至关重要"[④],当今世界综合国力的竞争归根到底是高素质劳动者的竞争,强调了努力建设高素质劳动大军至关重要。

新时代党和国家高度重视工匠精神与经济发展新常态、社会主义现代化建设相适应。一方面,将创新创业置于更关键的位置,"要增强创新意识,敢

---

① 王晶晶:《信息化与工业化融合探索实体经济发展新出路》,《中国经济时报》2016 年 1 月 22 日。

② 习近平:《在庆祝"五一"国际劳动节暨表彰全国劳动模范和先进工作者大会上的讲话》,人民出版社 2015 年版,第 5 页。

③ 《习近平谈治国理政》第一卷,外文出版社 2018 年版,第 47 页。

④ 习近平:《在庆祝"五一"国际劳动节暨表彰全国劳动模范和先进工作者大会上的讲话》,人民出版社 2015 年版,第 9 页。

于走前人没有走过的路,敢于抢占国内国际创新制高点"①。另一方面,更注重精益求精、追求卓越的时代新内涵。习近平总书记指出:"无论从事什么劳动,都要干一行、爱一行、钻一行。在工厂车间,就要弘扬'工匠精神',精心打磨每一个零部件,生产优质的产品。"②2020年,习近平总书记在全国劳动模范和先进工作者表彰大会中,首次阐释了工匠精神的内涵,即"执着专注、精益求精、一丝不苟、追求卓越"③。当今世界正经历百年未有之大变局,而我国正处于实现中华民族伟大复兴的关键时期,面对新一轮科技革命和产业变革带来的机遇与挑战,产业工人是支撑中国制造、中国创造的重要力量,亟须紧密关注行业、产业前沿知识与技术,勤于思考、深入钻研,努力提高技术技能水平。中国航发沈阳黎明航空发动机有限责任公司首席技师洪家光凭借"韧劲儿、疯劲儿、巧劲儿"带领团队不断实践,在超过1500多次尝试后,研发出成熟的航空发动机叶片滚轮精密磨削技术,他说:"产业工人不能靠着传下来的东西吃老本,必须不断学习。"④"拼命三郎"洪家光从普通产业工人到名副其实的"大国工匠"的成长过程中,不仅坐住"冷板凳",还有对求精益求精、巧思创新的不懈追求。航天装配一线工人王曙群刻苦钻研、执着坚持、攻克难关,练就一手"精、新、准、快"的技术绝活,从神舟到天宫、天舟,圆满地完成了13次对接任务。作为"太空之吻"的缔造者,王曙群执着专注、永不服输、勇于实践与创新,以匠人之心铸航天重器。⑤ 高铁焊接大师李万君始终坚守轨道客车

---

① 习近平:《在知识分子、劳动模范、青年代表座谈会上的讲话》,人民出版社2016年版,第5页。
② 习近平:《在知识分子、劳动模范、青年代表座谈会上的讲话》,人民出版社2016年版,第9页。
③ 习近平:《在全国劳动模范和先进工作者表彰大会上的讲话》,人民出版社2020年版,第4页。
④ 本报通讯员:《访中国航发沈阳黎明航空发动机有限责任公司工人洪家光》,《光明日报》2018年10月17日。
⑤ 姚丹、铁燕:《攻克高铁技术难关的人——"高铁焊接大师""十八大"代表李万君》,《中国职工教育》2012年第17期。

转向焊接岗位,苦练技术、攻克难关,先后参与了几十种城铁车、动车组转向架的首件试制焊接工作,总结并制定 30 多种转向架焊接规范及操作方法,技术攻关 150 多项,获得国家专利 27 项,他的焊接绝技成就了中国铁路工程的奇迹。

在党的十九大上,习近平总书记明确指出:"激发和保护企业家精神,鼓励更多社会主体投身创新创业。建设知识型、技能型、创新型劳动者大军,弘扬劳模精神和工匠精神,营造劳动光荣的社会风尚和精益求精的敬业风气。"[1]新时代工匠们一方面继承了过往对职业始终如一的坚守、对技艺趋于完美的追求,实践着精益求精、执着专注的敬业精神;另一方面,他们凭借着坚定的爱岗、爱事业、爱国家的情怀,始终在求索中不断突破自己的技术峰值,不断超越自我,走向卓越。

二、工匠精神内涵演进的规律性阐释

梳理回顾新中国 70 多年工匠精神内涵演变的轨迹,可总结出以下几个特点:

(一) 生发于生产经济水平的提升

工匠精神因其具体的社会规定性而存在特定的意义,是国家层面定义优秀劳动者的标准之一。无论是"劳模"还是"大国工匠",都是以为生产劳动作出直接或间接的贡献作为遴选标准,都是在生产实践中脱颖而出的劳动者。因此,工匠精神是基于生产实践水平的提升而不断形成与发展的。新中国成立初期,一穷二白、物质基础薄弱,国家高度强调物质资料生产劳动,"认为在社会主义制度下只有生产物质资料的劳动才是生产劳动"[2]。在此基调下,一

---

①　习近平:《决胜全面建成小康社会　夺取新时代中国特色社会主义伟大胜利——在中国共产党第十九次全国代表大会上的报告》,人民出版社 2017 年版,第 31 页。

②　于光远:《社会主义制度下的生产劳动与非生产劳动》,《中国经济问题》1981 年第 1 期。

线产业工人就是劳模精神、工匠精神的主要现实载体。1950 年全国群英会上,重点表彰的对象是在恢复、发展工业、农业生产中表现突出的群体,肯定劳动者群体在生产劳动中团结苦干、迎难而上的态度,鼓励广大劳动者向表彰群体学习不断夯实、提升生产技能为新中国巩固国防事业、恢复和发展经济无私奉献的精神,充分体现了这一时期物质资料生产劳动的基础性地位不可动摇。2000 年全国劳动模范和先进工作者的表彰范围是"在改革开放、经济建设、工农业生产和各项社会事业中作出突出贡献的工人、农民、科教人员、企业管理人员、机关工作人员及其他人员"①。当时,对工匠精神的理解仍主要聚焦于物质资料生产中爱岗敬业、艰苦奋斗、甘于奉献等品质。

从新中国成立初期物质基础薄弱,到改革开放和社会主义现代化建设新时期国家经济实力的大幅提升,再到进入新时代以来国内生产总值突破百万亿大关,随着经济的迅猛发展,党和国家对于生产劳动内涵的把握也不断深入,为工匠精神的丰富奠定了坚实的基础。尽管 1960 年全国文教群英会的召开预示着国家对科教文卫领域先进工作者的认同,但一直未对此类群体作出劳模精神、劳动精神、工匠精神的明确要求。改革开放后,随着解放和发展生产力的提出,从邓小平同志"尊重知识,尊重人才"的讲话开始,逐渐突破了对生产劳动内涵的既有界限,对精神劳动和非生产性劳动进一步肯定,有效地扩展了生产劳动的范畴。与此相呼应,工匠精神的内涵在"知识分子也属于工人阶级的一部分"②这一论断提出后,亦有所发展,更强调开拓创新,这一突破鼓励各个领域的劳动者凭借自己的智慧与力量,投身于社会主义现代化建设。面对智能化时代的初露端倪,工匠精神内涵也有了"执着专注、精益求精、一丝不苟、追求卓越"的阐释,这必将有利于营造推崇创新、鼓励创造的良好社会氛围,促进兼具创造性思维和精湛技术的高素质劳动者成长。

---

① 《国务院关于召开 2000 年全国劳动模范和先进工作者表彰大会的通知》,《河南政报》2000 年第 4 期。

② 本报通讯员:《中共第十一届三中全会公报》,《工人日报》1978 年 12 月 24 日。

（二）根植于社会发展战略重点的转变

唯物史观主张，人民是社会物质财富与精神财富的创造者，是社会变革的主力军，是历史的创造者。在社会主义革命、建设和改革历程中，无不凸显劳动人民的主体地位，工匠精神的演变是劳动者们在党和国家方针、政策的引领下，在各时期为人民谋幸福、为民族谋复兴奋斗历程的写照。社会主义革命时期，劳模精神、工匠精神是在党以建设强大的国防军与恢复经济生产为两项主要任务为中心的指导下，激励劳动者积极投身革命、团结一致搞建设、成功推翻"三座大山"、挽救民族危机、实现国家真正独立的强大精神动力。社会主义建设时期的劳模精神、工匠精神是党引领劳动人民筚路蓝缕、砥砺前行的表征，广大劳动者基于恢复和发展工农业的需要，充分发挥首创精神，为经济复苏不懈奋斗，诠释了将个人理想与国家命运交织而努力的精神。改革开放时期的劳模精神、工匠精神，旨在以经济建设为中心的战略决策中，调动劳动者的生产积极性，促进经济社会的高速发展。在新时代，工匠精神围绕经济高质量发展的战略决策，引导劳动者在生产态度、生产方式、生产质量上精益求精、追求卓越。

在推进全面建成小康社会、中华民族伟大复兴事业进程中，工人阶级作为工匠精神的重要载体，在劳动中不断实现着体力与智力的双重完善。21世纪的工匠精神已不再局限于简单的机械手工与体力劳动，"勇于创新""精益求精""追求卓越"的要求需要的是在炉火纯青的技艺中生成源源不断的创造性思维，是对脑力劳动与精神劳动结合的全能型劳动者的迫切需要。

（三）立足于科学技术水平的发展

唯物史观强调，经济基础决定上层建筑。工匠精神作为一种精神文化，属于上层建筑的范畴，科学技术水平也是经济基础发展的体现。工匠精神在传承历史内涵的基础上，根据不同历史阶段科学技术的发展，其具体内涵亦在积淀中不断丰富,厚重而深远、历久而弥新。从"团结苦干"到"实干巧干"的转变,实质上是中华民族实现从"站起来"向"富起来"的转变。新中国成立初期,正值社会主义革命、建设时期,面临着许多生产资源和技术的局限,工匠精神整体呈现"苦干"的特点,毛泽东同志明确提出"用自己动手的方法,达到丰衣足食的目的"①。通过树立劳动模范来引领社会劳动风尚,保障这一时期人民的基本生活,推动国民经济的恢复。改革开放以来,劳模、工匠们的奋斗目标转向了解放和发展生产力,先进代表的范畴也实现了从体力劳动者向技术型、知识型、创新型的复合型劳动者的转变。工匠精神在"苦干"的基础上,新增了"实干"的内涵,"为革命献身、革命加拼命、苦干加巧干、经验加创新"②的精神代际相传,工匠群体不断壮大。不仅激励着无数劳动者奋勇向前,更是使新中国实现了从百废待兴、一穷二白的落后局面转向全面建成小康社会的新时代,并且正在向社会主义现代化强国的目标迈进。

从"实干巧干"到"创新创造"的转变,正引领着中国实现从"富起来"到"强起来"的飞跃。随着经济进入新常态,党和政府提出了"高质量发展"这一新的时代主题,而创新驱动逐步取代要素驱动,成为推进高质量发展的主要动力,这对劳动群体的创新思维、创造能力有了更强期待。习近平总书记指出,"勇立潮头、引领创新""要增强创新意识,敢于走前人没有走过的路,敢于抢占国内国际创新制高点"③。勇于创新、精益求精、追求卓越的工匠精神是劳动光荣、劳动伟大在新时代所追求的境界。通过一线产业工人在实践中探索技术创新,解决社会主义现代化建设中的技术难题,通过知识型、技能型、创造型的高素质劳动者的壮大,为中华民族的伟大复兴提供坚实的基础。

---

① 《毛泽东选集》第三卷,人民出版社1991年版,第929页。
② 本报通讯员:《我们今天需要什么样的英雄》,《人民日报》1987年6月6日。
③ 习近平:《在知识分子、劳动模范、青年代表座谈会上的讲话》,人民出版社2016年版,第5页。

第二节 未来社会产业工人工匠精神的内涵

作为对从业者的一种素养要求,工匠精神具有鲜明的时代性,分析当前世界及我国社会迅猛发展的基本态势,揭示其对从业者的职业素养需求,总结凝练未来社会产业工人工匠精神的内涵,有助于为职业院校培育未来产业工人工匠精神提供目标参照。

一、社会发展对新时期从业者工匠精神的需求分析

社会发展指整个社会向前运动的过程,包括纵向上社会由低级向高级的运动和发展过程,以及横向上在特定的社会发展阶段社会各方面整体的运动和发展过程。①

随着科学技术的进步以及脑科学与认知神经科学的发展,工业4.0、人工智能、机器学习等已初露端倪。面对世界产业及经济发展的迅猛变革,各国际组织纷纷展开调查研究,并发布相应报告,回应社会发展需求。2010年6月,欧盟正式通过了未来十年的发展蓝图,即《欧洲2020:智慧、可持续与包容性的增长战略》,这是继《里斯本战略》到期后,欧盟的第二个十年经济社会发展规划②。强调,"必须做好教育、培训与终身学习方面的工作",视教育为未来发展核心。2011年4月,世界银行集团推出了《世界银行2020教育战略——全民学习:投资于人们的知识和技能以促进发展》,提出了"全民学习"的战略新愿景。2012年5月,经济合作与发展组织发布的《更好的技能、更好的工作、更好的生活:技能政策的战略方针》中提出:"技能已成为21世纪经济的

---

① 刘伟巍:《增强社会发展活力与提高社会治理水平的对策》,《区域治理》2019年第9期。
② 牛亏环:《大学生学习过程评价研究》,上海师范大学2015年博士学位论文。

全球货币",全社会应高度重视技能培养与技能投资。①

就我国的社会发展,学者们从多种角度提炼出其不同的趋势与特征。王元、孔伟艳(2019)指出,未来30年中国社会发展变化趋势将表现为:逐步形成橄榄型社会结构,收入差距缩小、收入分配结构改善,公共服务水平持续提高,社会治理从多元参与向多元共治转变。② 丁波涛、陈隽(2020)认为,智慧社会建设必将引起对数据驱动、智能技术应用、以人为本、可持续发展、创新能力提升等的注重。③ 孙会峰(2017)梳理出了未来产业发展的十大新趋势,即产业边界融合化、产业高阶化、产业形态服务化、产业组织网络化、产业协同生态化、产业竞争资本化、产业投资价值化、新型要素资本化、产业基础数字化、产业布局梯次化④,……,未来社会的发展可谓绚丽夺目,灿烂辉煌。以下主要结合课题组对相关企业的调查,阐述社会发展对未来社会产业工人工匠精神的需求:

(一)人们对美好生活的需要要求注重产品品质

新中国成立后,随着社会的进步,我们国内的主要矛盾发生多次变化。党的八大指出,我们国内的主要矛盾,已经是人民对于经济文化迅速发展的需要同当前经济文化不能满足人民需要的状况之间的矛盾。党的十一届六中全会提出,在社会主义改造基本完成以后,我国所要解决的主要矛盾,是人民日益增长的物质文化需要同落后的社会生产之间的矛盾。而在党的十九大报告中,习近平总书记则宣告:"中国特色社会主义进入新时代,我国社会主要矛

---

① 北京教育科学研究院:《盘点全球十大教育新理念》,《山西教育(管理)》2022年第12期。

② 王元、孔伟艳:《未来30年中国社会发展趋势及促进共享发展的建议》,《宏观经济研究》2019年第5期。

③ 丁波涛、陈隽:《全球智慧社会发展趋势》,《中国建设信息化》2020年第13期。

④ 金国军观察:《孙会峰:未来产业发展呈现十大新趋势》,2017年9月25日,见https://m.sohu.com/a/194440825_749353?_trans_=010004_pcwzy。

盾已经转化为人民日益增长的美好生活需要和不平衡不充分的发展之间的矛盾。"①从求温饱到求环保,从求生存到求生态;从先富带后富到共建共享;从高速增长阶段转向高质量发展阶段,这些社会矛盾的变化,标志着人民需要的拓展提升、经济社会发展的前进上升。②

与此相呼应,随着主体性的增强、新中产阶级的兴起,人们消费需求的多元化、个性化,对产品的品质、款式、功能、舒适度、耐用度乃至外观美感都提出更高、更多要求,更高的质量、更好的用户体验已成为追求的目标,同时,服务的无形性、不可储存性、生产与消费的不可分离性(服务过程中人员的大量接触)以及品质的差异性③,对服务道德、服务质量亦提出更高的工匠精神要求。新时期的产品或服务不只满足于基本生活所需,而是品牌、情怀和个性化三个方面的集合。为此,就要告别粗放经济,要更加注重产品与服务的细节、品位和创意,让工匠精神获得理想的成长"土壤"。

(二) 产业结构的转型升级要求强化人的素养

新一代信息技术和智能制造技术融入传统制造业的产品研发、设计、制造过程,将推动我国传统制造业由大批量标准化生产转变为以互联网为支撑的智能化、个性化定制生产,大幅提升传统产业发展能级和发展空间④;同时,随着产业结构转型升级,就业结构中第一、第二、第三产业的比例将进一步发生变化,制造业升级换代可能导致产业工人减少,服务业成为劳动者的主要就业

---

① 习近平:《决胜全面建成小康社会　夺取新时代中国特色社会主义伟大胜利——在中国共产党第十九次全国代表大会上的报告》,人民出版社 2017 年版,第 11 页。
② 颜晓峰:《我国社会主要矛盾变化的重大意义》,《人民日报》2018 年 1 月 4 日。
③ 张子睿、樊凯:《工匠精神与工匠精神养成引论》,民主与建设出版社 2017 年版,第 23 页。
④ 易信:《新一轮科技革命和产业变革趋势、影响及对策》,《中国经贸导刊》2018 年第 30 期。

领域①。此外,人工智能在许多行业和部门中的广泛应用,出现了无人车间、无人工厂等自动化生产体系,也出现了智能运维与服务、用户画像、机器视觉、调度优化、预测性维护等自主运营维护体系,智能机器成为介于人和物之间的特殊存在,在一定程度上成为劳动主体。并且智能机器摆脱了过去对人类命令的机械复制,可以独立判断、临场处置,在一定程度上能够进行创造性劳动,这些都为从业中机器换人奠定了技术条件。波士顿咨询公司(BCG)与阿里研究院预测,未来 5 年将有 702 种职业和 47% 的工作都可能被人工智能取代②;《人口与劳动绿皮书:中国人口与劳动问题报告 No. 20》亦指出,人工智能对中国制造业工人的替代率高达 19.6%③。

　　个性化需求的满足、服务行业的振兴、机器换人的逐步推进,必然对人力资源的大规模优质化提出迫切需求。根据剑桥大学研究者迈克尔·奥斯本(Michael Osborne)和卡尔·弗雷(Carl Frey)的数据体系,英国广播公司(BBC)认为,机器换人对人提出了三类素养:拥有社交能力、协商能力以及人情练达的艺术;同情心以及对他人真心实意的扶助和关切;创意和审美。课题组在调研企业过程中,不少企业也反映新兴产业大多自动化程度高,而且设备带有自学习系统,对职业技能的要求相对较低。但是对员工的职业素养要求较高,最看重的是企业文化认同、忠诚企业、主动学习能力、创新能力、团结合作能力和奉献精神等。调查中,少数企业提及因为赶工需要,或生产设备统筹运转需要,不得不安排夜班或加班,这就需要从业人员首先具备企业本位、无私奉献、不计辛劳等优良品质。再如部分岗位需要冷轧人才,但目前大多数职业院校培养的是炼钢专业技能人才,这就需要毕业生在岗位上不断地学习和

---

　　①　王元、孔伟艳:《未来 30 年中国社会发展趋势及促进共享发展的建议》,《宏观经济研究》2019 年第 5 期。
　　②　程永杰:《人工智能对我国就业的影响及应对措施》,《中国就业》2019 年第 11 期。
　　③　张车伟、高文书、程杰:《中国人口与劳动问题报告 No. 20》,社会科学文献出版社 2019 年版,第 191—211 页。

适应,事实也证明学习能力强的毕业生职业发展前景相当好,很多人迅速成长为技术骨干。

(三)"专精特新"中小企业的打造呼唤创新意识

2018年我国工业和信息化部发布《关于开展专精特新"小巨人"企业培育工作的通知》,2019年8月26日中央财经委第五次会议上高层表示要发挥企业家精神和工匠精神,培育一批"专精特新"中小企业。2021年7月30日召开的中共中央政治局会议指出,发展"专精特新"中小企业。所谓"专精特新",指企业要具备专业化、精细化、特色化、新颖化四大优势。我国之所以重视"专精特新"中小企业发展,尤其是"小巨人"企业发展,是因为它们长期专注并深耕于产业链某一环节或某一产品,重视关键领域核心技术攻关,具有专业程度高、创新能力强、发展潜力大等特点,通过培育成长为行业中"巨人"的可能性非常大,它们往往是各个细分行业的隐形冠军企业。也正因此,我国政府部门多措并举以期让"小巨人们"迸发出大能量。2021年年初,财政部、工信部联合发布的《关于支持"专精特新"中小企业高质量发展的通知》明确提出,2021—2025年,中央财政累计安排100亿元以上奖补资金,引导地方完善扶持政策和公共服务体系,分三批重点支持1000余家国家级专精特新"小巨人"企业,带动1万家左右中小企业成长为国家级专精特新"小巨人"企业。

"专精特新"企业的打造必然离不开"专精特新"人才的支撑,"你的终端产品要有超高的品质,你在价值链上就必须挖掘得非常深,这样才能有自己独特的工艺、独特的机械,才能控制自己的原材料,这样就能够带来终端产品的卓越品质"[1]。为此,从业者必须始终强化客户意识,坚持以客户为本,依客户需求不断创新产品与服务类型,用最好的技术打造最好的产品,以工匠精神造就隐形冠军,这对从业者的创新意识、创新能力、服务意识以及精益求精的品

---

[1]　《工匠精神造就隐形冠军》,《装备制造》2016年第5期。

质皆提出了更高的要求。

（四）新发现、新材料、新技术更新迭代周期的缩短要求具备核心素养

联合国教科文组织曾经做过一项研究,结论是:信息通信技术带来了人类知识更新速度的加速。18 世纪知识更新周期为 80—90 年;19 世纪到 20 世纪初,缩短为 30 年;20 世纪 60—70 年代,一般学科的知识更新周期为 5—10 年;80—90 年代,许多学科的知识更新周期缩短为 5 年;进入 21 世纪,许多学科的知识更新周期已缩短至 2—3 年①。科技更新速度的加快,同样会带来职场的变化。由美国微软公司和趋势预测机构"未来实验室"联合推出的《未来证明自己——明天的职业》报告,预测了未来 10 年可能出现的新职业,其中指出,近三分之二在校生未来从事的工作是现在尚未出现的,而与虚拟现实设计、机器人工程学、视觉传播有关的职业都将在未来职场中占据一席之地。

与职业更替同步的,是从业者需在不同职业之间作出变换,终身固守一个岗位的传统职业生涯将被易变性职业生涯所取代。"工业 4.0"将促成多样的、灵活的职业道路,使人们能够持续工作,并在更长的一段时间内保持生产力。美国劳工统计局经济学家彼雷特(Chuck Pierret)始于 1979 年的研究就显示,在其所调查的 10000 名 14—22 岁的美国人中,每人平均从事过 10.8 份工作。从业者唯有着力培养自身的问题解决、人际沟通、数据处理等关键能力,以及责任感、事业心、顽强的意志、坚忍的性格、良好的处世心态、协作精神等必备品格,方能在职业生涯中迅速地从一个岗位转换到另一个岗位,达成职业生涯的成功与幸福。

---

① 丁汉青:《"泛知识"学习的利弊得失》,《人民论坛》2022 年第 14 期。

（五）社会治理体系和治理能力现代化建设要求学会自律

党的十八届三中全会提出："全面深化改革的总目标是完善和发展中国特色社会主义制度，推进国家治理体系和治理能力现代化。"①从"管理"到"治理"，虽一字之差，却代表着理念上的巨大转变。治理更加强调治理主体的"多元化"，不再仅仅局限于党和政府；更加注重治理方式的"协商化"，有效缓解社会矛盾；更加关注治理手段的"现代化"，大幅提高社会治理效率；更加强调治理效果的"善治化"，更符合现代社会发展趋势。②就企业治理而言，未来市场需求必将朝着多样化、个性化方向发展，传统的多层次、职能性的金字塔式组织结构，面对市场的诸多不确定性，在管理效能上势必大打折扣。为增强市场应变能力，调动员工的生产积极性，少层级的、扁平化的组织结构将逐步成为企业组织结构的优先选择。

多元共治、社会参与和民主决策，一方面，迫切需要强化从业者参与治理的意识、提升善于治理的能力、养成包容理解以及换位思考等参与治理的品质，以实现共同利益最大化，达成"善治"；另一方面，要求从业者加强自律，自觉遵章守纪，遵守职业操守、职业道德、社会公德，做好治理的表率。

二、各地工匠精神评选文件对工匠精神素养的需求

课题组主要从省级或市级人力资源网站、总工会网站查询近年（主要是2016—2018年）有关工匠评选的相关文件，共梳理出31份省级或市级评选材料，其分布情况见表3-1，覆盖我国除香港、澳门、台湾地区外31个省（自治区、直辖市）。

---

① 杨宜勇：《新时代全面深化改革的变革性实践和突破性进展》，《人民论坛》2023年第4期。

② 吴晓宇、刁玉峰：《正确认识和准确把握我国社会发展的新阶段特征》，《军事交通学院学报》2018年第1期。

运用质性分析软件 NVivoll,围绕产业工人工匠精神,采用开放编码和核心编码的方式对工匠评选文本进行编码分析。具体过程如下:

表 2-1　各地工匠评选列表

地域	工匠名称	地域	工匠名称
河北省	美丽河北·最美工匠	海南省	天涯工匠
山东省	齐鲁工匠	山西省	三晋工匠
辽宁省大连市	大连名师	四川省	四川工匠
黑龙江省	龙江大工匠	陕西省西安市	西安工匠
吉林省长春市	长春工匠	贵州省	贵州工匠
甘肃省	陇原工匠	安徽省	江淮工匠标兵
青海省	首席技师	重庆市	巴渝工匠
河南省洛阳市	河洛工匠	北京市	北京大工匠
江苏省苏州市	苏州时代工匠	上海市	上海工匠
湖北省	荆楚工匠	天津市	津门工匠
湖南省岳阳市	巴陵工匠	广西壮族自治区	广西工匠
江西省	赣鄱工匠	内蒙古自治区	北疆工匠
浙江省	浙江工匠	西藏自治区	藏地工匠
广东省深圳市	鹏城工匠	新疆维吾尔自治区	天山工匠
云南省	云岭工匠	宁夏回族自治区银川市	凤城工匠
福建省厦门市	行业工匠		

(一) 词频分析

将工匠评选文本导入 NVivoll 软件,借助其查询功能对关键词进行词频统计。分析发现,与创新相关的词语出现频次最高,包括"创新""革新""推陈出新"等,其中"创新"出现的频率高达 77 次;与精益求精相关的词语频次位列第二,包括"精益求精""精雕细琢",其中"精益求精"出现 44 次;与传承相关的词语频次排名第三,包括"传承""带动""传授""团队"等,其中"传承"出现36 次;与爱岗敬业相关的词语排列第四,包括"爱岗敬业""职业道德",其中

"爱岗敬业"出现25次,见图2-1(同一颜色为同一维度下的关键词)。

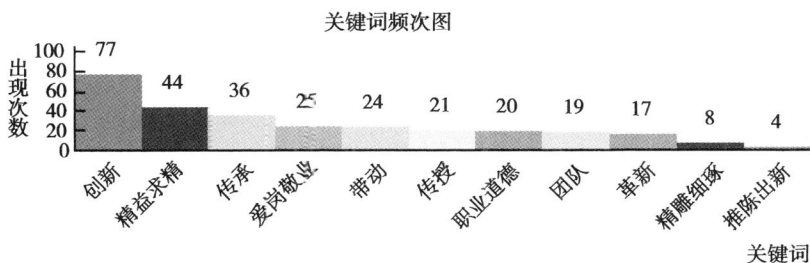

图 2-1　关键词频次图

（二）开放编码

研读原始材料,对其中涉及产业工人工匠精神的相关内容进行标注和开放编码,运用可视化手段呈现出各地在评选文本中所反映的工匠精神的 11 个节点,见图 2-2(面积越大,表示节点中参考点数越多)。

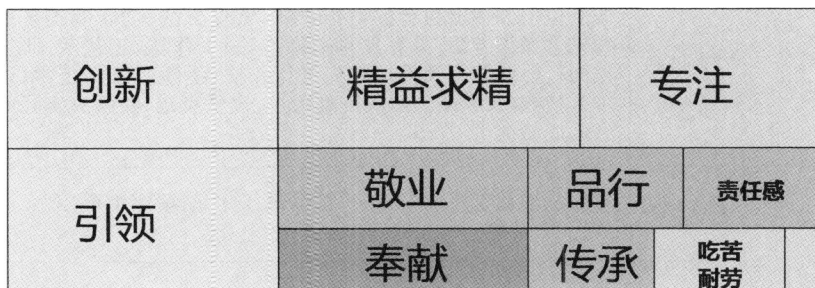

图 2-2　按编码参考点数比较节点

（三）主轴编码

开放编码之后,进一步整理每个节点下的所有内容,合并或重组不同节点下的相似内容,将开放编码得到的节点进行分类整合,得到工匠精神的 6 个主范畴:专注坚守、勇于创新、精益求精、传承引领、职业操守、责任担当。

（四）选择编码

选择编码的目的是从类属中提取和挖掘核心类属,通过建立核心类属与其他支援类属的关联关系来构建初步理论。[1] 在主轴编码的基础上,课题组从 6 个主范畴中挖掘出具有内在关联的三大核心范畴,即工匠精神的匠心、匠行、匠品(见表 2-2)。

表 2-2　根据评选材料编码形成的范畴(代表性举例)

核心范畴	主范畴	参考点举例(原始材料)
匠心	专注坚守	从事技能岗位(工种)10 年(含)以上;技能、技艺对标全国处于一流水平;成为本行业、本岗位工作的行家里手或技术带头人;在实施工艺、技术等方面具有不可替代、至关重要的地位;在同行业中技艺超群,是某个领域不可或缺的人才;长期潜心钻研岗位技能;有一定的社会影响力和知名度
	勇于创新	创造了新知识、新技术、新工具、新工艺、新方法、新模式;在本职岗位上创造出独有的操作技能、管理方法、创新的工艺设备和先进操作方法;具有独特的操作法、工作法、工艺法;研发出被同行公认并得到推广的先进操作法;不断吸收新技术;运用个人技能、带领团队解决疑难杂症、攻坚克难,在解决实际问题方面成绩突出
匠行	精益求精	对质量精益求精,对工艺一丝不苟,对产品精雕细琢,对完美极致追求;争创一流,追求卓越
	传承引领	具有一定绝技绝活的非物质文化遗产继承人,并在积极挖掘和传承传统工艺上作出重大贡献;善于带领团队解决生产实践中的关键技术工艺问题,积极向职工传授技能技艺、传承职业精神;热心带教徒弟[2],积极参加"高师带徒"等活动;发挥先锋模范带头作用;所带徒弟总体超过 10 名以上;每年举办技术培训、技术讲座等不少于 2 次

---

[1]　祁占勇、任雪园:《扎根理论视域下工匠核心素养的理论模型与实践逻辑》,《教育研究》2018 年第 3 期。

[2]　胡晓东:《工匠培育:我国地方工会弘扬工匠精神的创新之道》,《中国劳动关系学院学报》2019 年第 5 期。

续表

核心范畴	主范畴	参考点举例（原始材料）
匠品	职业操守	具有良好的道德品行和职业操守；有诚实守信、自尊自信、尊师重教的职业气质和精神追求；廉洁自律；淡泊名利、服务企业、奉献社会、甘为人梯；享有较高的威信；德才兼备，为业内普遍认可；具有优秀品格；奋发进取、勤奋工作
	责任担当	信仰坚定、矢志报国；具有强烈的事业心、高度的社会责任感；自觉把人生理想、家庭幸福融入产业发展、民族复兴的伟业

三、产业工人工匠精神的时代内涵

对 31 个省或市级评选文本的分析发现，当代社会所期待的产业工人工匠精神主要由三大核心范畴、六个主范畴的内容构成："匠心"层面的专注坚守、勇于创新品质；"匠行"层面的精益求精、传承引领品质；"匠品"层面的职业操守、责任担当品质。

（一）匠心

工匠精神，匠心为本①。只有秉持专注坚守、勇于创新的初心，才能确保工匠精神的正确方向，具备追求卓越的不懈动力。

1. 专注坚守

诺贝尔经济学奖得主赛门（Simon）曾提出"10 年定律"，在他看来，任何领域的专家，都需要经历 10 年的锤炼。② 只有一辈子打磨一件产品，长期潜心钻研岗位业务，不为多、只求精的人才能取得成功。相反，"习惯同时做很多事的人，很容易注意力涣散，并陷入不能自拔的焦虑之中"，且"注意力无法

---

① 王利中、魏顺庆：《大力弘扬工匠精神》，《人民日报》2017 年 8 月 7 日。

② Simon, *The Sciences of the Artificial*, MIT Press, 1969, p.38.

集中会导致断裂式思维,严重影响工作效率"①,朝秦暮楚、见异思迁只会导致一事无成。不忘初心,方得始终,新时期工匠需要坚守初心、执着专注,执意为之、永不放弃,方能有所作为,永远行走在追求"把 99% 提高到 99.99%"的极致之路上②。

2.勇于创新

古语云:"玉不琢,不成器。"工匠精神不仅体现在对产品精心打造、精工制作的追求,更体现在对前沿技术、工艺的吸收、研发,体现在从产品创新到技术创新、市场创新、组织形式创新等多方面。我国创新型国家的建设、人民主体意识的增强、社会需求的多元化,都需要新时期工匠具备创新意识,培育创新精神。特别是大量机械重复、技能单一的工作被机器取代后,创意成为机器换人时代对从业者提出的重要素养。只有在产品方面注重改进制造工艺、产品性能,在服务方面,不断推出新的服务内容、提升服务水平,才能满足消费者对产品和服务品种多样化、品质高端化的需求,将市场的抽象要求转变为具体的消费现实。③ 才能彰显工匠的独到水准与自我价值,维持其成果旺盛长久的内在生命力。

(二) 匠行

工匠精神,匠行为表。衡量个体品德是否养成的根本标志是品德行为,同样衡量个体工匠精神状况的根本标准则是其"匠行"。

1.精益求精

制造产品、提供服务是新时期工匠的主要工作内容。就产品而言,其质量

---

① Brent:《工匠精神:卓越员工的自我提升之路》,中国铁道出版社 2017 年版,第99—100 页。

② 姜汉荣:《势之所趋:工匠精神的时代意义与内涵解构》,《中国职业技术教育》2016 年第21 期。

③ [日]阿久津一志:《如何培养工匠精神:一流人才要这样引导、锻炼和培养》,张雷译,中国青年出版社 2017 年版,第 13 页。

特性包括材料、操作、结构、寿命、经济、外观等方面,其面世过程包括设计、生产、检验、面市、消费者使用体验等诸多环节,只有对每一特性、每一环节严格把关,精致管理,才能确保产品质量合格,确保消费者使用安全、稳定。就服务而言,其具有无形性、同步性、异质性等特性,服务的生产和消费的重叠导致服务过程中人员的大量接触①,服务人员的态度、方式及成效有可能为服务对象及时感知,他们必须尽心尽职、热情、周到,方能令服务对象满意、赢得服务对象的好评。不仅如此,作为优秀的从业者,工匠还应对产品精雕细琢、对服务极致追求,通过优质产品与服务的打造,不断拓展市场,确保企业与品牌长青。

2. 传承引领

技术、技能、技艺作为人类的非物质文化遗产,需要不断传承、弘扬,方能带动社会生产力水平不断提高,人类不断攀登新的科技高峰。新时期工匠一方面需面向学徒、学生、员工传授手艺、指导技能,开展绝招、绝技、绝活演示,传播先进的工作理念;另一方面也需借助情感交流、行为示范,通过自我的不断超越,以自身的人格魅力,向身边人员传递耐心、专注、坚持等职业精神,感召、带动他们加快专业成长步伐,为推动他们技能等级提升、提高业务素质、激发创新潜能发挥引领作用,并由点及面,使工匠精神成为群体潜意识,凝聚成一种民族性格。②

(三) 匠品

工匠精神,匠品为魂。从冲动—感受到体验—理解,工匠精神是个体不断选择、吸纳与建构相关价值的过程,工匠精神发展的最高阶段就是价值体系化—人格化。

---

① 熊峰、周琳:《"工匠精神"的内涵和实践意义》,《中国高等教育》2019 年第 10 期。
② 熊峰、周琳:《"工匠精神"的内涵和实践意义》,《中国高等教育》2019 年第 10 期。

1. 职业操守

职业操守是人们在从事职业活动中必须遵从的最低道德底线和行业规范。① 它具有"基础性""制约性"特点,凡从业者必须做到。如前所述英国广播公司(BBC)基于剑桥大学研究者迈克尔·奥斯本和卡尔·弗雷研究提出,同情心以及对他人真心实意的扶助和关切是未来从业者的核心素养之一。个体拥有善心,才能善待机器设备、产品、岗位,才能在生产过程中注入感情,坚守职业道德,不偷工减料、投机取巧,作出暖人心的产品。② 日本"秋山木工"的创始人秋山利辉曾提出,"一流的职人,人品比技术更重要"③,没有德的支撑,没有人文素养的积淀,个体就不可能端正职业态度,其工匠精神就不可能行之久远④。

2. 责任担当

责任源于社会关系中的相互承诺,其产生与人类社会的出现同步。列夫·托尔斯泰(Leo Tolstoy)曾经说过:"一个人若没有热情,他将一事无成,而热情的基点正是责任心",责任心是一种高尚的道德情感,体现了一个人的心智、格局和胸怀,一个人只有忠诚履责、尽心尽责、勇于担责,才可能不断走向成熟,并最终实现自我人生价值! 根据笔者对部分大国工匠、江苏大工匠、江苏工匠的访谈,不少工匠正是基于对自我的声誉维护、对家庭的幸福憧憬、对产品的品牌打造、对企业的市场占有、对消费者的需求满足、对国家和民族的科技振兴与伟大复兴的责任,才能超越对"短平快"即时利益的追求,做到心怀本真、不懈努力,进而取得辉煌成就。

总之,工匠精神代表一种情怀、一种品质、一份追求。匠心、匠行、匠品三

---

① 谭玲:《饭店职业经理人胜任力模型及其在招聘中的应用研究》,湖南工业大学 2014 年硕士学位论文。

② 付守永:《工匠精神:向价值型员工进化》,中华工商联合出版社 2013 年版,第 51 页。

③ 王妍:《日本社会"职人精神"培育研究》,天津大学 2018 年硕士学位论文。

④ 邓宏宝、李娜、顾剑锋:《产业工人工匠精神的时代内涵与培育方略——基于 31 个省或市级评选文件的分析》,《职教论坛》2020 年第 10 期。

者分别体现着工匠精神的价值、行动、结果层面,其中"匠心"是工匠精神的价值追求,引领着工匠精神的发展方向;"匠行"是工匠精神的外化表现,代表着工匠精神的发展水平;"匠品"是工匠精神的内在品质,反映着工匠精神的内化程度。必须全面理解此三大核心范畴及其内在逻辑,方能全面把握工匠精神的时代内涵。

第三节　制造业从业人员工匠精神内涵变迁的横断历史研究

制造业是国民经济的主体,是立国之本、兴国之器、强国之基。工匠精神作为一种文化要素,在岁月的洗礼与积淀中历久弥新。科学技术的更迭换代使制造业发展面临产业升级与文化转型,这种升级与转型,从宏观层面体现在国家对制造业发展观念的更新与转变;在微观层面上则体现为对从业者自身素养与工匠精神需求的提升①。

一、相关研究回顾

人类的制造业历经了不同形态的演变,制造者既可以独自从事制造活动,又可以与他人协作进行生产。工匠精神作为制造业中的文化要素,依托于具体生产者的观念体系,随着制造业演进变迁进而又影响制造业的变革。朱熹在《论语》注中说:"治玉石者,既琢之而复磨之;治之已精,而益求其精也。"②精雕细琢的产品不仅是衡量器物艺术价值的重要标尺,也是检验工匠技术的重要标准。随着历史文化的传承与革新,"工匠精神"塑造与整合了工匠职业的价值观、操守观、道德观,以及各种造物活动应具有的胜任特质与工匠艺人

---

① 刘策、邓宏宝:《"中国制造"视域下从业者工匠精神品质变迁研究》,《职业教育研究》2022 年第 7 期。

② 杨建祥:《孔子"熟仁"观及其发微》,《孔子研究》2006 年第 1 期。

自身应具备的道德品行①。近年来基于我国"制造强国"的建设,众多学者纷纷呼吁工匠精神培育。李宏昌(2016)基于供给侧结构性改革背景下我国制造业面临转型升级的现状、消费市场需求与产品供应之间的矛盾、实施质量强国由"中国制造"转向"精品智造"的战略,指出制造业的发展特别需要能工巧匠都具备"敬业、精业、乐业、专注、执着、创新"的工匠精神。② 管辉等(2020)从传统文化的裹挟、社会集体的无意识以及现代化困境等角度,提出工匠精神应该是一种"德艺兼修"基础上的"知行合一"。③ 王春艳(2016)分析了工匠精神和中国制造业的关联,以工匠精神推动制造业转型升级为逻辑主线,从三重创新机制发现制造业从业人员需要具备执着专注、精益求精的大国工匠品质。④ 李淑玲(2019)对近百位优秀工匠和劳模的资料进行分析、通过问卷调查、个人深度访谈和 24 人的行为事件访谈等质性研究方式,从"匠心""匠艺""匠品"三个维度构建工匠精神新体系,提出制造业从业人员应具备信息技术与互联网思维、专业化能力以提升"匠艺"水平;形成品质观念、勇于创新精神,打造融合技术、审美与人文精神的"匠心"产品;加强团队协作、责任意识、大局观以提升"匠品"。⑤

在兼具传承性与渐进性的"中国制造"背景下,工匠精神内部品质也呈现着动态发展。马永伟(2019)认为,制造业发展模式、社会经济制度、经济理性的过度扩张和轻视工匠精神的社会心理定式直接影响制造业从业人员工匠精

---

① 夏燕靖:《斧工蕴道:"工匠精神"的历史根源与文化基因》,《深圳大学学报》(人文社会科学版)2020 年第 5 期。
② 李宏昌:《供给侧改革背景下培育与弘扬"工匠精神"问题研究》,《职教论坛》2016 年第 16 期。
③ 管辉、杜树阳、谷峪:《被遮蔽的力量:论社会在工匠精神培育中的责任缺失及其觉醒》,《职业技术教育》2020 年第 22 期。
④ 王春艳:《工匠精神促进中国制造业发展的三重创新机制》,《经济研究参考》2016 年第 55 期。
⑤ 李淑玲:《智能化背景下工匠精神的新结构体系构建——基于杰出技工的质性研究》,《中国人力资源开发》2019 年第 8 期。

神品质的变迁。[①] 曾宪奎(2017)认为,工匠精神传承的社会环境、工匠精神与现代手工业的有机融合以及社会主义改造等社会因素影响工匠精神需求的场域。[②]

综合现有研究,学者们认为可能影响制造业从业人员工匠精神需求的社会因素主要集中在不平等的职业观念、社会分配结构体制失衡、薪酬体系与行业用人制度等四个方面。课题组按照上述指标筛选出了人均国内生产总值、劳动力人数、就业人数与失业率、制造业人均工资、基尼系数等 6 个指标,参照国家统计局发布的《中国统计年鉴》,对制造业从业人员工匠精神品质的历年变化特点进行横断历史研究,力求揭示上述社会因素对制造业从业人员工匠精神品质的影响。

二、研究设计

(一) 横断历史的元分析

横断历史的元分析又称"横断历史研究",美国圣地亚哥大学的特文格(Twenge)教授首次在实证研究中使用。国内中央财经大学辛自强教授将其广泛运用在心理学研究领域,搭建起社会学与心理学的交叉研究平台。这种研究方法采用横断研究"设计"对大跨度时间、历史发展有关的重要变量进行研究。[③] 所谓的"设计"并非人为预先建构好的结构化方法,也不是单纯按照时间逻辑线索的简单编凑,而是把制造业对从业者工匠精神需求已有的研究成果作为横断取样,进行横断历史的元分析。这种研究方法以"效果量"作为评价研究结果的重要指标,充分利用"年份效应"勘探研究结果的全貌和共性。换言之,以横断样本的时间架构为支撑,将制造业从业人员工匠精神品质

---

① 马永伟:《工匠精神与中国制造业高质量发展》,《东南学术》2019 年第 6 期。
② 曾宪奎:《工匠精神与我国制造业竞争力提高》,《学术探索》2017 年第 8 期。
③ 霍伟伟、罗瑾琏:《领导行为与员工创新研究之横断历史元分析》,《科研管理》2011 年第 7 期。

的变迁与社会指标相联结,探讨年份效应背后的社会变迁因素。①

横断历史研究不仅可以考察历年研究结果的连续变化过程,还能解释社会变迁与重大事件对相关变量之间的因果关系,并用滞后分析思路来加以证明。② 特文格认为这种量表内的元分析在收集数据方法上独树一帜,横断历史研究需要对数据收集年份和其他样本特征进行编码,考察研究的均值(M)而不是计算效果量(d)。③ 由于样本均值的测量都使用了相同的界定标准,所以可以直接比较不同年份测得的均值,并直接求均值与数据收集年份之间的相关。④

(二) 横断研究工具及数据整理

课题组遵循以下标准选取文献,研究对象为制造业从业人员,不包括未来产业工人与退休工人,排除按特定标准如特殊引进人才或因工受伤离开工作岗位地的工人等选取被试的文献;调查时间为正常工作时间,而不是像企业评选或年度考核等特殊时段;研究工具为前文基于 31 个省(自治区、直辖市)的评选文本所得出的工匠精神的品质。工匠精神的品质包括专注坚守、勇于创新、精益求精、传承引领、职业操守、责任担当。同时,考察了制造业工匠精神品质变迁出现的区域差异,并且有足够的量化结果,包括各工匠精神品质因子的均值、标准差,能提供足够的信息以求出效果量,即(d)值。⑤

---

① 刘策、邓宏宝:《"中国制造"视域下从业者工匠精神品质变迁研究》,《职业教育研究》2022 年第 7 期。
② 辛自强、池丽萍:《横断历史研究:以元分析考察社会变迁中的心理发展》,《华东师范大学学报》(教育科学版)2008 年第 2 期。
③ Twenge,Campbell, Age and Birth Cohort Differences in Self-esteem: A Cross-temporal Meta-analysis, *Personality and Social Psychology Review*, Vol.5, No.4, 2001, pp.321–344.
④ 杨睿娟:《不同职业类别教师心理健康水平的横断历史研究(1995—2011)》,《教师教育研究》2013 年第 4 期。
⑤ 刘策、邓宏宝:《"中国制造"视域下从业者工匠精神品质变迁研究》,《职业教育研究》2022 年第 7 期。

在中国知网(CNKI)中文数据库、中国重要会议集数据库、中国优秀硕博论文数据库进行搜索,分别以"制造业""从业者""产业工人""大国工匠"与"工匠精神""胜任特质""匠心""匠艺""匠品""匠行"等组成并列的题名、关键词和中文摘要的主题词搜索从2010年至2020年的文献进行检索共计850篇,经筛选最终得到符合标准的2016—2020年的126篇,覆盖东部、东北、中部、西部等地区。考虑到国内论文发表周期需1年左右,所以,本书的数据收集年份均用发表年份减去1年,本书的年份区间即为2015—2019年。之所以选择这个时间段内的研究,是因为严格遵循文献筛选标准,另外考虑到中国制造业转型升级是以2015年发布的《中国制造2025》为起点,此后社会经济生活、政治生活发生了明显的变化,针对这段时间进行元分析研究,亦可以反映中国制造业转型对制造业从业人员工匠精神品质变迁的状况。[1]

（三）研究变量编码及数据整理

按照以往横断历史研究的范式,本书在建立数据库时为每个数据进行单独编码并把所有文献的基本数据、发表年份和数据收集年份录入数据库;把文献中含有区域标记的文献结果作为子研究进行编码并录入数据库;对文献的其他信息进行编码,包括文献的期刊类型(1=核心刊物;2=一般期刊;3=报纸;4=学位论文或论文集)、数据收集地区(0=无明确地区信息;1=东部地区;2=东北地区;3=中部地区;4=西部地区;5=跨上述两类或更多地区)。结合横断历史研究的特点,本书把文献中含有区域和文献类别的文献进行编码整理[2],见表2-3。

---

① 刘策、邓宏宝:《"中国制造"视域下从业者工匠精神品质变迁研究》,《职业教育研究》2022年第7期。

② 刘策、邓宏宝:《"中国制造"视域下从业者工匠精神品质变迁研究》,《职业教育研究》2022年第7期。

表 2-3　2016—2020 年横断研究数据组及分布

发表年份	区域				期刊类型			
	东部地区	中部地区	西部地区	东北西区	核心期刊	一般期刊	报纸	学位论文
2016	2	1	1	0	5	26	15	0
2017	5	2	1	1	6	24	5	0
2018	1	2	0	0	0	9	4	0
2019	0	1	0	0	4	12	0	6
2020	0	1	0	0	3	5	1	1

三、研究结果

(一) 不同年份对制造业从业人员工匠精神品质关注情况

根据每个研究的样本量计算加权平均数,考察了工匠精神 6 个因子的均值与年份的相关情况。图 2-3 为 2015—2019 年工匠精神各因子得分变化情况。结果表明,5 年来各因子均值有所波动,但大部分因子整体上呈现缓慢增长趋势。具体来说,工匠精神中的"勇于创新"因子随年份增长相关性显著,"职业操守"因子随年份波动浮动较大,但整体仍呈增长趋势。

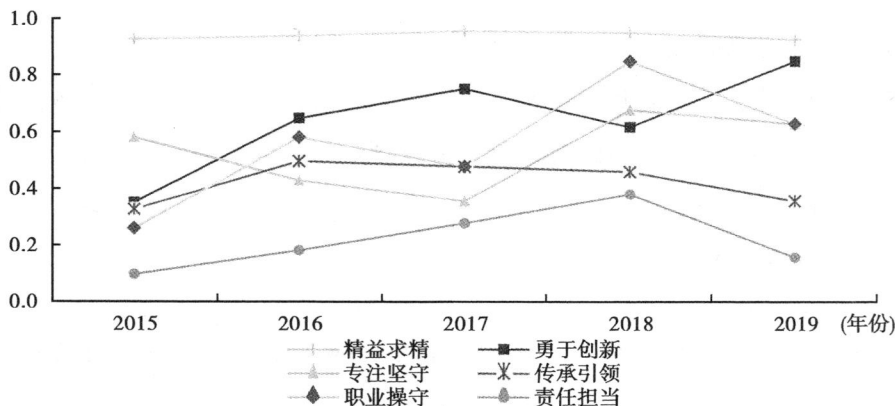

图 2-3　2015—2019 年工匠精神各因子得分变化情况

从表2-4可以看出,工匠精神6个因子的均值与年份均具有相关性。其中有5个因子的均值与年份相关性显著,"传承引领"因子与年份相关不显著。工匠精神中"精益求精"因子与年份的相关系数(0.944)最高,说明"精益求精"对年份效应的贡献最大。而且为更直观地说明工匠精神各因子随年份的变化趋势,本书根据每个研究的样本量进行加权,工匠精神品质变迁的结果基本保持不变。这说明,2015—2019年社会发展聚焦到制造业对从业者工匠精神的需求逐步增加。此外,课题组还以年份为自变量,以工匠精神品质的6个因子分别为因变量进行回归分析,结果表明,在控制样本量后5个因子与年份之间依旧相关性显著。其中,r_1^2为决定系数,数值越大表明年份引起的工匠精神因子的变动越大。综上所述,2015—2019年,社会发展对制造业从业人员工匠精神的需求呈上升趋势[1]。

表2-4　工匠精神各品质的均值与年份的相关性

因子	r_1	r_1^2	r_2
精益求精	0.944**	0.891	0.7906**
勇于创新	0.816**	0.666	0.7909**
专注坚守	0.356**	0.126	0.1966**
传承引领	0.089	0.008	−0.2
职业操守	0.792**	0.627	0.737**
责任担当	0.592**	0.351	0.658**

注:* $p<0.05$　　** $p<0.01$　　*** $p<0.001$。
r_1为年份与各因子的相关系数;r_2为年份与各因子依据样本量加权后的相关系数;r_1^2为决定系数。

横断历史研究能在无须获得原始数据的条件下,整合以往研究结果而得出一般结论。但元分析自身的局限性导致研究结果受文献特点的影响。同时可能受发表年份、期刊类别、区域来源等方面的影响。为了使研究更具有可信

---

[1]　刘策、邓宏宝:《"中国制造"视域下从业者工匠精神品质变迁研究》,《职业教育研究》2022年第7期。

未来产业工人工匠精神培育路径与策略研究

度和效度,本书分别以工匠精神各因子为因变量,以数据收集年份、期刊类型、区域来源进行逐步回归分析。

通过表 2-5 的偏回归系数可以发现,当纳入"期刊类型""区域来源"变量以后,工匠精神各因子为因变量年份效应依然显著。具体来说,偏回归系数越大,年份自变量引起工匠精神 5 个因子的变化越明显。t 值反映年份与各因子相关性系数的显著程度,t 值越大 p 值越小,相关性的显著程度越大。这说明制造业从业人员工匠精神的需求与年份间的关系不受文献类别、区域来源的明显影响。

表 2-5　逐步回归分析中年份效应显著的 5 个因子

自变量:年份	精益求精	勇于创新	专注坚守	职业操守	责任担当
偏回归系数(B)	0.011	0.113	0.027	0.134	0.043
偏回归系数标准误差(SE)	0.00	0.007	0.006	0.009	0.005
标准偏回归系数(β)	0.95	0.816	0.356	0.792	0.592
t 值	33.755	15.731	4.236	14.449	8.183
P 值	<0.001	<0.001	<0.01	<0.001	<0.001

注:* p<0.05　**p<0.01　***p<0.001。

（二）制造业从业人员工匠精神品质随年份的频数变化状况

由图 2-4 可知,工匠精神 6 个因子内部品质的频数可以发现,"精益求精"在样本中出现的总频数最多。这说明社会发展对制造业从业人员高超技艺与产品的精雕细琢提出更高的要求。其次,工匠精神中"勇于创新""专注坚守""传承引领"的频数次之。2015—2019 年社会发展对"责任担当"的词频出现相对较少。这也从一定程度上反映了当前对制造业从业人员"物勒工名"的权责意识与质量保障制度还有待加强。①

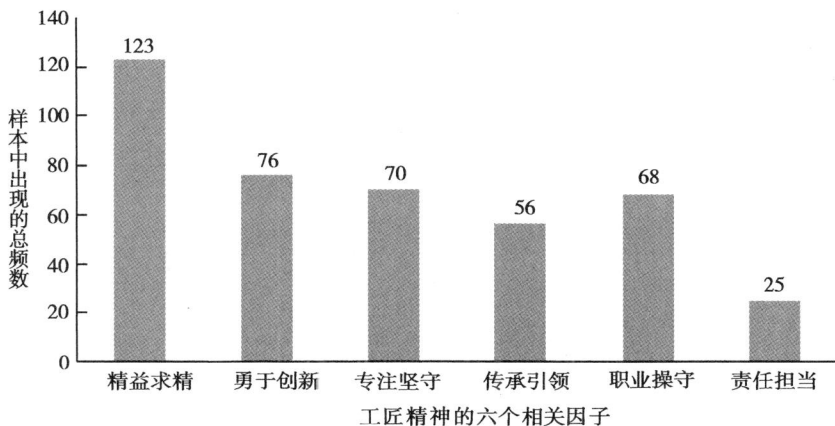

图 2-4 2015—2019 工匠精神各因子随年份出现的总频数

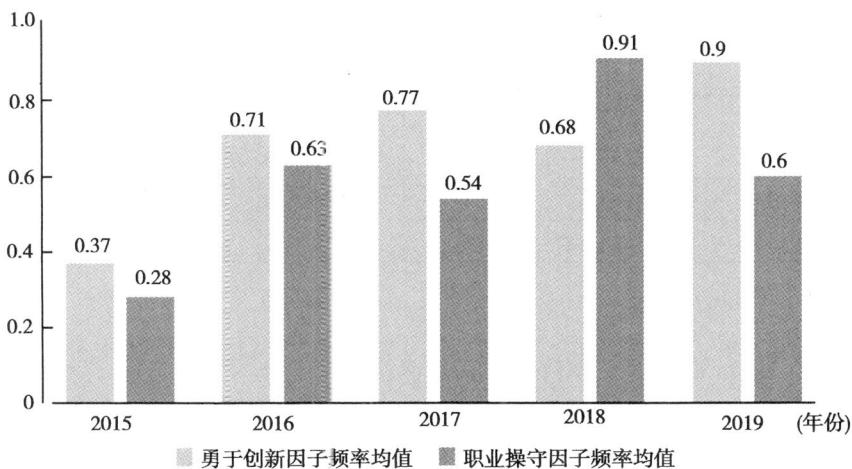

图 2-5 2015—2019 年勇于创新与职业操守因子频率均值分布

① 刘策、邓宏宝:《"中国制造"视域下从业者工匠精神品质变迁研究》,《职业教育研究》
2022 年第 7 期。

由图 2-5 可知,2015—2019 年"勇于创新"因子的频率由 0.37 上升为 0.9,这说明制造业发展积极响应习近平总书记"要深入实施创新驱动发展战略,推动科技创新、产业创新、企业创新、市场创新、产品创新、业态创新、管理创新等,加快形成以创新为主要引领和支撑的经济体系和发展模式"①的号召,不断稳固制造业持续发展之基,以大国工匠之态秉持市场制胜之道,打造中国制造品牌以提升综合国力。

表 2-6 显示,2015—2019 年"职业操守"因子频率由 0.28 上升为 0.6,说明社会思想道德建设初显成效,崇德修身成为做人做事的第一位。国无德不兴、人无德不立。职业操守所蕴含的道德品质与行为方式将成为社会砥砺前行的坚实保障。

表 2-6　2015—2019 年制造业工匠精神各因子需求的变化量

因子	M_{2015}	M_{2019}	$M_{变化}$	$M_{标准差}$	d
精益求精	0.96	1	0.04	0.098	0.409
责任担当	0.11	0.10	0.01	0.016	0.625
勇于创新	0.37	0.9	0.53	0.227	2.334
专注坚守	0.57	0.6	0.03	0.102	0.294
传承引领	0.35	0.3	0.05	0.100	0.5
职业操守	0.28	0.6	0.32	0.185	1.73

注:d =(M_{2019} – M_{2015})/$M_{标准差}$。

综上所述,制造业工匠精神 6 种品质因子与年份相关。研究利用回归方程计算起始与终止年制造业工匠精神需求的变化量,利用每个研究的标准差加以统计,其目的在于探明这种品质变迁的数量变化。本书的回归方程为 $Y=Bx+C$。其中,x 为年份,B 为标准化的回归系数,C 为常数项,这种采用个体变量的方法能有效地避免生态谬误。上述结果表明,2015 年制造业工匠精

① 中共中央文献研究室编:《习近平关于社会主义经济建设论述摘编》,中央文献出版社 2017 年版,第 144 页。

神品质的 6 个因子的均值为 0.11—0.96,而 2019 年 6 个因子的均值为 0.1—1,平均标准差为 0.015—0.227。5 年内 6 个因子均值的变化范围为 0.01—0.53,大约增加了 0.294—2.334 个标准差(见表 2-6)。这说明社会发展对制造业工匠精神的品质愈加重视且不同年份对不同品质的重视程度更为分化。

(三) 工匠精神品质变迁与社会指标之间的相关性

基于 2015—2019 年工匠精神品质的变迁,课题组还探析了各类社会指标与工匠精神品质的关系。通过表 2-7 制造业工匠精神各品质因子的均值与各项社会指标之间的相关性可知,精益求精、勇于创新、专注坚守、传承引领、职业操守、责任担当分别与人均国内生产总值、劳动力人数、就业人数、失业率、人均工资相关性显著。其中,工匠精神各因子与"失业率"呈显著负相关,即社会对工匠精神内部品质重视程度越高,则失业率越低,失业人口数量越少。[1]

表 2-7 制造业工匠精神需求各因子均值与各项社会指标之间的相关性

因子	精益求精	勇于创新	专注坚守	传承引领	职业操守	责任担当
人均国内生产总值	0.950^{**}	0.693^{**}	0.415^{**}	0.375^{**}	0.903^{**}	0.987^{**}
劳动力人数	0.530^{**}	0.992^{**}	0.267^{**}	0.959^{**}	0.791^{**}	0.720^{**}
就业人数	0.552^{**}	0.999^{**}	0.279^{**}	0.928^{**}	0.787^{**}	0.781^{**}
失业率	-0.793^{**}	-0.557^{**}	-0.284^{**}	-0.209^{*}	-0.687^{**}	-0.924^{**}
人均工资	0.96^{**}	0.668^{**}	0.467^{**}	0.348^{**}	0.911^{**}	0.976^{**}
基尼系数	0.873^{**}	0.874^{**}	0.175	0.627^{**}	0.934^{**}	0.987^{**}

注: $^{*}p<0.05$ $^{**}p<0.01$ $^{***}p<0.001$。

具体来说,"人均国内生产总值"与制造业从业人员工匠精神中"责任担

---

① 刘策、邓宏宝:《"中国制造"视域下从业者工匠精神品质变迁研究》,《职业教育研究》2022 年第 7 期。

当"的相关性(0.987)最显著,这说明随着经济的发展,"责任担当"将被格外重视。"劳动力人数"与"勇于创新""传承引领"的相关性最显著,说明社会发展不仅取决于劳动力数量,更取决于劳动力质量,需要劳动者具有"勇于创新""传承引领"的意识与能力。"人均工资"与"精益求精""责任担当""职业操守"显著相关,这说明制造业从业人员待遇的高低更加取决于从业者的能力与责任、品德与操守。"基尼系数"与"专注坚守"相关不显著,说明在制造业中独具"匠心"的产业工人在专业的不断精进与突破中演绎"能人所不能"的精湛技艺,始终不忘初心,坚守在平凡的岗位,不为外在利益的多寡所左右。

四、研究结论

(一) 社会对制造业从业人员工匠精神越来越重视

基于对 2015—2019 年制造业工匠精神品质的 126 篇文献横断历史研究发现,年份与工匠精神的精益求精、勇于创新、专注坚守、职业操守、责任担当等 5 个因子相关性显著(0.356—0.944),"传承引领"与年份相关性不显著。各因子与年份的相关性基本不受文献类别、区域差异的影响。研究结果以量化证据证明了国家关于"弘扬工匠精神"的推进举措已初见成效。

当然,由于经济发展状况、文化传统等因素影响,工匠精神水平还可能存在区域差异。有研究基于全国内地 31 个省级区域面板数据,赋值工匠精神水平指标并将研究结果与常规模型进行比较,分析出 31 个省份工匠精神的水平在 2016 年与 2018 年是逐步升高的,但工匠精神水平随地区不同而呈现出"东中西递减"特征[1]。

---

① 李群、蔡芙蓉、张宏如:《制造业工匠精神与科技创新能力耦合关系及区域差异研究——基于全国内地 31 个省级区域面板数据的分析》,《科技进步与对策》2020 年第 22 期。

（二）经济发展、薪酬体系、社会分配是影响工匠精神品质的主要因素

横断历史研究的元分析作为一种特殊的分析方法，能较好地反映社会变迁层面的宏观变量与个体心理发展层面的微观变量。如表 2-7 明确表明社会变迁与制造业工匠精神品质之间的关系。具体来说，人均国内生产总值与工匠精神内涵品质的需求显著相关。说明经济基础决定上层建筑，人民群众对美好生活的需求日益增长。劳动力、就业人数与工匠精神品质的需求成正比，说明人民群众是社会物质财富和精神财富的创造者，社会发展对工匠精神的需求可能外显于"量"上的增加。"人均工资"是影响工匠精神品质变迁的显著因素，这说明制造业从业人员物质生活需求得到保障，产生新的诸如"工匠精神"等高级心理需求，最终指向马斯洛需要层次理论的"自我价值"的实现。而"基尼系数"与制造业工匠精神需求相关性显著，说明社会成员或社会群体因社会资源占有率不同而出现思想文化上的差异，处于社会垂直结构上层的群体对弘扬工匠精神、营造精益求精社会风气的意识更为强烈①。

我国制造业工匠精神品质的变迁可能还有其他几个原因：第一，工匠精神的品质与制造业生产方式的变革有关。随着制造业不断转型升级，工作的组织形式对个体制造者的造物活动有直接影响，手工制造产品和流水线上快速装配零件两种完全不同的制造情境，会使人产生不同的心理反应。第二，行业用工制度对工匠精神的需求可能存在影响。用工制度一定程度上影响着制造业的工作规范，行业遴选将更加侧重产业工人的精神品质与专业能力。第三，社会支撑体系可能影响劳动工人的归属感与幸福感，进而影响制造业从业人员工匠精神的形成。随着"中国制造"发展战略规划的提出，制造业作为国之重器对大国工匠的需求显著增加，弘扬"工匠精神"升华为社会主义核心价值

---

① 刘策、邓宏宝：《"中国制造"视域下从业者工匠精神品质变迁研究》，《职业教育研究》2022 年第 7 期。

观层面,这就使制造业从业人员的公共服务、权益保护等社会支持系统也可能影响工匠精神的需求。第四,产业工人的来源可能成为影响制造业工匠精神品质变迁的社会因素。① 随着时代的发展,传统社会价值观念不免存在痼疾,如不平等的职业等级观念、社会分配体制中的唯学历、应试教育观念导致教育结构失衡等。各行业接受继续教育人数也可能从观念上影响从业者工匠行为的改变,进而影响工匠精神的品质变迁。

---

① 刘策、邓宏宝:《"中国制造"视域下从业者工匠精神品质变迁研究》,《职业教育研究》2022 年第 7 期。

第三章 我国产业工人工匠
精神的形成机理

近年来,党和政府对工匠精神培育高度重视。为此,探寻工匠大师的成长轨迹,揭示工匠精神的形成机理,提出工匠精神的培育之策,有着深远的理论与实践研究价值。

第一节 研究设计

工匠精神究竟如何形成,就此问题最有发言权的当属工匠自身。目前除国家评选大国工匠外,各地区纷纷展开区域内工匠的评选,如山东省的齐鲁工匠、黑龙江省的龙江大工匠、吉林省长春市的长春工匠、甘肃省的陇原工匠、宁夏回族自治区银川市的凤城工匠等。为方便抽样,本书选取 4 位工匠作为访谈对象,其中大国工匠 1 位、江苏大工匠 1 位、江苏工匠 2 位(见表3-1)。

表3-1 访谈对象基本信息

编号	工匠类别	性别	年龄（岁）	技术专长	职称
ZD	大国工匠	男	38	二氧化碳焊接和氩弧焊接工作	高级技师

编号	工匠类别	性别	年龄（岁）	技术专长	职称
WY	江苏大工匠	男	59	传统印染	研究员级高级工艺美术师
FW	江苏工匠	男	49	紫砂工艺	研究员级高级工艺美术师
ZL	江苏工匠	男	58	红雕漆	研究员级高级工艺师

参照既有研究认为,工匠精神是内外因素共同作用的结果,本书采用半结构化访谈,主要围绕成长为工匠的基本历程、个人所具有的人格特质、个人独特的从业品质、对于何以能成为工匠的成因分析等主题,与调研对象进行了深入交流。访谈者为三人小组,访谈的效度采用了三角互证①。在正式访谈之前,访谈者与被访谈者进行了沟通,告知了访谈目的,征得受访者同意,笔者对访谈进行了全程录音,共计 475 分钟,整理后的访谈文本计 94909 字,具有身份识别作用的信息(如人名、地名等)均被隐去。

第二节　影响产业工人工匠精神形成的因素

一、家庭氛围奠定情结

受访者中 4 位工匠均提到自己之所以选择相关行业,是受到家族父辈、祖辈甚至是四代传承的影响。

因为有家传渊源的关系,初期比较容易上手,虽然学的时间不长,但是印象深刻。家里以前的祖父母做这个工作,姐姐们也做这个工作,平时耳濡目染受影响。这个传统工艺——紫砂壶,它是一个比较传统、比较特殊的一个民间工艺。如果没有家庭氛围的熏陶,一般人对它有所了解是不容易的,但是我有

---

① 刘霞、邓宏宝:《工匠精神的时代内涵、形成机理及培育方略》,《南通大学学报(社会科学版)》2021 年第 4 期。

这个优势(FW20190319)。我的父亲也是非常追求极致的,像这种窗台一个角,作为泥瓦工他非要追求工整完美,而不是满足于"差不多",尽管父亲不跟我说什么,我看着他怎么做的,其实对我来说就是一种教育(ZD20190312)。有时候我们学到烦琐的(技艺),特别是石头的皴法或者树木的皴法,我就特别喜欢研究,因为我父亲养盆景,花鸟虫鱼都玩,我就专门研究盆景,看树的造型,思考怎么样跟山水里面的杂树结合起来(ZL20190414)。我16岁时在有很多选择的情况下选择了印染厂,就是因为从小有这样一种情结,有这种对纺纱、织布、印染的情绪和情感(WY20190403)。

二、兴趣爱好催生坚守

工匠们在访谈中表示与所在行业的结缘、对所在行业的坚守皆需要兴趣,兴趣是不断钻研、不懈坚持的动力之源。

你首先要喜欢才能够热爱,热爱的才能够坚守,无论是碰到什么样的困难才能够坚持下来(WY20190403)。做我们这一行兴趣很重要,因为很多技艺它比较烦琐,没有兴趣你就坚持不了,而我就是因为喜欢动手,喜欢捣鼓,愿意做这件事,想把雕塑做到最好,所以就比较刻苦勤奋(ZL20190414)。如果对这件事情感兴趣了,比如说,就我自己而言,在调试的时候,本该4点半下班的,有的时候不知不觉一个下午了,已经4点半了,但我还没弄好,我就不想下班,我就希望把我今天想要做的这个事情完成,然后再下班,哪怕到五点、六点,甚至七点,我都不觉得累(ZD20190312)。而个体一旦能够专注于投入,必然会在技艺水平、产品质量上有所提升。我觉得兴趣非常重要,首先你得感兴趣,刚开始烧的时候其实并不好,但是你在学习的时候能看见自己每一天、每一周、每一个月都有一点点小小的进步对不对?这个心理可以算自豪感、满足感吧,有一点点小小的成就(ZD20190312)。追求极致是一种人生的价值观,我们在物质上可以满足,但是对自己的艺术生命与手艺,应该有无尽的追求。因为,我们每次辛苦设计一把壶出来,达到自己满意的效果之后,就是一种很幸福的一种愉悦之情(FW20190319)。

这些积极的情绪体验又会转化为自我激励的重要载体,成为个体继续追求进步的动力。

三、责任担当成就极致

访谈中,工匠们纷纷提及了对家庭、对家乡、对国家、对产品、对单位等的责任,他们认为,强烈的责任心是迫使自己努力工作、不敢懈怠、追求极致的强大压力。

我为啥能做到现在这样?因为家庭生活需要啊,作为男人来讲,当一个好男人,必须要把家庭照顾好(ZL20190414)。滴水之恩,当涌泉相报,感恩社会是我的责任。我们经常讲家乡的水是甜的,家乡培养了你,不能帮外人挖漆器厂墙脚(ZL20190414)。我们辛苦到啥程度呢,春节放假,大年三十期间都在做,哪个地方都放有刻刀,一有时间就去做。这个东西我经常讲的,十万刀,做一刀少一刀,不做它还得放着。然后这个东西做完我先用,在用的过程中也在欣赏,如发现有问题没有解决,手边就有刀,然后搞掉,那就非常完美。就我刚才讲的,我们要做的是臻品、神品。这个神品从哪来,就不停地去检验,不停地去琢磨,感觉无处下刀了,这个产品就好了(ZL20190414)。因为我们国内现在基本上没有这个技术,也相当于是卡脖子的技术,大家也憋了一口气,要向外国人去学习,要努力攻克技术难关,为国家科技振兴贡献一份自己的责任(ZD20190312)。是家国情怀促使我不断努力,我们一定要出口创汇,为国家能够多挣一些外汇。那时候外国人要订货,我们不会设计,我们很着急,只有到坊间去收纹样,然后再来描,再来组合,再把这个纹样销售出去(WY20190403)。

四、专业培训助力精业

精通业务是工匠的基本要求,而要能具有精深的专业知识、娴熟的专业技能必然离不开系统的专业学习,工匠们在受访中从不同角度阐释了对学习意义的认识以及自身的学习表现。

干我们这个活,你干到一定的时候,那就是靠文化、理论。如果理论不好的话,或者说不优秀的话,还是干不到那个高度(ZL20190414)。神品、精品,首先是要了解,然后再去追这个目标,这样就能干到这个高度了。孩子最关键的问题就是他不知道那个高度要表现啥。我们经常讲这样做好玩,是大家都说的一句话,但是这里面包含了很多内容跟精神(ZL20190414)。以前的壶重视日用的功能,但是现在的壶赋予它时代的生命。什么叫时代的生命?以前大家觉得这个壶好看就可以了,但是不知道为什么好?好在哪里?现在就要用一种科学的眼光来审视这壶之间的比例。我打个比方,为什么5∶2?上面为什么0.7?下面为什么0.8?它是有科学依据的。这个科学的依据,主要来源于平时的积累和学习。技艺传承人要不断地学习,工匠也要不断地学习,只有不断地学习,才能够符合现代社会的需求。因为如果一个工匠不学习,不创新,自己的作品没人要,路就走不下去(FW20190319)。技能比赛是非常有助于提高一个人的技术水平的(ZD20190312)。因此要创造机会参加单位、市级、国家级层层比赛,参加专业培训,既然是大国工匠,就要了解行业宏观发展态势,了解整个行业(ZD20190312)。我们单位每年都组织这种主体工种的焊接比赛,然后我们也有一些规定,就是你焊接比赛得过第一名的,就不允许参加下一届,以确保新人辈出(ZD20190312)。

五、师傅示范浸润品质

工匠们普遍认为自己之所以能够成为工匠,其师傅的榜样示范亦是重要的影响因素,四位工匠在访谈中共提及"师傅"一词50余次,足以证明师傅对工匠们成长的深远影响。

虽然在家里也受到父母的影响,但是我还是进厂拜了师傅(FW20190319)。厂里通过举办手工制作选拔赛,在中青年中挑选一批年轻人,继续跟着徐老师深造,很荣幸我入选了,获得了徐老师的点评(FW20190319)。工匠的师傅对于工匠而言,就是一个成长的标杆与引路人,除了知识和技艺上的学习,师傅们的家国情怀、精神品质同样会潜移默化地浸润其品质。我的师傅在同辈人里面是最厉害的(ZL20190414)。我的师傅也可以说是一位大国工匠,他比我大了一届,当时是我们厂的一块招牌,他在参加全国比赛的时候拿到了第一名,我非常荣幸地拜在他的门下(ZD20190312)。他们都是我们厂里面精挑细选出来的一些老师傅,对船厂的电焊的技巧和经验都是非常丰富,他们的教学非常生动,一点都不枯燥。我们在学习的时候就逐渐对电焊感兴趣了(ZD20190312)。我的师爷就一辈子干焊接这个活,他感觉有新的东西过来,摸索出来也有这种自豪感,实际上对我们的触动是非常大的。他就是一个学习的榜样(ZD20190312)。

六、社会环境激励创新

访谈中,工匠们无不谈及单位培养、社会环境对个人专业发展的支持,依他们所见,良好的社会发展生态是其工匠精神培育与弘扬的必备土壤。

我觉得厂里面给我们创造这个平台非常重要,我认为一个好的工匠,肯定要跟一个好的产品相结合(ZD20190312)。我进厂就受到紫砂厂领导的关心,他们把我当作一个苗子来培养,让我有机会拜名师,我也进入一些特异车间。从某些角度来说,也是工厂培养了我(FW20190319)。我们出口的蓝印花布有的时候有点内销的,原本我们都要淘汰的,那既然这样,他们北京人、大城市的人这么喜欢,我就带到小卖部里给他买卖,看有没有人要,结果一个星期一抢而空,把所有的产品都销售了,这就增加了我的自信(WY20190403)。客人对紫砂壶的崇拜,让我感受到紫砂壶的魅力。虽然是一个民间工艺,但是许多有文化、有知识,经济条件各方面都很好的群体,喜欢紫砂壶,让我感动(FW20190319)。我们也非常感谢各级政府对我们紫砂艺人的关心,按道理来说,这种国务院政府特殊津贴以前都是给科研机构的人才,把民间工艺放进去,体现政府对我们紫砂的重视。所以这是一个良好的环境氛围,政府也在倡导职业技能人才的生存荣誉感(FW20190319)。

第三节 产业工人工匠精神生成机理

工匠精神是一种职业伦理、职业精神,它既是职业认知、职业能力、职业品质的外在体现,也是从业者的一种职业价值取向和行为倾向。基于上述研究,作为行为倾向的工匠精神主要受到个体因素与环境因素的影响,其生成模型可建构为图3-1。

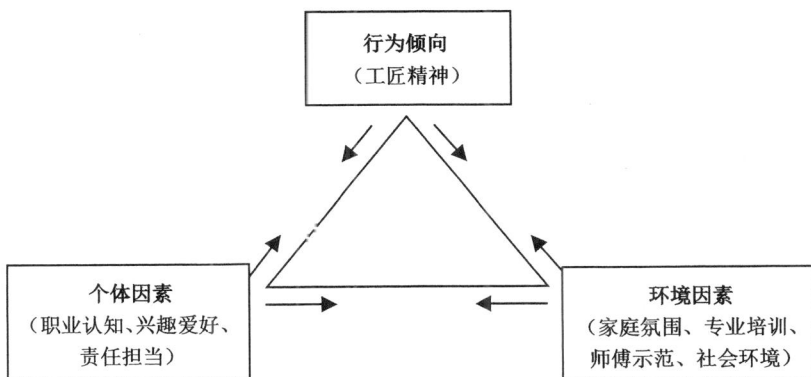

图3-1 产业工人工匠精神生成模型图

一、个体因素是工匠精神形成的激发力量

个体是自我发展的主体,每位个体并非被动地接受环境的各种影响,而是在对自己和环境认知的基础上主动调节自己的注意方向,有选择地探索、改造周边的世界,就工匠精神形成而言,个体的职业认知、兴趣爱好、责任担当是根本激发力量。

职业认知是职业情感和意志产生的依据,其对职业行为具有定向调节作用。工匠们正是从小在家庭中对相关职业有所了解,对其内涵有一定认识,方能在众多选择中对特定职业有所青睐,兼之学校、企业、师傅的教育与培训,对相关职业的意义及价值有进一步的理解,才能形成对职业的专注。

兴趣爱好作为一种个性倾向,责任担当作为一种人格品质,是职业信念的重要组成部分,是推动工匠们从职业认知向职业行为转化,是激励其精益求精、追求卓越的强大力量。

二、环境因素是工匠精神形成的支持力量

尽管个体具有主观能动性,但仍然不能忽视环境对个体的影响,从某种意义上讲,人的行为表现会受到其所处环境的制约。良好的家庭氛围、专业培训、师傅示范、社会环境是个体工匠精神形成的支持力量。

工匠们的家族传承和其自身成长环境潜移默化地培养了其职业兴趣和能力,提升了其职业感悟力和理解力,有效地指引了其职业生涯发展方向。

专业培训与师傅示范既引领个体掌握规范的处事程序、熟练的职业技能,也让个体在做中学、做中悟,得到了润物无声的情感熏陶。

新时期良好的社会人文环境、对多样化人才的理解与尊重为工匠精神的传承与弘扬营造了环境,社会经济的发达、对优质产品与个性化服务的需求拉动了人们对产品、服务的创新,对质量的提升,对知识产权的保护、政府对市场的合理调控为工匠们提供了施展才华的广阔舞台。

三、个体、环境与行为的互动是工匠精神内化的维持力量

工匠精神作为一种行为倾向,需要经历从启动到规范再到提升的实践历程,作为一种价值取向,需要经历从接受到认同再到内化的心路历程,作为一种情感品质,需要经历从注意、反应到价值倾向、价值体系化再到性格化的习得历程,而这种由"技"至"艺",再由"艺"至"道"的工匠精神形成过程[1],皆离

---

[1] 王文涛:《刍议"工匠精神"培育与高职教育改革》,《高等工程教育研究》2017年第1期。

不开个体、环境与行为的互动。

首先,个体与其行为之间不断互动,个体的内外需求会引导并支配行为,推动个体趋近良好的行为表现,同时,个体良好的行为表现、满意的行为结果,又可能强化其规范行为,浓厚其从业兴趣,增强其自我效能感,成为推动个体走向卓越、追求极致的新动力。

其次,环境与行为之间亦产生互动,环境因素为工匠精神弘扬营造良好的氛围,而个体的精业、敬业、乐业、崇业又必然使工匠精神在社会上大放异彩,为工匠精神成为时代共识赢得更为充分的政策保障与生存土壤,推动越来越多的从业者成为工匠精神的践行者。

再次,个体与环境间亦相互作用,共同涵养工匠精神。一方面,外部环境左右着个体的心理、认知、情感,当代社会尊重工匠、崇尚技能的社会氛围、良好的家庭教育及学校教育等孕育了个体的职业认知、能力与情感;另一方面,作为社会的一员,个体会以其饱满的职业情感与娴熟的职业能力贡献社会,推动外部环境的改造与优化。

总结上述分析,现代工匠精神形成机理见图3-2。

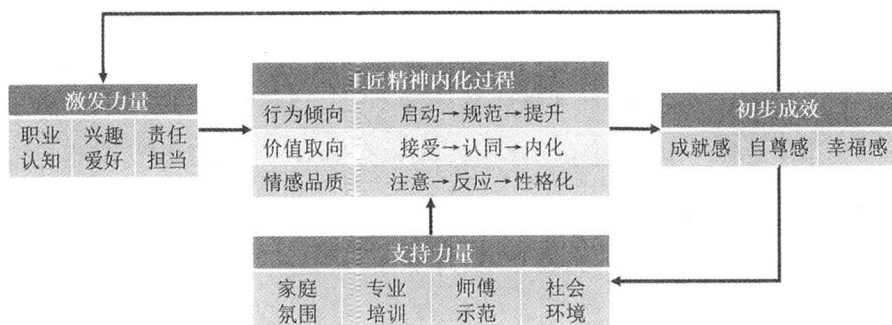

图3-2　产业工人工匠精神形成机理图

第四节　对工匠精神培育的建议

职业院校是未来产业工人、未来大国工匠培养的主阵地,根据上述工匠精神生成模型及形成机理,结合工匠们的相关建议,新时期职业院校工匠精神培育需着力以下几方面工作:

一、提高对工匠精神的认识

工匠精神具有不可灌输性①,欲培养学生的工匠精神,首先就要通过专业入学教育、职业生涯规划教育,启发学生的自觉,明确职业生涯目标,学会职业资本积累。

培养高端人才需要让孩子进了学校以后,首先要让他了解干什么。因为如果他不知道自己将来干什么,他可能在学的时候是广泛地去学,就是什么都学,什么也不精。去了工厂以后,需要的东西可能没学到,不需要的东西学了一大半,然后在生活、工作里,也起不到什么大的作用(ZL20190414)。

要让学生认识工匠精神培育对个人、对社会、对企业可能具有的意义。

如果你不求质量,只求数量,一个人只有一双手,你的效率再快,别人一天做一个,你能一天做三个,也不能再多了,再快了。但是,我们可以提升质量,你以前简单地做一个壶,能卖 100 元,你一天能做三个,只能卖 300 元钱。而如果你把东西做好做精,这个东西可以卖 500 元、1000 元、10000 元都可以。因为很多名家的东西价值上万、几十万、几百万的都有,这个有无限的提升空间,只有在质量上提升,在文化内涵上提升,它的价值空间才可能更大(FW20190319)。

---

① 邵健飞、于树贵:《"工匠精神"的不可灌输性与培养进路》,《哈尔滨学院学报》2019 年第 4 期。

二、激发专业学习的兴趣

通过开展多样化的活动、个性化的课程设计,为学生提供发掘兴趣、探索能力的舞台与机会,依托弹性学制、灵活的学籍管理给予学生职业试探的机会,借助职业生涯日、兴趣博览会、代表性家长从业经历专题介绍,拓宽学生职业选择视野,鼓励学生做到"选你所爱,爱你所选,并用一生守护你的选择",形成和而不同的个人发展目标与方向;要积极深化"三教"改革,采用生动活泼的教学调动学生的学习兴趣,善于发现学生在知识、技能、品德上的进步,及时抓住"闪光点",予以积极的肯定与褒扬,以增强学生的自信与自尊。

针对当前专业兴趣缺乏或不足的学生,也"没有必要把学习活动推迟到学生养成适当兴趣和动机之后再进行",教师可以暂时忽略学生的动机状态,并集中精力尽可能有效地对其实施教学,"从学习的初步满足中他将充满希望地形成进一步学习的动机"[1]。

开始的时候,仅仅把它当作一种工作,当作一种手艺。但是随着自己对茶壶的深入了解与认识以后,发现了很多有意义、有价值的事情。因为通过我们的手,从一把泥土变成一个器物,而且这个器物具有文化内涵,有一种高雅的气味,不是一般生活中的一个简单器皿,它承载了很多传统文化的精髓在里面。通过深入地学习与了解,自己逐渐喜欢(FW20190319)。

三、强化责任担当的意识

通过道德法治文本宣讲、角色模拟、主题演讲、实习实训等方式,借助学生身边负面的安全事故与正面的先进楷模,启发学生的责任意识,知晓自己作为家庭成员、学生、从业人员、国家公民等不同角色应有的责任。引导学生敢于担责,勇于担当不仅是一种品质,更是一种本领、一种力量、一种能力。为此,

---

[1]　Wolters, Pintrich, Contextual Differences in Student Motivation and Self-regulated Learning in Mathematics, English and Social Studies Classrooms, *Instructional Science*, Vol.26, pp.27-47, 1998.

要引导学生不断加强专业知识、专业技能学习,依托多学、多看、多想、多练,养成自问、自律、自纠、自觉的好习惯,在自问、自纠、自律的过程中将学习、生活、工作制度的约束力转变成自身的执行力。鼓励学生学会对自己的人生负责,一个人唯有对自己的人生负责,建立了真正属于自己的人生目标和生活信念,才可能自觉地承担起对他人和社会的责任。①

完善学校各项制度督查体系、建立学业质量评估体系,针对工作推诿、作风不严谨、执行纪律不严格等问题,学校定期开展督导检查,对学生作业、作品、产品等质量严格把关。吸收学生参与学校治理,赋予其治理责任,在提高其治理能力的同时,强化其治理意识。

四、注重规范技能的训练

桑内特(Richard Sennett)认为工匠有初级阶段与高级阶段之分,只有熟练掌握技能的工匠才更完整地去思考他们正在做的事情②,因此,过硬的专业本领是工匠赖以谋生的资本,也是工匠生产实践系统的基础,更是塑造工匠精神的基石。③ 教学中要遵照技能形成规律,通过教师有效的指导与示范,通过学生的身体与心理练习实现技能从认知、联系形成到自动化阶段的转变。除动作技能外,也要把工匠参与创新活动所需要的创造性思维,以及总结、传播自身经验所需的表达能力等纳入技能培训内容。要鼓励学生善于向多方面人士学习,潜心钻研,注重积累。

我们要始终保持一直在学习的状态。有时候,做事不是一个人努力就行的,要打开门户,敢于向他人请教,向他人学习。这也是我自己发展过程中的一个重要感受。所以,到后来我们也经常和其他艺术家进行一些学习与交流,

---

① 熊元武、李刚、童驹:《工匠精神教育读本》,天津大学出版社 2017 年版,第 45 页。
② [美]理查德·桑内特:《匠人》,李继宏译,上海译文出版社 2015 年版,第 4—5 页。
③ 张子睿、樊凯:《工匠精神与工匠精神养成引论》,民主与建设出版社 2017 年版,第 12 页。

来促进我们创作的灵感（FW20190319）。

英国技术哲学家马修·克劳福德（Matthew.Crawford）在《工匠哲学》中指出，情境中的技能训练，可以作为广义教育的一部分，有助于智能和道德的培养。① 因此，技能训练还要与认知性、情感性的培养结合起来，要注意引导学生体悟活动中蕴藏着的德育意义②，坚持德技兼修，从点滴做起，不以善小而不为，养成规范处事的良好生活、学习习惯，注重劳动之美与实用之德的职业意识培养，培育对职业的崇敬之情，提高自身的敬业度。

五、优化工匠精神培育的环境

美国哈佛大学教授戴维·麦克利兰（David.McClelland）认为，只有具有强烈成就需求的人才会渴望将事情做得更为完美。而个体的成就需求与他们所处的经济、文化、社会发展程度密切相关，为此，工匠精神的培育需要进一步加强：

其一，制度建设。相对于道德层面的工匠精神，制度层面的工匠精神显得更有价值，在现实层面更有可操作性和可推广性。可采用物勒工名等制度，依托责任追究机制，用制度养成从业者的工匠习惯。健全职业启蒙教育，建立非遗传承体系。

手艺就是讲究师徒传承，手把手地教（FW20190319）。我认为非物质文化遗产传承要从娃娃抓起，从小学、中学、大学就要抓起，因为从小如果没有这种情感，没有对传统文化的一种认知，今后就不可能成为一个项目里领先的人物。所以要家族式的传承、院校的传承、社会的传承，要立体式地传承（WY20190403）。

其二，价值导向。现代"工匠精神"的培育需要构建正确的价值导向体系，要通过制度顶层设计，转变"重装备、轻技工，重学历、轻能力，重理论、轻

① ［英］马修·克劳福德：《工匠哲学》，王文嘉译，浙江人民出版社 2020 年版，第 215 页。
② 檀传宝：《学校道德教育原理（修订版）》，教育科学出版社 2000 年版，第 136 页。

操作"的观念①,要依托多方面媒体广泛宣传报道工匠事迹,引导社会大众认识工匠和工匠精神在现代化大生产中的地位与作用,树立正确的职业观、人生观、价值观,用修行的价值观代替浮躁功利的工作观②,让工匠精神渗透到每一行业、每一领域、每一个体。

其三,榜样引领。继续在全社会树立杰出工匠榜样,通过设立国家及地方相关工匠艺术节、年度工匠评选等实现"工匠精神"的社会化呈现,发挥工匠精神大师示范作用。打造"国家工匠之师",发挥教师的言传身教作用,引导广大学生见贤思齐,努力实现从"普通人"向"匠人"的飞跃。

其四,利益保护。严格执行知识产权保护相关法规,保护工匠的合法利益。设立非遗保护基金,成立相应的展示馆舍,创新传统技艺的传承与保护机制,为工匠作品或产品走向大众提供政策倾斜与消费市场。借用现代采录手段,拓展技艺传承路径。

总之,工匠代表着一个时代的气质③,工匠精神是"现代应用型教育的精神标杆、内涵发展的指导思想、文化软实力的象征"④,新时期职业院校要本着对学生、社会、国家高度负责的精神,落实立德树人根本任务,以强烈的使命感与责任感,积极作为,努力做好工匠精神培育工作,推动每位学生成为工匠精神的践行者与传播者,使工匠精神在中国大地上落地生根。

---

① 付守永:《工匠精神:国家战略行动路线图》,北京大学出版社 2018 年版,第 26 页。
② 付守永:《工匠精神:向价值型员工进化》,中华工商联合出版社 2013 年版,第 1 页。
③ 付守永:《工匠精神:向价值型员工进化》,中华工商联合出版社 2013 年版,第 1 页。
④ 黄文博、马悦:《应用型人才培养过程中"工匠精神"培育策略研究》,《长春师范大学学报》2017 年第 12 期。

第四章 未来产业工人工匠精神的培育思路

　　工匠,既是称谓,指有手艺或有专长的人,也是赞誉,指在劳动中精益求精者、勤勉不懈者[1];工匠精神既是崇高追求,亦是基本素养。作为一种职业素养,工匠精神不仅仅是手工业劳动者应该具备的独特精神,而且是所有产业工人都应该具备的特质。无论是作为未来产业工人培养的主要机构,还是作为技术技能人才培养的主要场所,职业院校都需要深入研究新时期社会需求,精准定位工匠精神培育目标、合理开发工匠精神培育内容、科学选择工匠精神培育路径、有效把握工匠精神培育策略,方能明确工匠精神培育思路,切实推进工匠精神培育实践,为"造就一支有理想守信念、懂技术会创新、敢担当讲奉献的宏大的产业工人队伍"提供坚实支撑。

第一节　指导工匠精神培育思路的相关理论

　　工匠精神是一种价值取向,是一种态度,也是一种情感,具有实践性、情境性、意会性以及社会性等特点[2],其培育必须遵循态度改变、社会学习、默会知

---

　　① 熊元武、李刚、童驹:《工匠精神读本》,天津大学出版社 2017 年版,第 3 页。
　　② 徐宏伟:《现代职业教育的技术哲学基础探究》,《教育发展研究》2019 年第 Z1 期。

识、情境学习等相关理论要求。

一、态度改变理论

态度是带有倾向性心理的准备状态,是人们对特定的对象所持的一种稳定的评价和反应倾向。态度改变理论主要包括霍夫兰德(Hofflander)的"态度改变——说服模型"、费斯汀格(Festinger)的认知失调理论、凯尔曼(Kelman)的态度改变三阶段理论等。

(一) 主要理论观点

1.态度改变——说服模型

态度改变——说服模型认为,影响态度改变或说服效果的因素至少有四个:说服者、说服信息、说服情境和说服对象。该模型认为,在态度改变的作用机制中,不同特征的说服对象在学习的过程中,因受到不同程度的外部信息及情境的刺激,会发生不同程度的情感转移。[1]

2.认知失调理论

费斯汀格认为,相互关系的认知因素可能会呈现出协调状态或失调状态两种情况,认知失调常常表现为个体所持有的认知相互矛盾冲突、相互对立。并且,如果认知因素之间出现失调,就会使个体在心理上发生不愉快甚至痛苦,它会迫使人们主动改变不协调的状况,从而达到认知结构的平衡协调。一般而言,有三种方法可以解决该问题:一是改变认知,使之与自己持有的其他认知保持一致;二是改变行为,使其对行为的认知与其他认知保持一致;三是增加新的认知,改变失调的状况,使原有认知之间的矛盾得到合理解决[2]。

---

① 陈憲:《态度改变理论对思想政治教育工作的启示》,《吉林省教育学院学报(下旬)》2012 年第 4 期。
② 陈憲:《态度改变理论对思想政治教育工作的启示》,《吉林省教育学院学报(下旬)》2012 年第 4 期。

3. 态度改变三阶段理论

凯尔曼认为,态度的形成一般要经历三个阶段:服从阶段、同化阶段和内化阶段。第一,在服从阶段,人们的行为不是发自内心的,往往仅是为了获得物质奖励或精神上的认可,或者是为了避免受到惩罚而表现出的暂时行为。由于现实生活中存在许多社会规范,人们不论是否愿意都要服从,久而久之,这种服从将成为一种习惯,习惯会产生相应的态度。第二,在同化阶段,主要是对他人的观点及行为表现出较强的自愿性而不再被动接受。尽管在此阶段,态度还不是真正的自愿,但逐渐由被迫接受转为自觉、自愿接受。第三,在内化阶段,人的内心发生真正的变化,开始主动自觉自愿接受新的观点,并把这些观点逐渐纳入自己的价值体系①,从而成为自身态度体系的重要组成部分,内化阶段由此也成为态度形成的最后一个阶段。因此,只有到了内化阶段,人们的态度才是最为稳固、持久的。

(二) 对培育工作的启示

1. 激发学生的认知矛盾

态度改变理论表明,个体在认知失调状态下,容易发生态度改变,为此,要依托优秀校友、优秀蓝领工人成才事例,与学生头脑中既有的职业教育系"二流教育"、职业院校学生出路不佳的观念之间形成冲突,改变学生对职业教育、对技术技能工作的偏见,改变他们在专业学习中"破罐子破摔"的心态,促进他们专注专业学习。

2. 循序渐进地对学生提出要求

运用态度改变理论中的二步式渐进策略"登门槛"技术,针对职业院校学生,先提出工匠精神培育的初步要求,然后再提出目的指向的更大要求,引导学生向工匠精神培育之路前进。

———————————

① 潘越:《态度理论视域下的德育内化》,《教学与管理》2012 年第 24 期。

3.要求学生内化工匠精神

针对学生个体态度形成的不同阶段,教育者需要采取不同的培育策略,即在工匠精神培育之初,要通过说服教育,依靠奖惩制度,促进学生对工匠精神培育价值与意义的认识,对工匠精神要求的敬畏,态度上愿意服从工匠精神的要求或采取与工匠精神要求相一致的行为,在此基础上,教育者可借助榜样示范、群体规范①,主动提高学生对工匠精神的思想认识,规范自身行为,推进学生对工匠精神的认同。此后,教育者还需继续采取多种方式对学生新生成的工匠精神态度进行强化巩固,在实践中使工匠精神内化为学生自觉的行为习惯。

二、社会学习理论

社会学习理论由美国著名心理学家班杜拉(Bandura)提出,与传统行为主义学习论过于强调直接经验的学习以及人本主义学习理论中过于看重个体的认知和情感因素不同,它着眼于观察学习和自我调节在引发人的行为中的作用,重视人的行为和环境的相互作用。

(一) 主要理论观点

其一,交互决定论。人的社会学习过程是个体、行为和环境三者交互作用的结果。其二,观察学习论。亲历学习和观察学习是人们学习的主要方式,学习者可以通过观察、模仿他人习得行为,并在观察榜样行为结果后得到强化,学习者依据观察行为的反馈信息不断进行自我矫正。其三,自我效能。自我效能是个体对于自身是否能在特定水平上完成相应活动时主体的把握和感受。一般来说,自我效能感强的人会将困难的任务作为一种挑战,并且不断给自己设定一些具有挑战性的目标。当结果失败时,他们会把原因归咎于自身

---

① 曹顺:《"态度改变三阶段"理论视角下大学生社会主义核心价值观培育研究》,《常州信息职业技术学院学报》2017年第2期。

的知识、能力或努力的程度不够,并且在以后的学习、生活和工作中不断提高自身能力。

（二）对培育工作的启示

1.重视工匠精神培育环境的营造

依三元交互理论的观点,学生对自身的认知、教师对学生的指导以及工匠成长的社会环境等对工匠精神培育起着决定性的作用。只有通过学校、家庭、社会、个体多方合力的交互作用,才能塑造出高素质、技能强、品德端正的健全的工匠人才。[①]

2.为学生树立优秀的榜样

班杜拉将观察学习划分为注意、保持、再现、动机四个阶段,优秀榜样、周围环境、教师教学等因素都会影响学生工匠精神的习得。[②] 教师要善用大国工匠、各地工匠,为学生树立优秀的榜样形象;要发挥优秀企业师傅对实习实训学生的言传身教作用;要在学生中评选"工匠之星"等类似榜样,彰显工匠精神培育中"自己人"效应;教师在教学过程中亦要自觉践行工匠精神,让学生在潜移默化中受到熏陶与感染。

3.提高学生培育工匠精神的自我效能感

对学生践行工匠精神的态度与表现要予以及时的鼓励,要丰富学生践行工匠精神的成功经验,要通过价值观引领、优秀校友的评选、师长的劝说等方式,增强学生培育自身工匠精神的信心。

三、默会知识理论

英国著名物理化学家和思想家迈克尔·波兰尼(Michael Polanyi)于1958

[①]　杨亚芬:《广东省高职院校学生"工匠精神"培育研究》,广东技术师范大学 2019 年硕士学位论文。

[②]　陆馨琦:《高职院校机械类专业学生工匠精神培养现状及对策研究》,浙江师范大学 2021 年硕士学位论文。

年在其《个人知识》一书中首次提出默会知识(tacit knowledge)理论①。

(一) 主要理论观点

波兰尼指出,"人类有两种知识。通常所说的知识是用书面文字或地图、数学公式来表述的,这只是知识的一种形式。还有一种知识是不能系统表述的,例如我们有关自己行为的某种知识。如果我们将前一种知识称为显性知识的话,那么我们就可以将后一种知识称为默会知识"。与显性知识相比,默会知识有下列特征:不能通过语言、文字或符号进行逻辑的说明,不能以正规的形式加以传递,不能加以"批判性反思"。② 根据波兰尼的观点,许多大量存在于人们生活和工作中的技能、方法、能力、态度、情感、体会等方面的知识都是默会知识,相对于显性知识而言具有优先性。在波兰尼看来,默会知识一般镶嵌于实践活动之中,非命题和语言所能尽,只能在行动中展现、被觉察、被意会。它不易大规模积累、储藏和传播③,不能以正规的形式加以传递,只能通过学徒制传递。

(二) 对培育工作的启示

1. 为学生提供对话、实践、体验的机会

工匠精神中包含着大量的默会知识,具有文化性、默会性、情境性、随机性的特性。④ 要利用默会知识转化理论,树立全面的教育观,加强教育的情境性与实践性,重视榜样和示范、对话和交流、体验和做中学在工匠精神培育中的

---

① 司晓蓉:《高校教师缄默知识显性化探究》,《牡丹江教育学院学报》2019年第10期。
② 石中英:《缄默知识与教学改革》,《北京师范大学学报(人文社会科学版)》2001年第3期。
③ 宋立军、邹连方:《从默会知识理论的视角透视大学生思想政治教育》,《广西师范大学学报(哲学社会科学版)》2005年第4期。
④ 王伟、黄玉赟:《缄默知识理论对高职加强工匠精神培育的思考》,《南宁职业技术学院学报》2017年第5期。

作用。① 教师可以通过开展有利于工匠精神培育的职业技能大赛、职业教育活动周、校园文化活动日等学生喜闻乐见的方式,让学生在交流对话中加深对工匠精神默会知识的理解。②

2. 大力推广学徒制

学徒制就是将技能知识中的默会成分,通过师傅的言传身教,进而融汇成学徒的直觉体验。③ 要充分发挥现代学徒制、新型学徒制在工匠精神培育中的作用,鼓励师傅在生产实践中以言传身教、口手相授、口耳相传等形式将技能与态度传授给徒弟。此外,要借助认知学徒制,通过口语报告、出声思考等方式将师傅的默会知识和隐含推理过程可视化,帮助学徒习得问题解决的思路,掌握智慧技能。

四、情境学习理论

美国莱夫(Lave)和温格(Wenger)在其合著的《情境学习:合法的边缘性参与》一书中,从人类学领域的视角,对构成情境学习的要素进行了精辟的分析,提出了"合法的边缘性参与"向"充分参与"转化的学习方式。

(一) 主要理论观点

认为学习不应被视为个人获得知识的过程,而应被视为社会参与的过程。学习在很大程度上是其社会环境的作用,学习取决于其赖以发生的情境。学习必须在具体真实的情境中进行;学习在实践共同体中进行,实践共同体的形成需要三方面的条件,即共同的信念和理解、相互分享自己的理解、有一个共

---

① 王杨:《默会知识论视野中的职业道德教育》,《职教论坛》2007 年第 24 期。
② 刘淑云:《职业院校学生工匠精神培育研究——基于学生和精品课程教学案例的维度》,陕西师范大学 2019 年硕士学位论文。
③ 周倩慧:《现代学徒制下高职学生工匠精神培育研究》,山东师范大学 2020 年硕士学位论文。

同追求的目标。学习是一个意义建构的过程,初学者由旁观者、参与者转变为成熟的实践示范者,实践共同体的活动情境是真实的,与日常生活和实践紧密相连。学习是参与、理解社会实践的过程,是个体与社会互动的结果。① 总之,知识隐藏在环境之中,学生只有融入真实情境才能真正理解所学知识的含义,只有通过应用才能真正获得知识,这就是情境学习理论所主张的"在哪里用,就在哪里学"。基于情境学习理论,创造学生在真实情境中学习的机会、关注技术情境是工匠精神培育工作的关键一步。

(二) 对培育工作的启示

1. 创造学生在真实情境中学习的机会

情境学习理论对个体在真实情境中互动学习的强调,与工匠精神培育中重视实践应用的理念不谋而合。"工匠精神"作为"精神"的范畴,具有不同于一般知识的养成过程,它离不开具体的情境,是"实践的知识"和"知识的实践"的综合发生。要创造条件,通过产教融合、校企合作、社会实践等方式,促进学生在真实情境中学习和实践,实现知识、能力、态度的充分迁移。

2. 关注工匠精神培育的技术情境

工匠创造力体现在工匠的创造活动之中,表达了一种求新求异的工匠精神,技术情境塑造工匠创造主体的技艺特征,影响工匠创造过程的具体方式和路径,制约工匠创造产品品质,工匠精神的培育工作关注技术情境的创设,以情境激发工匠的情感,以情境推动工匠的认知活动。②

---

① [美]莱夫,温格:《情境学习:合法的边缘性参与》,王文静译,华东师范大学出版社 2004 年版,第 60—62 页。
② 张慧、王以梁:《论技术情境及其对工匠创造力的影响》,《东北大学学报》2020 年第 3 期。

第二节　工匠精神培育目标定位

一、培育目标定位的依据

（一）职业院校人才培养目标

近年来，围绕职业院校人才培养，党和政府先后出台了多个文件，对培养目标，尤其是对学生职业道德、职业精神等方面提出了相应要求，为工匠精神培育目标的确立提供了政策依据。

2015 年的《教育部关于深化职业教育教学改革全面提高人才培养质量的若干意见》提出，要"把提高学生职业技能和培养职业精神高度融合"。"形成常态化、长效化的职业精神培育机制，重视崇尚劳动、敬业守信、创新务实等精神的培养"，教育引导学生"牢固树立立足岗位、增强本领、服务群众、奉献社会的职业理想"，"增强对职业理念、职业责任和职业使命的认识与理解"。

2017 年中共中央、国务院发布了《关于加强和改进新形势下高校思想政治工作的意见》，指出要强化思想理论教育和价值引领。要"以诚信建设为重点，加强社会公德、职业道德、家庭美德、个人品德教育"[1]。

2019 年印发的《国家职业教育改革实施方案》要求职业院校"落实好立德树人根本任务，健全德技并修、工学结合的育人机制"，"培育和传承好工匠精神"。同年出台的《教育部关于职业院校专业人才培养方案制订与实施工作的指导意见》提出，要"坚持育人为本，促进全面发展"，将"传授基础知识与培养专业能力并重，强化学生职业素养养成和专业技术积累，将专业精神、职业

---

① 季国平、王永贵：《论大学生社会责任感意识形态话语权构建》，《广西社会科学》2018 年第 1 期。

精神和工匠精神融入人才培养全过程"①。

2020 年出台的《中共中央、国务院关于全面加强新时代大中小学劳动教育的意见》在劳动教育总体目标中提出,"通过劳动教育,使学生能够理解和形成马克思主义劳动观,牢固树立劳动最光荣、劳动最崇高、劳动最伟大、劳动最美丽的观念;体会劳动创造美好生活,体认劳动不分贵贱,热爱劳动,尊重普通劳动者,培养勤俭、奋斗、创新、奉献的劳动精神"②。同年,中共中央、国务院印发的《深化新时代教育评价改革总体方案》要求,根据学生不同阶段身心特点,科学设计各级各类教育德育目标要求,引导学生养成良好思想道德、心理素质和行为习惯。通过信息化等手段,"客观记录学生品行日常表现和突出表现,特别是践行社会主义核心价值观情况,将其作为学生综合素质评价的重要内容"③。

2021 年,中共中央办公厅、国务院办公厅发布的《关于推动现代职业教育高质量发展的意见》,再次强调"建设技能型社会,弘扬工匠精神,培养更多高素质技术技能人才、能工巧匠、大国工匠"。

综合上述文件精神,增强学生对"职业理念、职业责任和职业使命"的认识和理解,培养学生崇尚劳动、敬业守信、创新务实、奉献社会等品质应是职业院校工匠精神培育追求的主要价值取向。

(二) 工匠精神的时代内涵

时代内涵是工匠精神培育的最终目标,决定着工匠精神的培育需求,前文研究显示,当代社会所期待的产业工人工匠精神主要由三大核心范畴六个主

---

① 鲁莉、董显辉:《中职校专业课教师课程思政能力提升路径探析》,《职教发展研究》2020年第 2 期。

② 罗建文:《基于劳动过程理论的劳动情怀论析》,《湖南社会科学》2020 年第 5 期。

③ 徐洁、尹鑫、陈含笑:《智能时代中小学德育评价变革探析》,《教育学术月刊》2022 年第 4 期。

范畴的内容构成：即"匠心"层面的专注坚守、勇于创新品质；"匠行"层面的精益求精、传承引领品质；"匠品'层面的职业操守、责任担当品质。① 根据职业生涯发展阶段理论，处于职业生涯探索阶段的职业院校学生与处于职业生涯建立阶段的从业人员，其工匠精神养成的侧重点应是有差异的，同时，从工匠精神形成规律而言，其品质的习得需要一个长期的过程，需要学校与岗位的逐步磨炼、逐步积累，此外，从校企分工而言，有些品质可以在学校养成，有些品质则需在岗位中浸润而成。因此，要明确职业院校的"可为"与"难为"，对上述工匠精神的品质要区分时段、空间予以培育。

（三）职业院校学生二匠精神的状况

由于职业启蒙教育的缺位，从前文调查中可见，职业院校学生在工匠精神方面主要存在以下薄弱之处：对工匠精神的时代内涵与社会价值尚不能充分地认识，对如何践行工匠精神把握不准，课堂中学习专注力、作业或作品中的创新性、学习与生活中所反映的责任心等皆不尽如人意，皆有待培育。

二、主要培育目标

根据态度与品德发展阶段特征、职业院校总体人才培养目标、工匠精神的时代内涵以及学生职业素养现状调查，笔者认为职业院校可将未来产业工人工匠精神培育目标聚焦于两方面：

（一）提高学生对工匠精神的理解度

理解度指学生对工匠精神的"认知"状况，知之深，方能爱之切。只有学生对工匠精神有充分的认识、全面的理解，才可能自觉悦纳与主动践行。对工匠精神的理解主要包括对其内涵、意义、要求、表现等方面的阐释、描述、说明、

---

① 邓宏宝、李娜、顾剑锋：《产业工人工匠精神的时代内涵与培育方略——基于 31 个省或市级评选文件的分析》，《职教论坛》2020 年第 10 期。

评价等。具体而言,学生要能了解我国古代优秀的工匠文化,了解工匠精神的时代内涵;要能理解当前传承与弘扬工匠精神的个人意义与社会价值;要能说明工匠精神的行为表现以及践行要求;要能评判自身及他人工匠精神养成状况,并有针对性地提出改进建议。

(二) 提升学生工匠精神的养成度

养成度指学生工匠心理的健全、工匠品质的内化、工匠能力的达成状况。考虑到处于职业生涯探索阶段的职业院校在校学生与处于职业生涯建立或维持阶段的从业人员工匠精神养成任务的区别和联系,笔者以为职业院校学生工匠精神的养成主要应聚焦于求知欲、专注力、专业情等匠心特质,规范处事、精雕细琢、开拓进取等匠行特质,责任、诚信、奉献等匠品特质的习得(具体见图4-1)。

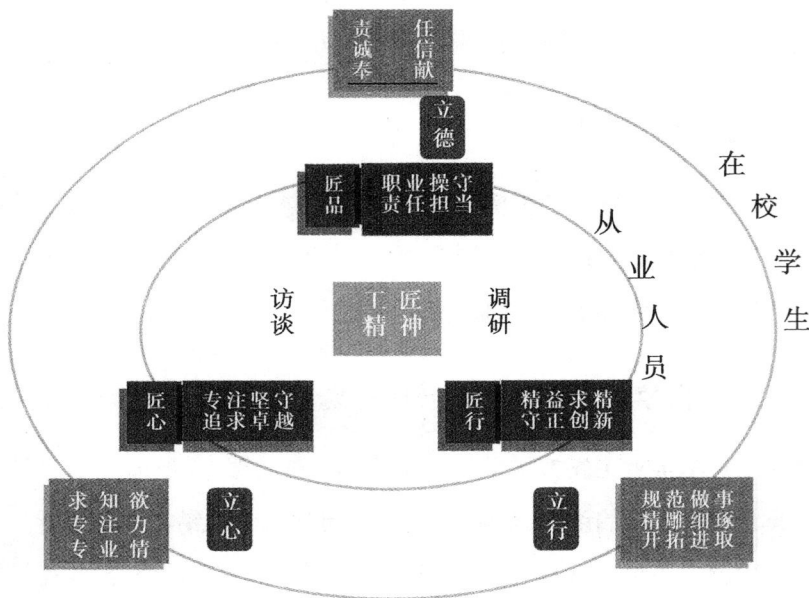

图4-1 职业院校学生与从业人员工匠精神养成目标的关联

培育求知欲、专注力、专业情等心理品质,旨在解决学生学习动力不足、专业情感缺失、匠心不足的问题,使学生成为有情怀、有温度的人;培养规范处事、精雕细琢、开拓进取等行为特质,意在解决教学中知行脱节,学生专业实践素养不高、匠术不精的问题,使学生成为有厚度和有实力的人;进行责任、诚信、奉献等品德教育,重在解决学校德育针对性不强、系统性不够,学生匠品不高的问题,让学生的精神脊梁立起来,成为有境界、有高度的人。

第三节 工匠精神培育内容开发

依据上述目标定位,结合相关专家及学生工作者的访谈建议,对未来产业工人工匠精神培育主要围绕以下内容而展开:

一、工匠精神基础知识

此部分内容可由以下几个模块组成:

我国优秀传统工匠文化介绍,包括:著名工匠;优秀工匠作品;我国古代文学作品(如寓言、诗词等)中的工匠文化。

工匠精神的历史嬗变及当代内涵,包括:《考工记》等作品中对工匠精神的论述,儒家、道家、墨家学说以及近代思想家对工匠文化的论述,新时代习近平总书记对工匠精神的论述(执着专注、精益求精、一丝不苟、追求卓越)等。

工匠精神培育的意义,包括:现代科技进步以及人民群众对未来从业者的素养需求、对工匠精神品质的需求,党和政府对工匠精神培育的要求与规定,工匠精神培育对个人、对组织、对社会、对国家的意义等。

践行工匠精神的要求,包括:校友中杰出工匠、学校所在区域各类能工巧匠、大国工匠的成长故事和主要事迹,践行工匠精神的方法及注意事项,评判自我及他人工匠精神理解度及养成度的主要指标与方法等。

二、匠心专题内容

此专题可重在加强以下内容模块的教育：

（一）意义教育

求知欲、专注力、专业情对个人专业成长、对工匠精神培育的意义，对于生命品质提升的意义。

（二）观念教育

学习动机教育：有利于激发求知欲、专注力、专业性的游戏、有趣的实验、奇特的仿生学故事、身边自然现象中蕴含的科学知识、与自然常识相悖的创新实例。

元专业知识教育：对所学专业的元认识，即专业职责、专业地位、专业价值、专业待遇、专业法规、专业保健等多方面的知识。

职业观与择业观教育：包括对工作（而非特定岗位）或职业意义的认识，可选学陶行知先生《生利主义之职业教育》中的"职业教育若以衣食为主义，彼之习赖子、乞丐、盗窃者，不亦同具一主义乎？""且职业教育苟以衣食主义相号召，则教师为衣食教，学生为衣食学。无声无臭之中隐然养成一副自私之精神"①的论断，以及杜威《民主主义与教育》中"职业是唯一能使个人的特异才能和他的社会服务取得平衡的事情。找出一个人适宜做的事业并且获得实行的机会，这是幸福的关键"②等主张；择业的价值取向与合理观念，可选学马克思《青年在选择职业时的考虑》一文，特别是其中"如果我们选择了力不胜

---

① 胡晓风、金成林、张行可、吴琴南：《陶行知教育文集》，四川教育出版社 2005 年版，第 41 页。
② ［美］约翰·杜威：《民主主义与教育》，王承绪译，人民教育出版社 1984 年版，第 327 页。

任的职业,那么我们决不能把它做好,我们很快就会自愧无能,并对自己说,我们是无用的人,是不能完成自己使命的社会成员,由此产生的必然结果就是妄自菲薄"①的表述,可引导学生理性分析追求自由、时尚择业观的利弊。

(三) 方法教育

培养求知欲、专注力、专业情的具体方法,包括:在学习过程中珍惜提升专业素养与能力的机会;在学习过程中通过思考发表独特的见解;持续注意学习任务的时间保持 30 分钟及以上;根特(Chent)集中注意训练,排除其他干扰学习任务进程与实施的因素或对象;主动向身边的同学或朋友宣传与推荐自身所学专业等。

三、匠行专题内容

在注重规范处事、精雕细琢、开拓进取三种品质对个人成长、对组织、对社会、对国家意义教育的同时,针对不同品质还需加强以下内容教育:

(一) 规范处事教育

规范处事的品格(有条不紊、泰然处之)养成要求;

规范处事的方法,如学习与生活中主动与他人打招呼、与他人联络、报告、协商;根据场合要求做好自我介绍、设计妆容;有条不紊地完成所有学习与工作步骤,不拖拉与缺失;按照操作流程的规则和顺序完成任务;在写作、解题等过程中遵守操作规范;理论与实操过程中避免出现缺陷与偏差等。

(二) 精雕细琢教育

精雕细琢的品格(严谨细致、一丝不苟)养成要求;

---

① 《马克思恩格斯全集》第 1 卷,人民出版社 1995 年版,第 456—457 页。

精雕细琢的方法,如工作过程做到严谨、周密和细微;自我或邀请他人对产品或服务不断"找茬""挑刺";不断提升专业技能、优化操作流程;主动为自己设定高于学校或实训单位工作标准的要求等。

(三) 开拓进取教育

开拓进取的品格(敢于质疑、勇于想象)养成要求;

开拓进取的方法,包括:突破思维定式、从众心理、经验主义等思维枷锁与束缚提出新想法或研发新技术的方法;从"守"(遵从老师或师傅教诲,认真练习基础,达到熟练境界)到"破"(试着突破原有规范让自己得到更高层次的进化)再到"离"(自己创新招数另辟出新境界)①的程序与方法;基于经验传承需要的总结、概括、表达方法等。

四、匠品专题内容

在结合公民教育、法制教育强化责任、诚信、奉献三种品质对个人、对组织、对社会、对国家意义教育的同时,针对不同品质还需加强以下内容教育:

(一) 责任教育

古今中外负责任的经典故事、不负责任及其代价的典型案例。

关注社会热点、参与社会事务和社会公益服务的意义与方法。

与学生年龄段相关的个体所应扮演的多种角色及其应承担的主要责任,包括如何对自己、对他人、对社会、对国家、对自然负责等。

代表性学习、生活、实习实训任务中的责任要求:如在理论与实操考核中获得较高学分绩点;注重生活卫生习惯并持之以恒地严格践行;在实习实训过程中注重节能环保、安全生产;在顶岗实习期间保持零事故率、零次品率与零

---

① 薛志雄:《培育一流匠人 从"秋山木工"看海派工艺教育》,《上海工艺美术》2015 年第 12 期。

废品率等。

（二）诚信教育

古今中外讲诚信的经典故事、不讲诚信及其代价的典型案例。

系列诚信道德实践活动:公开承诺等。

讲诚信的具体方法,如:在为人处世上做到言而有信,在待人接物上做到真诚;维护个人征信,在个人征信报告中没有不良记录;独立真实完成作业,做到所提交的作业与作品不存在抄袭与欺骗行为;诚实考试,做到在考试或绩效考核中没有作弊行为;忠诚于实习实训单位,做到不泄露单位工作机密、不对外抱怨单位等。

（三）奉献教育

重义轻利的义利观、利他主义、集体主义精神教育。

奉献人类、国家、社会、组织的典型事例。

责任感教育:马克思、恩格斯:"作为确定的人、现实的人,你就有规定、就有使命、就有任务"①以及顾炎武:"天下兴亡,匹夫有责"等有关的论述;

讲奉献的具体方法,如:主动关心与照顾家人,并力所能及地为家人分忧;与同学或同事相互尊重与关爱,在其困难时施以援手;利用空闲时间参加志愿服务活动,尽己所能奉献他人;主动捐款、捐物、献血等以支持需要帮助的人群;积极主动参与社会实践活动;积极主动参与公益性服务等。

第四节　工匠精神培育路径安排

根据培育目标与内容设计,结合相关理论要求,未来产业工人工匠精神的

---

① 《马克思恩格斯全集》第 3 卷,人民出版社 1960 年版,第 329 页。

培育可主要选择专题教育、课程渗透、文化浸润、活动养成等路径,其中专题教育、课程渗透聚焦学生价值观的引领,文化浸润着学生情感的熏陶,活动养成指向学生行为的习得。

一、专题教育

专题教育是通过专门课程、专题报告等面向学生进行集中性、系统性工匠精神培育的重要方式。

入心先要入脑,可以借鉴人力资源和社会保障部办公厅印发《技工院校工匠精神教育课教学大纲(试行)》的通知精神,开设校本的工匠精神培育、劳模匠人专题选修课程,根据学生认知规律和情感特征设计各种主题活动微课程,构建工匠精神培育课程体系,面向学生系统介绍工匠精神基础知识以及匠心、匠行、匠品等专题内容;可以开设专业入门或专业导论课,强化对学生的专业职责、专业使命、专业声望教育,助力学生体验积极的工匠情感;可以设立"工匠进校园"系列专题讲座,由各行业工匠分别报告自身的工作职责、主要事迹及成长路径,引导学生深入了解身边的能工巧匠,特别是深入了解校友中杰出工匠的工作内容、真实生活乃至内心世界,为各专业学生找到学习楷模。

价值观是使我们生活充满意义的观念,体现在我们进行抉择时考虑问题的先后顺序上,我们的行动总是与我们的价值观相一致。在专题教育中需要尤其注重引导学生树立正确的职业观、择业观,正确理解职业对个人的意义。只有当学生把工作看作不仅是为了生计,而且是一个扩展自我、利用自身资源和激发个人潜能的一个过程,工作对个人就具有了意义。①

在专题教育中还要借鉴布莱恩和谢历恩等提出的将职业精神培养与专业实践相结合的思路,在课堂教学、专题报告中有意设置模拟的道德困境、道德两难情景,鼓励学生依托角色扮演、集体研讨等方式在突破困境中养成自觉敬

---

① 余祖光:《工作价值观教育的创新与实践》,海洋出版社2010年版,第61页。

畏职业规范、遵守职业精神的意识与习惯。要坚持品德教育的知情意行统一原则,注重工匠精神描述性、价值性、条件性、程序性知识习得的并重,不仅要让学生了解何谓工匠精神,更要让学生理解为什么要崇尚工匠精神,掌握不同条件下工匠精神的不同行为方式,依靠晓之以理、动之以情、持之以恒、导之以行,推进学生对工匠精神的认同与内化。

二、课程渗透

学生的思想品德是在活动和交往中形成的,具有广泛性,教学、管理、服务活动都可能对学生的品德产生影响。同时,学生思想品德的形成是一个长期的、反复的过程,不可能一蹴而就,不同时期、不同年级的教育工作者都可能影响学生的品德。因此,在工匠精神培育过程中,绝不能仅仅满足于专题教育,要突破专题教育人员"单兵作战"和专题教育的"孤岛"困境,动员全员参与工匠精神培育工作。

就"工匠精神"而言,其是职业精神与意识形态、工具理性与价值理性交融的生动体现,是从业者践行社会主义核心价值观的重要要求,亦是职业院校课程思政不可或缺的内容。为此,职业院校要加强顶层设计,制定合理的教育目标和人才培养方案。全体教师要将审视教学内容的视角从知识、能力层面延伸到育人层面,找到教学内容与真实生活的丰富联系,使价值观以更生活化的面貌呈现在课堂教学中;可以巧妙设计和价值观培养相关的教学活动,养成学生有序收拾、整理学习用品、依照规范程序与时间要求完成作业、课堂上专注学习等良好的学习习惯;可以推进项目化、互动式、讨论式、探究式、案例式教学方式改革,寓教于乐;可以通过创新作业内容和形式赋予作业更多的内涵,培养学生创新精神、自信心和协作意识。[①]

各类课程教师要强化"守好一段渠,种好责任田"意识,注重工匠精神培

---

① 　余祖光:《工作价值观教育的创新与实践》,海洋出版社 2010 年版,第 25 页。

育的不同侧重点。文化基础课教师一方面要在课程中渗透职场情境、问题、案例等,激发学生的学习兴趣,另一方面要正确认识职业教育与普通教育的关系是"互补关系"而非"替代关系",成功的职业教育需要以成功的普通教育为基础。个体受教育获得的知识与技能超出其日后实际应用的所需,不是教育的浪费,而是教育的必须,在教学内容的选择与安排上"不仅应该用节约原则支配,还应该用浪费原则指导"①,要借助深厚的文化基础、宽广的知识背景培养学生良好的思维品质、培养他们正确的价值观、创新意识和创造性思维②。

专业课程教师要深度挖掘提炼专业知识体系中所蕴含的思想价值和精神内涵,如知识的来源、技术的应用;知识内含的价值观、哲学、思维、逻辑、情感;失败的教训、警示性的问题等,科学合理拓展专业课程的广度、深度和温度,从课程所涉专业、行业、国家、国际、文化、历史等角度,增加课程的知识性、人文性,提升引领性、时代性和开放性。

专业实训课程教师要注重培养学生对制度的敬畏以及环境保护、尊重生命、客观严谨、团结协作、探究质疑、审美素养等品质,如在制图课上要求学生在绘图、标注上注重细节,一丝不苟,做到精益求精,引导学生始终做到学思结合、知行统一。

当然,课程渗透工匠精神培育,一定要注意将工匠精神元素融化于无形,不贴标签、不生搬硬套,而是用生动活泼的形式,恰如其分、自然呈现。绝不能形成两张皮,引起学生的反感,要力求达到引人入胜中潜移默化,于无声处里恍然大悟。

三、文化浸润

工匠精神是"手""脑""心"的三位一体,"手"是技艺精湛,"脑"是观念创

---

① 邓宏宝:《职业生涯辅导课程功能研究》,《职教论坛》2012年第12期。
② 胡淑贤、邓宏宝:《职业院校学生工匠精神培育的现状调查与对策探析》,《职教通讯》2020年第4期。

造,"心"是心性转变①,三者之中,"心"是工匠精神的价值追求,引领着工匠精神的发展方向,对"匠心"的培育,根据社会学习、情境学习理论,需要学校文化的浸润。

(一) 凝练精神文化

学校精神文化包括学校的办学理念、校训以及校风、教风、学风等,学校的办学理念是关于学校对教育是什么的价值判断,是对办什么样教育的基本主张,是一所学校的教育哲学、教育思想的核心表达。② 校训是学校办学理念的概括、升华、科学抽象,是一个学校的灵魂。适应时代要求,可进一步将工匠精神培育有机嵌入办学理念、一训三风之中,通过征集、研讨活动,通过相关内容及内涵的解读,形成高度凝练的且被师生普遍认同的学校精神文化,使之真正成为师生共同的精神指引。

同时,面向学生实施"优秀传统工匠思想与文化进校园""非物质文化遗产进校园""劳模与工匠进校园""企业文化进校园"等活动;组织开展工匠文化特色学校创建、"文明风采"竞赛、学生"工匠之星"评选;结合学校办学专业,成立具有专业特色的学生社团,引导学生搜集工匠精神文献、访谈工匠人物、宣讲工匠先进事迹,用身边人、身边事、身边作品唤醒学生文化记忆,让学生深入了解工匠精神对文化传承、社会发展和民族尊严的重大意义,激发学生想象的与伦理的道德情感,使工匠精神成为其心中的精神图腾。

(二) 创设物质文化

学校物质文化是具有文化意义的学校物质环境、校园规模、建筑设备及庭院布置等,是学校文化的显性表现与浅层表现。为培育工匠精神,学校可在校

---

① 王艳、王加强:《学校文化视域下高职工匠精神的培育路径》,《江苏教育研究》2018 年第 Z3 期。

② 鲁兴树:《放大学校发展规划的过程价值》,《上海教育科研》2016 年第 10 期。

徽、校旗、校服等设计,在楼群、道路、广场命名中体现工匠文化元素;可加强文化景观布置,形成若干与校园环境相融合,彰显育人特质的雕塑群、宣传栏、文化墙等人文景观;可建设与学校视觉形象识别系统配套的灯箱标语牌、标志牌、指示牌,展示有关工匠精神的名言警句;可设立校史室、名师榜、优秀教师画廊、名师工作室或事迹成果陈列馆等场馆;打造工匠文化长廊、大国工匠事迹宣传橱窗、精品工程展示栏等,让校园一景一物都能体现工匠精神,实现学校无空间,处处育人,让学生在校园内能够时时刻刻潜移默化地接受工匠精神的熏陶。

(三) 建设制度文化

学校制度文化包括学校的传统、仪式和规章制度,是维系学校正常秩序必不可少的保障机制,是学校文化建设的保障系统。在推进学生工匠精神培育过程中,学校首先要加强师生的法制教育,推进法制文化建设,树立依法治校、依法治教的理念,注重通过法律和政策引导师生树立正确的价值取向,提高师生的法治意识、法治思维和法治自觉,筑牢培育工匠精神的底线。

其次,要建设支撑工匠精神的制度体系。从制度的角度去保护学生智慧以及技术的原创,对学术不端、技术剽窃,对学业、工作不敬业、不负责任的行为严加查处,并予以相应的奖惩。

再次,要完善学校治理机制。坚持和规范教代会、学代会、团代会等制度,逐步建立听证制度,鼓励学生参与学校治理,培养他们作为学生与公民参与学校及社会治理的能力,强化他们的社会责任感。

最后,要规范学校的开学典礼、毕业典礼、升旗仪式、成人仪式、校级运动会等大型活动、重要仪式,形成相对固定和完善的标准程序,融入工匠精神培育的成分。《希波克拉底誓言》是希波克拉底警戒人类的古希腊职业道德的圣典,也是全社会所有职业人员言行自律要求的典范。[1] 我们还可借鉴此举措,在学生实习实训前,举行庄严宣誓仪式,并且将其制度化,促进学生对职业心存敬畏,增进其职业荣誉感与使命感。

(四) 明确行为文化

行为文化是学校传统及观念的认同在师生员工言行举止上的具体可感的表现,是学校行为规范、人际关系、公共关系的综合反映。基于工匠精神培育的需要,学校需做好以下三个方面的工作:

持续加强党员干部作风建设。全面整治"怕、慢、空、庸、散"问题,树立以师生为本的理念,着力转变工作作风,做到爱岗敬业、忠诚担当、履职尽责,以管理育人,以服务育人。

大力加强师德师风建设。按照习近平总书记对广大教师提出的"有理想信念、有道德情操、有扎实学识、有仁爱之心"[2]要求和《新时代高校教师职业行为十项准则》《新时代中小学教师职业行为十项准则》,进一步规范教学行为,健全学术不端行为监督机制,在广大教师中开展"师德主题教育"活动,将工匠精神纳入师德师风建设,帮助教师树立职业理想、固化职业习惯、提升职业操守。

强化学生行为养成教育。以社会主义公民道德规范为准绳,以未来从业者工匠精神的培育为目标,制定并完善学生的学习行为规范、工作行为规范、生活行为规范,强化文明行为,养成文明习惯,健全教育活动的检查、考核机制。

四、活动养成

作为一种默会知识,工匠精神需要在活动中习得,作为一种情感,工匠精

---

① 李宏伟、别应龙:《工匠精神的历史传承与当代培育》,《自然辩证法研究》2015 年第 8 期。

② 习近平:《在北京大学师生座谈会上的讲话》,人民出版社 2018 年版,第 8 页。

神需要在活动中体验,因而,活动是工匠精神养成的不可或缺的路径。结合职业院校学生的实际,笔者认为要重点依托以下三方面活动培育工匠精神:

(一) 日常学习生活活动

其一,在日常学校生活中,要引导学生通过节约水电、认真听讲、完成作业、打扫卫生、整理内务、坚持锻炼等养成坚强的意志;要求学生在检查仪器、计算数据、使用工具、制作产品、提供服务等方面精准到位,摒弃满足于90%而不是追求100%的"差不多精神"。在寒暑假,学校可以结合学生所学专业,系统化、序列化设计社会实践内容,让学生一方面走进企业、走进生产一线,近距离感受工匠精神,另一方面加强与兄弟院校同类专业学生的沟通交流,发现自身与社会需求、与他人的差距与不足,增强他们的危机与忧患意识,激发他们培育敬业精神的内在动力。

其二,劳动是人的本质特征,人通过劳动创造了自身,也改变了世界。在院校组织开展的学生生活自理劳动、家务劳动、校园劳动以及社会公益劳动与志愿服务等,要充分尊重劳动实践具有场域性、劳动知识具有默会性的特点,设计出能成功支持默会的但是重要的知识学习的真实学习场域,着力改变"以教代劳、以说代劳"的现象,改变在课上"听"劳动、在课外"看"劳动、在网上"玩"劳动的局面。通过为了劳动(目的)、基于劳动(内容)、在劳动中(方式)进行的教育,为学生认识劳动意义、体验劳动情感、实现劳动态度的普遍迁移创造条件。

(二) 专业实习实训活动

专业实习实训是学生深入生产与工作现场,亲临其境,获得感性知识,理论联系实际,锻炼和培养专业能力的重要环节,也是学生体验职业角色、学习职业精神的重要契机,校企可以探索性共建工匠精神培育指导委员会,寻求共同的工作价值观标准,可以共同开发甚至以企业为主开发工匠精神培育课程,以全面、充分发挥专业实习实训环节的工匠精神培育效能。在专业实习实训过程中，要加强对学生建立良好职业形象、遵守工作流程、严格作息时间等要求，处处按照程序规范操作，包括工具顺序的摆放、工装的穿戴以及实训后清理整顿等。要启发学生学会反思自身的职业道德与职业行为，注意检讨自身对企业的忠诚度、职业诚信度等。要增强学生对职业岗位的敬畏感、对技术伦理的崇尚感、对技术创新的参与感，增进其职业认同感、劳动自豪感、专业荣誉感。

企业师傅要强化自身育人意识，在实践教学中要选取典型案例、真实问题，激发学生问题意识，培养学生直面问题的勇气以及解决问题的能力。要借助自身规范的操作、严谨的作风、进取的精神，为学生作出遵守职业道德、弘扬工匠精神的表率。在实训点评与考核中，企业师傅不仅要关注学生的技能达成水平，更要评估学生的工作态度、工作状态、工作效果，要针对学生实习实训中存在问题，举一反三，全面及时反馈，确保学生扣好职场人的"第一粒扣子"。

除此以外，学校还应组织学生积极参加技能大赛、创新创业大赛，通过大赛标准的引领，通过比赛过程中的同台竞技、团队协作，促进学生明确差距，增强信心，德技兼修，培养勇于拼搏、追求卓越的气魄与情怀。

（三）心理素质拓展活动

求知欲、专注力、专业情可谓是个体执着坚守的"根源特质"，在各类课程尤其是心理健康教育课或主题班会课中，教师可依托游戏、有趣的实验、奇特的仿生学故事、身边自然现象中蕴含的科学知识、与自然常识相悖的创新实例；依托对学生加强专业学习、职业教育对个人就业、人生幸福意义教育；依托元专业知识教育、职业心理主题沙龙以及职业观与择业观专题教育，激发学生的求知欲、专注力、专业情。也可依托组织心理拓展活动，如自信心提升工作坊、专注力正念训练、团体心理辅导，促进学生产生"高峰体验"，达到超越自我的忘我状态,生成高度的自我认同感、自我实现感和纯粹的满足感①,以实现学生潜能最大限度地开发与创造力空前的提升。

第五节　工匠精神培育策略选择

工匠精神培育是一项系统工程,对部分职业院校而言,工匠精神培育也是一份新的事业,为确保此项工作顺利推进,达成预定目标,在培育过程中,需注重以下策略的运用:

一、强化培育意识

《考工记》中"天有时,地有气,材有美,工有巧,合此四者,然后可以为良"的表述,清代著名启蒙思想家魏源的"技可进乎道,艺可通乎神"论断,皆说明了工匠精神的价值与意义。从事技艺活动的"工匠",既要拥有技术理性,也要重视价值理性,需从"主体理性"走向"主体间交往理性",实现主体工具理性与主体价值理性的整合与统一,以确保技术实践行为的有效性、科学性,凸显工匠精神的整体意义②。

工匠精神生长于岗位,萌芽于职前。职业院校是职业素养重要养成之地,而工匠精神是职业素养的重要组成部分,专业成才与精神成人是职业教育的内在要求。依照布卢姆的教育目标分类学以及加涅的学习结果分类,作为情感或态度的工匠精神既是职业教育培养目标的应有之义,也是个体学好、用好知识、技能的前提,只有具备工匠精神,个体方能将知识、技能应用到合适领域、发挥最大效用。职业院校要抓住个体价值观、职业能力形成的关键期对未来产业工人开展工匠精神培育,要深知对成年人、对产业工人工作态度、职业

---

① 王克:《大学生敬畏感问题研究》,中国地质大学 2016 年博士学位论文。
② 朱成晨、闫广芬:《精神与逻辑:职业教育的技术理性与跨界思维》,《教育研究》2020 年第 7 期。

素养的改造成本远高于未成年人、未来产业工人,绝不能视工匠精神与己无关,一推了之。

近年来,职业院校在培育工匠精神上的主体地位愈受认同和重视,国家和社会对职业院校培养大批具备工匠精神的"准职业人"充满期待①。《国家职业技能标准编制技术规程》已将工匠精神和敬业精神内涵融入国家职业技能标准,作为职业道德要求的重要内容。职业院校要从践行社会主义核心价值观、培养大国工匠后备人才、提升学生生命与生活品质、建设制造强国与技能型社会的高度,自觉将工匠精神培育作为自身的神圣使命,悉心育才。

二、明确培育重点

工匠精神的内涵受社会主流价值观、生产科技水平、工匠社会职责及伦理义务等多因素的影响。随着新中产阶层兴起而出现的消费需求多元化、个性化倾向等,都对产业工人的相关素养提出新的要求。尤其是科技水平的进步,更是导致产业工人的工作职责、工作方式等也在不断调整中。新时期,首先要继续围绕当下产业工人在现代生产活动中,如何实现高新技术与传统工匠技术的协调匹配,如何参与技术创新,如何应对经济效益、环境后果、伦理义务与政治法律的约束等问题展开研究,唯有对这些问题作出明晰的阐释与揭示,才能精准定位产业工人应具备的时代素养,才能明确产业工人工匠精神的主要内涵。

其次,必须看到工匠精神并不是先天形成的,而是个体在参与客观实践的过程中逐步生成的。社会对从业人员所提出的相关要求,有些需要借助家庭教育熏陶而成,有些可以在中小学阶段予以培养,有些需要在工作岗位上逐步积累,处于职业生涯探索阶段的未来产业工人与处于职业生涯建立阶段的现实产业工人,其工匠精神培育的目标与内容既有关联又各有侧重,两者之间一

---

① 贾秀娟:《产教融合视域下职业院校工匠精神培育的路径选择》,《职业技术教育》2018年第14期。

定要实现有机转换。职业院校在工匠精神培育过程中并非万能,要依据个体职业社会化、职业生涯发展阶段、态度形成与改变等理论,结合广泛调研,界定自身在培育学生工匠精神方面的"可为"与"难为"之处,明确工作重点与思路,增强工作实效,为造就有理想守信念、懂技术会创新、敢担当讲奉献的产业工人队伍提供实践引领。

鉴于产业工人工匠精神的时代要求以及当前职业启蒙教育尚未完全到位的实际,职业院校工匠精神培育工作应强调以下重点:职业观与择业观教育;关键能力与必备品格培养;指向参与创新活动所需要的创造性思维、问题意识,以及总结、传播成果经验所需要的表达能力的教育。值得一提的是,职业院校工匠精神培育作为教育的一部分,最终旨归应是学生身心潜能的激发、生命品质的提升、专业尊严的彰显。要注意避免两种倾向:一是将技术技能的培训、专注工作的品质完全服务于资本追逐利润的需要,在物的价值上升中而人的价值贬值;二是将培育的场域引向充满技术技能的物质世界而非意义世界,忽视了情感、价值、个性,以及人与人的相互交往、真挚交流,人的更全面发展可能性、生命的意义没有得到丰富和拓展①,绝不能舍本求末,使工匠精神培育走向歧途。

三、选好培育方式

教学有法,但无定法。尽管工匠精神培育可以因校制宜、因地制宜、因人制宜,有很多创新性举措,但作为一种教育科学,职业院校工匠精神培育方式的选择需要受到培育目标、培育内容的制约,需要遵循工匠精神自身形成的规律。基于前文相关理论要求以及关于工匠精神培育目标与内容的设定,职业院校工匠精神的培育在采用榜样示范法、实践锻炼法的同时,还要用好以下方式,变单向灌输为双向互动,变知识学习为情感陶冶,变外部干预为自我修身,

---

① 杨英:《人的全面发展视域下高职学生工匠精神培育研究》,《教育与职业》2022 年第 5 期。

增进培育工作的有效性。

其一,说服教育法。

说服教育法是通过摆事实、讲道理,使学生提高认识、形成正确观点的方法。为提高说服教育的效果,根据态度改变理论,要合理选择说服主体,安排对学生具有吸引力的工匠大师、劳动模范等,安排专业领域中权威人士、行业专家,安排优秀校友、学生榜样等被学生视为自己人的人群开展讲解、报告、劝说;要科学安排说服内容,针对职业院校学生具有较高受教育水平的特点,可以提供正反两方面的论据,对学生所提要求也需逐步提高,绝不能因急于求成而导致学生对立情绪的产生;要慎重考虑说服情境,无提前预告的,于学生生活、学习场所等具有适当强度分心情境中开展的说服能在一定程度上增强学生对说服内容的接受度;要对说服对象(也即学生)提出要求,鼓励他们通过公开承诺加强对自身不良态度、不良行为改变的监督,使用集体讨论后作出集体公约的办法,达成养成良好态度、良好行为的共识。

在说服教育中,我们还应始终意识到"学习者并不是空着脑袋进入学习情境的"[1],学生原有的知识经验是新知识的生长点,教师应变单向灌输为双向互动,注意倾听学生对各种现象的理解,针对学生中存在的视职业有贵贱之分,将其作为单纯谋生手段以及片面追求待遇高、条件好的岗位等不良的职业观、择业观,采用"书写策略""讨论策略""提高对结果的认识的策略"等价值辨析方法,组织学生深入反思"何谓成功""何谓幸福",引导他们克服仅仅以"经济价值"衡量"个人价值""岗位价值"的认识误区[2],确立合理的成才观、幸福观。

其二,情感陶冶法。

情感陶冶法是教育者有目的地利用环境或者创设一定的情境,对受教育

---

① 谭顶良:《高等教育心理学》,河海大学出版社 2006 年版,第 42 页。

② 邓宏宝:《职业院校学生敬业精神的时代内涵及其培育方略》,《职教论坛》2017 年第 12 期。

者进行积极影响,使其耳濡目染、心灵受到感化的一种方法。为促进学生不断内化专业情、职业情,教师可依托情知结合方式,在知识教学中,借助角色扮演等,鼓励学生体验主人公情感,融专业情、家国情于知识教学之中;可通过优化教学内容、改革教学方式、精致教学环节、规范教学言行等增进教学美感,令学生享受教学过程;可通过组织阅读名人传记、观看《大国工匠》等影像作品等主题教育活动,培养学生直觉的、想象的道德情感,并依托敬业意义的系统阐述,晓之以理,将学生感性的情感体验上升到理性的情感体验;可借助规则教育、道德教育、法律教育,借助由学生讲述自己或他人的生命经历、生命经验、生命体验和对生命感知的生命叙事,启发学生直观地意识到自我与生命的紧密联系,意识到自己对生命所应担负的责任和所应承担的义务,从而有效激发和提升对其生命的敬畏感[1];可通过帮助学生确立自我价值形象,指导学生学会"意识到"在当前行为表现与自我价值形象之间的差距,引导学生在头脑中把对荣辱的认知转化为对荣辱的情感反应定型等方式[2],激发学生对其自私行为、不良态度等的"羞愧感"。

此外,我们还必须认识到职业教育的深远意义就是使人对工作产生乐趣,让每一个从事工作的人都乐于工作[3],英国学者怀特海(Whitehead)说:一位疲倦而烦躁的工人,无论技术多么娴熟,能生产出大量的一流产品吗?这会限制他的生产能力,使他草率应付工作,成为一个躲避检查的能手;他会使自己放慢适应新方法的步调;他会不断发出不满和不切实际的改革思想[4]。因此,教师要注重在活动中教会学生得体的处事方法与规范的实践要领,帮助他们学会发现、鉴赏、创造生活、学业、职业之美,分享、领略其中的愉快情绪,并逐步升华为敬业情感,使他们对学业、职业不仅有敬畏,而且是充满期待、敬仰

---

① 王克:《大学生敬畏感问题研究》,中国地质大学 2016 年博士学位论文。
② 刘次林:《羞愧感及其教育意义》,《教育研究》2001 年第 9 期。
③ 袁传明:《试析怀特海的职业教育思想及启示》,《职业技术教育》2013 年第 1 期。
④ Whitehead, *The Organisation of Thought: Educational and Scientific*, Williams and Norgate, 1917, p.33.

之情。

其三,品德修养指导法

品德修养指导法是在教师引导下学生经过自觉学习、自我反思和自我行为调节,使自身品德不断完善的一种重要方法。在工匠精神培育过程中,我们需充分认识德育过程是促进学生内部思想矛盾运动、是教育和自我教育统一过程的规律,认识到由于职业教育的类型特征,职业院校学生社会阅历、社会经验相对丰富,他们个人进行的道德修养在自身品德发展中影响甚大,必须在从外部对学生发力的同时,充分激发学生工匠精神自我培育的主动性与积极性。一是要鼓励学生根据社会需求与个人素质,规划自身职业生涯目标,树立远大理想,在心中点燃指路明灯;二是激励学生增强见贤思齐、谦虚好学的学习自觉性,以及积极作为、勇于担责的工作主动性,思行结合、善于创新的工作研究性,有条不紊、循序展开的工作计划性;三是帮助学生掌握自我认知、自我反思、自我教育、自我监督、自我评价等方法,形成自省、自克的良好习惯;四是促进学生多读《名人传记》、多学习工匠大师先进事迹,多临摹书法,多欣赏高雅音乐,多与名人对话,在艺术鉴赏中养成宁静致远、淡泊明志的心态。

四、建设培育队伍

萨帕(Super)的生涯彩虹图(Life-career rainbow)指出,个体在一生当中必须扮演九种主要的角色,依予是:儿童、学生、休闲者、公民、工作者、夫妻、家长、父母和退休者。这些角色之间是交互作用的,某一个角色上的成功,可能带动其他角色的成功,反之,某一角色的失败,可能导致其他角色的失败。①据此,要使学生在未来职场上成为具备工匠精神的优秀工作者,其成长中的家庭、学校、社区、实训机构等就需要加强协同、沟通工作,克服相关工作的自发

---

① 马士斌:《职业维度的生涯历程研究》,华东师范大学 2005 年博士学位论文。

性、碎片化倾向,形成育人合力,助力学生成功扮演好儿童、中小学生、休闲者、公民等角色。

在家庭教育中,父母作为孩子的第一任老师,蒙养之始,当以德育为先。当前要利用"双减"的有利契机,给予孩子职业探究、职业体验的时间与空间,要转变专注孩子成才的理念,认识到在家庭教育中不仅要育才,更要育人,家长要以严谨的工作态度、进取的工作精神、认真的工作作风做好孩子的榜样与示范,以便在孩子幼小的心灵中播下工匠精神的种子,并使之不断生根、发芽、开花、结果。

中小学作为基础教育的重要组成部分,既是科学教育亦是专业教育的基础,应通过开设相应课程、举办特别研讨会、安排生涯日、提供生涯咨询等多种方式开展职业启蒙教育。广大中小学教师亦要牢记立德树人的责任,用自己对教育事业执着的信念、负责的态度、勤勉的精神为学生当前与未来道德生活树立样板,成为学生的职业楷模;要主动为学生提供学习、心理、职业辅导,帮助学生树立明确的生涯目标,增强学生自我教育、自我成长的内生动力,自觉肩负起学生生涯贵人的使命。

社区、实训机构要积极为学生提供探索职场、培养兴趣的条件与机会,要为学生了解职场需求给予信息支持,要能派出专业人员指导学生考察、实训。

职业院校要发挥育人的主导作用,凭借相关政策及高质量的教育服务,积极争取多方支持,依托家委会、社区教育委员会、校企联盟、职教集团、学校理事会等组织,确立政府、学校、企业、社区、家庭等多主体工匠精神培育的各自任务,成立工匠精神培育中心等组织,优化工匠精神培育过程监管,落实工匠精神培育过程中的人员、场所、资金等条件保障,做到家庭、学校、社区工匠精神培育工作中的不缺位、不错位、各负其责、同向而行,发挥整体推进的合力优势。

五、注重培育评价

职业院校工匠精神培育工作评价既有利于检验成效,也有利于诊断问题,及时改进,确保培育工作沿着既定轨道有序推进。培育工作的评价内容,可指向学校的理念与举措以及学生的收获与成长,前者着重考察学校在培育学生工匠精神中的指导思想、队伍组建、资源开发、课程开设、文化建设等情况,后者着重考查学生对工匠精神的理解度与养成度。

毋庸讳言,由于工匠精神既有显性表现,又有隐性特质,究竟通过哪些行为指标全面反映工匠精神,如何确保工匠精神与行为指标的有效对应? 工匠精神主要可能体现在职业院校学生的学习态度、研究方式、工作状态、生活习惯等方面,对于这些外在表现,使用何种手段与方法进行衡量,以确保测量工具的信度与效度、确保测量手段与方法的合目的性? 对这些问题尚缺乏深入的探讨、缺乏明确的回应,因此,工匠精神尚未充分纳入对学校、对学生的考核指标之列,教师教学中有关工匠精神的情感与态度目标往往被销蚀。

基于评价的导向性以及对学生发展的深远影响,必须高度重视评价工作的推进。相关教育行政部门、评估机构以及职业院校,要在广泛调研、深入研究的基础上,利用示范性或优质学校评估、合格办学评估、专业评估、年度办学质量评估等契机,针对工匠精神培育工作开展德育评价或专项督导。鉴于工匠精神内化过程的长期性、外在表现的复杂性特点,可借助行为事件访谈法、德尔菲法、扎根理论研究法等对能工巧匠、人力资源管理人员、质量监控部门负责人等进行深度访谈,编制工匠精神指标与测试问卷对学生施测。同时辅以作品分析法,抽样分析学生书面作业、生产产品、毕业设计等作品,借助行为观察法,观察学生课堂学习行为、实训行为、生产行为等,将职业院校工匠精神培育成效数据化、可视化①,力求全面客观地评判学生工匠精神状况,调动职业院校培育工作积极性,推动社会对工匠精神培育的进一步关注。

---

① 谢丽君:《产教融合背景下高职院校工匠精神培养可视化评价体系研究》,《教育现代化》2020年第8期。

第五章　未来产业工人工匠精神的测量与评价

测量与评价是未来产业工人工匠精神培育的重要环节,其相关评价指标可以为具体培育工作的开展提供导向与引领,其测量与评价结果又可以为培育工作的诊断与改进提供反馈。为此,需要加强相关研究,科学构建工匠精神评价指标,以准确测量与评价未来产业工人工匠精神状况,明确职业院校工匠精神培育重点,提升职业院校工匠精神培育成效。

第一节　既有研究梳理

查阅中国知网可知,关于工匠精神的研究主要始于 2010 年,2016 年后进入高峰。而在众多的研究成果中,相对而言,有关职业院校学生工匠精神测量与评价的成果仍为小众,发端也较晚。目前有限的研究,主要聚焦于以下主题:

一、关于测量与评价内容的研究

陈亮(2020)基于立德树人视角,主张对职业院校学生工匠精神养成的评价,应将"工匠"和"精神"相结合,即从学生的专业理论知识、实践能力和职业品格三个维度构建评价体系①；何语华等(2019)认为，对学生工匠精神养成情况的评价，要通过日常生活、课堂表现、实践活动等，侧重观察和衡量其求学精神、守纪意识、敬业作风、品质意识和创新精神②；张宏等(2019)建议职业院校学生工匠精神培育效果评价应该统一标准，评价指标可分为课程学习态度、理论考试成绩、思想素质状况、日常行为习惯、技能操作水平、顶岗实习表现等六个一级指标③。

二、关于测量与评价方法的研究

已有研究中对工匠精神的测量与评价，仍主要局限于问卷调查或量表测试法，如刘淑云(2019)采用自编的《职业院校工匠精神培育现状调查问卷》揭示了学生对工匠精神的了解程度④；方晓芬(2022)借鉴中文版"utrecht 敬业度量表"(Utrecht Work Engagement Scale, UWES)对新生代员工敬业度展开了调查分析⑤。极少数学者注意到了观察法、访谈法的应用，洪娟(2021)通过对比测试法、问卷调查法及个体访谈法等分析了五年制职业院校培育学生工匠精神的实效性⑥；胡淑贤等(2020)采用行为观察、作品分析、问卷调查、现场访谈等方法⑦，梳理了部分职业院校学生工匠精神培育的得与失。

① 陈亮：《基于立德树人视角的高职院校工匠精神养成教育评价体系探究》，天津职业院校联合学报 2020 年第 9 期。
② 何语华、王凯：《职业学校学生工匠精神评价的探索》，《现代职业教育》2019 年第 10 期。
③ 张宏、唐敏娟、赵红艳、于文荣：《高职院校学生工匠精神培育效果评价及质量保障机制研究》，《职业技术教育》2019 年第 8 期。
④ 刘淑云：《职业院校学生工匠精神培育研究——基于学生和精品课程教学案例的维度》，陕西师范大学 2019 年硕士学位论文。
⑤ 方晓芬：《社会资源视角下新生代员工敬业度调查分析》，《经营管理者》2022 年第 2 期。
⑥ 洪娟：《工匠精神视角下高职学生职业核心素养提升的成效研究》，《高教学刊》2021 年第 15 期。
⑦ 胡淑贤、邓宏宝：《职业院校学生工匠精神培育的现状调查与对策探析》，《职教通讯》2020 年第 4 期。

三、关于测量与评价结果的研究

闫立文(2018)对长春某职业技术学院的问卷调查发现,学生工匠精神的认知不足、职业态度不端正、职业意志品质薄弱①;李国兰(2018)对四所职业院校的十个不同专业 400 名学生的问卷调查显示,学生对工匠精神的了解程度、专业认同度和职业认同度皆为一般②;姜勇(2018)在调研报告中指出,相对其他群体,大学生对工匠精神内涵的了解程度最低③;陆馨琦(2021)面向职业院校机械类设计专业的调查表明,学生在匠艺培养、匠心培育、匠品塑造以及工匠精神评价四个方面存在问题④;朱华伟(2019)的调查同样得出"高等职业教育在形塑大学生'工匠精神'养成方面,总体现状不容乐观""当前我国高职大学生在匠力、匠德、匠心、匠技等养成方面存在一些问题"的结论⑤。

综上所述,目前学者们所提出的对未来产业工人工匠精神测量与评价的内容差异较大,且多为抽象或描述性分析,缺少严格意义上规范的探索性研究过程;关于测量与评价的工具和方法,尚主要依托问卷调查法,尚主要满足于学生自我评价与教师评价,相对而言,其测量与评价结果难以全方位、立体式地反映学生的工匠精神风貌,对职业院校的相关培育工作也不能较好地发挥导向作用。

---

① 闫立文:《职业技术院校学生工匠精神培育研究》,东北师范大学 2018 年硕士学位论文。
② 李国兰:《高等职业院校学生工匠精神的培育研究》,沈阳师范大学 2018 年硕士学位论文。
③ 姜勇:《搭建应然与实然之间的桥梁——新时代高职院校工匠精神培育现状调研报告》,《职业技术教育》2018 年第 4 期。
④ 陆馨琦:《高职院校机械类专业学生工匠精神培养现状及对策研究》,浙江师范大学 2021 年硕士学位论文。
⑤ 朱华伟:《高职大学生工匠精神养成教育研究》,浙江师范大学 2019 年硕士学位论文。

第二节 测量与评价的理念取向

从国际职业教育评价趋势看,受近代功利主义与实用主义哲学观的影响,19 世纪中叶以后,西方国家越来越注重评估职业教育对经济社会产生的实际效果,关注知识"造就的结果的功效和能否指引人们取得成功"①。在此背景下,1981 年斯派蒂在其发表的《成果导向教学管理:以社会学的视角》(Outcome-based Instructional Management:A Sociological Perspective)一文中提出并使用了"成果导向教育"理论②。该理论的优势在于其能为管理者提供对教育结果的部分控制,也可以让教师自由选择帮助学生达到预期结果的内容和方法,控制源自课程目标和结果的说明,而留给学校和教师的自由选择③。基于此,"学习成果评价"已被公认为是目前最有效、具体的教学绩效评价方案④。

就我国国情看,针对职业教育教学质量评价主要聚焦于教学条件、教学过程,主要以"教"为本位,缺乏对"学"的关注,缺乏对"学"的结果与目标契合度的关注。2015 年发布的《高等职业院校内部质量保证体系诊断与改进指导方案(试行)》提出了"需求导向、自我保证,多元诊断、重在改进"的工作方针,以引导职业院校切实履行人才培养工作质量保证主体的责任。2016 年在成为《华盛顿协议》正式会员后,我国高等教育认证也倡导"成果导向""学生中心""持续改进"理念。2021 年中共中央办公厅、国务院办公厅印发《关于推动现代职业教育高质量发展的意见》,要求完善质量保障体系,建立健全教

---

① 周显鹏、俞佳君、黄翠萍:《成果导向教育的理论渊源与发展应用》,《高教发展与评估》2021 年第 3 期。

② Spady,Outcome-based Instructional Management:A Sociological Perspective,*National Institute of Education*,1981,p.2.

③ 王晓典、田文君、陈桂香、刘宁:《成果导向教育的理论内涵及对高职教育改革的启示》,《职业技术教育》2018 年第 8 期。

④ 马金晶:《成果导向教育博士课程发展研究》,西南大学 2012 年博士学位论文。

师、课程等国家职业教育标准,鼓励地方结合实际出台更高要求的地方标准,支持行业组织、龙头企业参与制定标准。可见,需求导向、成果导向、标准导向已然成为我国职业教育质量评价的基本走向。

再就工匠精神特质看,其具有内化的长期性,作为一种职业情感,工匠精神需要经历从注意、反应到价值化、组织,再到性格化的不断内化过程;作为一种职业态度,其需要历经从轻微持有和不稳定到受到高度评价且稳定的变化过程。同时,工匠精神的养成,还是在活动和交往中接受多方面影响的过程,是一个不断反复、逐步提升的过程。对工匠精神的测量与评价,绝不能只重过程,只凭一时一事,只依暂时的、局部的、阶段性的表现给予判断。

为此,我们可顺应国内外职业教育评价改革的趋势,遵循工匠精神自身形成规律,以成果导向作为未来产业工人工匠精神测量与评价的理念。在测量与评价中,重点关注学生在工匠精神方面的"所获",而不是考查学校在工匠精神培育方面的"所为";重点关注学生有关工匠精神知情意行方面的"所变",而不是考查学生在工匠精神培育过程中的"所学";重点关注学生稳定的、习惯化了的态度与行为方式,而不是考查学生偶然的、片段的应景之举;重点关注学生在真实情境中解决问题的行动性[1],而不是考查学生纸上谈兵的功夫。

第三节 测量与评价的内容设计

一、测量与评价内容选择的依据

成果导向教育遵循反向设计原则,即以学生受教育后最终要达成的教育利益相关方(政府、学校、用人单位、家长、教师、学生等)的要求与期望为出发点,按照"教育利益相关需求→人才培养目标→毕业要求(专业学习成

---

① 刘宁、王晓典:《论成果导向教育理念的学生学习成效多元评量》,《黑龙江高教研究》2016 年第 12 期。

果)"①的路线设计学生考核内容。鉴于此,学生工匠精神测量与评价的内容也必须基于社会对工匠精神的需求以及由此而确立的职业院校在工匠精神方面的培育目标而定。

(一) 工匠精神的时代需求

不同生产科技水平对从业者有着不同的职业素养要求,工匠精神应该涵养时代气息。如前文所述,笔者在个别访谈大国工匠、江苏大工匠、江苏工匠以及分析全国31个省(自治区、直辖市)工匠评选文件基础上,概括出了当前党和政府、社会各界、用人单位对工匠的期待,提出了新时期工匠精神的内涵,即"匠心"层面的专注坚守、追求卓越品质,"匠行"层面的精益求精、勇于创新品质,"匠品"层面的职业操守、责任担当品质。其中"匠心"是工匠精神的价值追求,是工匠精神之基;"匠行"是工匠精神的外化表现,是工匠精神之本;"匠品"是工匠精神的内在品格,是工匠精神之魂。

(二) 职业院校的培育目标

依前文界定,职业院校工匠精神培育目标有二:一是提高学生对工匠精神的理解度;二是提升学生对工匠精神的养成度。其中,对工匠精神的理解度主要指学生对工匠精神内涵、意义、要求、表现等方面的把握;工匠精神的养成度主要指学生在求知欲、专注力、专业情等匠心,规范处事、精雕细琢、开拓进取等匠行,责任、诚信、奉献等匠品方面的习得。

二、测量与评价的具体内容

依照上文,对未来产业工人工匠精神的测量与评价,主要应包括工匠精神的理解度和养成度。

---

① 马国勤:《成果导向的高职教学质量评价改革探索与实践》,《职教论坛》2021年第5期。

（一）工匠精神理解度的评价内容

对未来产业工人二匠精神理解度的评价,可主要指向其对三方面知识的了解与应用水平,即描述性知识(如工匠是什么? 工匠精神是什么? 优秀工匠代表是什么人? 对工匠精神相关观点或报告如何评判? 等);程序性知识(如工匠精神要求我们如何做? 如何在具体专业实践中践行工匠精神? 等);价值性知识(如新时期为何要倡导工匠精神? 工匠精神对个人专业成长、对企事业单位发展、对国家产业振兴有何意义与价值? 等)。

（二）工匠精神养成度的评价内容

对未来产业工人工匠精神养成度的评价,可主要从求知欲、专注力、专业情等匠心,规范处事、精雕细琢、开拓进取等匠行,责任、诚信、奉献等匠品入手。具体评价指标的产生过程如下:

1.初始问卷的编制

在上述 3 个维度 9 个因子的基础上,笔者采用德尔菲法,通过对用人单位人力资源管理专家、职业教育理论专家、职业院校学生管理人员、一线教师的开放式的首轮调研、评价式的第二轮调研、重审式的第三轮调研,最终形成了36 个题项的初始问卷(每个维度 3 个因子,每个因子 4 个观测题项),见表5-1。问卷采用李克特(Likert)五点量表计分,从"非常不同意"到"非常同意",依次记为 1—5 分,得分越高表示学生工匠精神养成度越高。

2.研究被试的选择

本书被试分别来自江苏、河南、山东职业院校的毕业班学生,覆盖高职主要专业。本次问卷采用线上发放的方式,设置每位用户 IP 仅限填答 1次,完整填答后方可提交。共发放问卷 2300 份,回收 2209 份,有效回收率为 96%。

表5-1　未来产业工人工匠精神养成度问卷题项样例(部分)

工匠精神维度	工匠精神因子	工匠精神指标	工匠精神观测题项
匠心	求知欲	主动学习	1.您能够在学习过程中珍惜提升自身素养与能力的机会
		敢于发问	2.您能够在学习过程中针对疑难困惑提出问题
		勇于思考	3.您能够在学习过程中通过思考发表独特的见解
		善于总结	4.您能够从具体现象与事例中概括规律、提炼原理
匠行	规范做事	动作完整	13.您在做事时能够一步不少地完成所有实施步骤
		操作合规	14.您在做事时能够严格按照操作流程的规则和顺序完成任务
		思考周全	15.您在做事时能够注重思考与计划
		思路明晰	16.您在做事时能够合理选择原理、工具、方法解决问题

3.研究结果与分析

(1)项目分析

探索性因子分析问卷共搜集1100份,首先,采用临界比值法以27%为临界点,对比高分和低分组别的差异情况,发现36个题项皆具有良好的区分性,不需要删除分析项。其次,通过相关分析法排除相关性低于0.4的题项。再次检验题项的平均数和方差,数据显示36个题项均符合上述标准。最后,对问卷进行可靠性分析,结果显示克隆巴赫值为0.989,KMO值为0.987,巴特利特球性检验近似卡方为54542.228,自由度为630,显著性为0.000,说明问卷数据满足探索性因子分析的条件。

(2)探索性因子分析

本书采用主成分分析法,选用固定因子数量的提取标准,以最大方差法进行斡旋提取因子。结果"匠心"(维度1)核心类属旋转载荷解释方差23.479%、"匠行"(维度2)核心类属旋转载荷解释方差为27.231%、"匠品"

（维度 3）核心类属旋转载荷解释方差为 29.000%，最终累计解释方差为 79.709%。此后，笔者进一步对各维度所属因子进行探索性分析，根据分析数据，对相关题项进行了调整。结果表明，"求知欲""专注力""专业情"3 个因子累计解释方差为 85.566%，能够较好地聚焦到"匠心"维度；"规范做事""精雕细琢""开拓进取"3 个因子累计解释方差为 86.823%，能够较好地解释"匠心"维度；"责任""诚信""奉献"3 个因子累计解释方差为 86.093%，能够较好地体现"匠品"维度。

根据探索性因子分析结果，分别对降维后的维度与因子进行克隆巴赫信度检验，"匠心"维度的可靠性系数为 0.970，"求知欲"因子为 0.929、"专注力"因子为 0.938、"专业情"因子为 0.938；"匠行"维度的可靠性系数为 0.980，"规范做事"因子为 0.928、"精雕细琢"因子为 0.942、"开拓进取"因子为 0.969；"匠品"维度的可靠性系数为 0.974，"责任"因子为 0.936、"诚信"因子为 0.947、"奉献"因子为 0.945，均高于 0.7 的衡量标准，说明该问卷的维度与因子的可靠性较高。

（3）验证性因子分析

其一，模型拟合度检验

验证性因子分析问卷共搜集 1109 份，克隆巴赫值为 0.989，KMO 值为 0.986，说明整体问卷具有较高的信效度。其中"匠心"维度的克隆巴赫值为 0.969，KMO 值为 0.962；"匠行"维度的克隆巴赫值为 0.980，KMO 值为 0.971；"匠品"维度的克隆巴赫值为 0.974，KMO 值为 0.964。笔者对问卷整体及各维度的拟合度进行了检验，结果见表 5-2。相关数据均说明模型拟合度效果较好，达到了理想预期。

表 5-2　未来产业二人工匠精神养成度问卷的拟合系数表

项目	χ^2	df	RMSEA	RMR	CFI	NFI	NNFI
	—	—	<0.1	<0.05	>0.9	>0.9	>0.9
"匠心"维度	306.395	41	0.076	0.013	0.981	0.978	0.975

项目	χ^2 —	df —	RMSEA <0.1	RMR <0.05	CFI >0.9	NFI >0.9	NNFI >0.9
"匠行"维度	691.089	62	0.096	0.011	0.968	0.964	0.959
"匠品"维度	424.219	51	0.081	0.010	0.977	0.974	0.970
问卷整体	55289.923	630	0.088	0.022	0.909	0.917	0.903

其二,收敛效度分析

针对未来产业工人工匠精神养成度问卷及维度进行的聚合分析显示,所有相关题项的标准化因子载荷均大于0.7的判断标准,说明设计的题目能有效反映测量的模型变量。从组合信度系数看,潜在变量的CR值均大于0.8,说明测量条目突出了维度构念的特质,具有较高的内部一致性。从平均方差萃取系数看,潜在变量的AVE值均大于0.5的判断标准,说明聚合效度良好,符合预设模型的内在质量要求(见表5-3至表5-6)。

表5-3　未来产业工人工匠精神养成度问卷的载荷系数与聚敛效度

核心类属	测量条目	标准化因子载荷	组合信度	AVE
匠心	Q1	0.735	0.970	0.744
	Q2	0.814		
	Q3	0.850		
	Q4	0.874		
	Q5	0.884		
	Q6	0.896		
	Q7	0.888		
	Q8	0.899		
	Q9	0.877		
	Q10	0.910		
	Q11	0.849		

核心类属	测量条目	标准化因子载荷	组合信度	AVE
匠行	Q12	0.857	0.980	0.791
	Q13	0.880		
	Q14	0.889		
	Q15	0.898		
	Q16	0.916		
	Q17	0.897		
	Q18	0.899		
	Q19	0.882		
	Q20	0.880		
	Q21	0.893		
	Q22	0.886		
	Q23	0.890		
	Q24	0.893		
匠品	Q25	0.877	0.974	0.758
	Q26	0.874		
	Q27	0.894		
	Q28	0.838		
	Q29	0.876		
	Q30	0.891		
	Q31	0.885		
	Q32	0.843		
	Q33	0.875		
	Q34	0.873		
	Q35	0.860		
	Q36	0.856		

表 5-4 未来产业工人工匠精神养成度问卷"匠心"
维度的载荷系数与聚敛效度

核心类属	子维度	测量条目	标准化因子载荷	组合信度	AVE
匠心	求知欲	Q1	0.767	0.916	0.733
		Q2	0.848		
		Q3	0.898		
		Q4	0.905		
	专注力	Q5	0.916	0.944	0.849
		Q6	0.935		
		Q7	0.913		
	专业情	Q8	0.908	0.942	0.802
		Q9	0.890		
		Q10	0.926		
		Q11	0.857		

表 5-5 未来产业工人工匠精神养成度问卷"匠行"
维度的载荷系数与聚敛效度

核心类属	子维度	测量条目	标准化因子载荷	组合信度	AVE
匠行	规范做事	Q12	0.876	0.932	0.820
		Q13	0.920		
		Q14	0.920		
	精雕细琢	Q15	0.917	0.943	0.847
		Q16	0.937		
		Q17	0.908		
	开拓进取	Q18	0.906	0.967	0.805
		Q19	0.884		
		Q20	0.891		
		Q21	0.907		
		Q22	0.892		
		Q23	0.901		
		Q24	0.900		

表5-6 未来产业工人工匠精神养成度问卷"匠品"
维度的载荷系数与聚敛效度

核心类属	子维度	测量条目	标准化因子载荷	组合信度	AVE
匠品	责任	Q25	0.902	0.942	0.803
		Q26	0.909		
		Q27	0.923		
		Q28	0.849		
	诚信	Q29	0.899	0.944	0.809
		Q30	0.929		
		Q31	0.912		
		Q32	0.857		
	奉献	Q33	0.892	0.945	0.811
		Q34	0.911		
		Q35	0.908		
		Q36	0.891		

其三,区分效度分析

有关未来产业工人工匠精神养成度问卷的整体以及各个维度的区分度,结果见表5-7至表5-10。

表5-7 未来产业二人工匠精神养成度问卷的区分度检验

维度	匠心	匠行	匠品
匠心	0.863		
匠行	0.927	0.889	
匠品	0.848	0.903	0.870

由表5-7所见,"匠心"的AVE平方根值为0.863,小于因子间相关系数绝对值的最大值0.927;"匠行"的AVE平方根值分别为0.889,小于因子间绝对值的最大值0.903;"匠品"的AVE平方根值为0.870,小于因子间相关系数

绝对值的最大值 0.903,说明区分效度不太理想。这可能是由于因子分析的提取方式并未将"以特征根大于 1"作为提取标准,而是按照固定 3 个因子数进行提取所致。

表 5-8　未来产业工人工匠精神养成度问卷"匠心"维度的区分度检验

子维度	求知欲	专注力	专业情
求知欲	0.855		
专注力	0.841	0.921	
专业情	0.854	0.883	0.896

表 5-8 表明,"求知欲"维度的 AVE 平方根值为 0.855,大于因子间相关系数绝对值的最大值 0.854;"专注力"维度的 AVE 平方根值为 0.921,大于因子间相关系数绝对值的最大值 0.883;"专业情"维度的 AVE 平方根值为 0.896,大于因子间相关系数绝对值的最大值 0.883,说明其具有良好的区分效度。

表 5-9　未来产业工人工匠精神养成度问卷"匠行"维度的区分度检验

子维度	规范做事	精雕细琢	开拓进取
规范做事	0.905		
精雕细琢	0.891	0.920	
开拓进取	0.885	0.921	0.897

表 5-9 显示,"规范做事"维度的 AVE 平方根值为 0.905,大于因子间相关系数绝对值的最大值 0.891,说明区分度较好;"精雕细琢"维度的 AVE 平方根值为 0.920,小于因子间相关系数绝对值的最大值 0.921,说明区分度不太理想;"开拓进取"维度的 AVE 平方根值为 0.897,小于因子间相关系数绝对值的最大值 0.921,说明区分度不太理想。

表 5-10　未来产业工人工匠精神养成度问卷"匠品"维度的区分度检验

子维度	责任	诚信	奉献
责任	0.895		
诚信	0.866	0.898	
奉献	0.846	0.881	0.901

表 5-10 中"责任"维度的 AVE 平方根值为 0.895,大于因子间相关系数绝对值的最大值 0.866;"诚信"维度的 AVE 平方根值为 0.898,大于因子间相关系数绝对值的最大值 0.881;"奉献"维度的 AVE 平方根值为 0.901,大于因子间相关系数绝对值的最大值 0.881,说明"匠品"核心类属中"责任""诚信""奉献"维度具有良好的区分效度。

综上所述,通过探索性因子分析与验证性因子分析,结果表明,未来产业工人工匠精神养成度问卷具有良好的内容效度、结构效度,其各因素之间拟合度如图 5-1 所示,据此形成的未来产业工人工匠精神养成度评价指标见表 5-11。

表 5-11　未来产业工人工匠精神养成度评价指标

工匠精神维度	工匠精神因子	工匠精神观测指标	工匠精神观测点
匠心	求知欲	主动学习	珍惜提升自身素养与能力机会的表现
		敢于发问	针对疑难困惑提出问题的表现
		勇于思考	通过思考发表独特见解的表现
		善于总结	从具体现象与事例中概括规律的表现
	专注力	持续注意	指向学习任务的注意持续时间的长短
		集中注意	指向学习任务的注意集中性的强弱
		选择注意	排除干扰专一处理目标对象的能力
	专业情	统合注意	主动协同多种感觉器官参与有意义活动的表现
		自我体验	在专业学习中成功与自尊体验情况
		自我监控	自觉调整和控制自我投入专业学习情况
		专业理想	追求在所学专业自我发展的意愿

工匠精神维度	工匠精神因子	工匠精神观测指标	工匠精神观测点
匠行	规范做事	专业荣誉	自觉宣传、推介所学专业表现
		动作完整	做事步骤完整程度
		操作合规	做事流程依规依序表现
	精雕细琢	思考周全	做事讲究思考与计划情况
		思路明晰	合理选择原理、工具、方法和解决问题的能力
		标准从严	为自己设定高于工作合格标准的表现
	开拓进取	过程精细	做事认真、细致水平
		结果精美	所提供作品、产品及服务符合审美标准的状况
		低差错率	学习与工作中出现缺陷与偏差的比例
		直面问题	不畏艰难、直面问题的表现
		开放合作	与他人合作、沟通的效果
		创新创业	产出富有创造性作品、产品与想法的表现
		敢为人先	不断进取、超越自我的行为表现
匠品	责任	学业尽责	按时提交作业或完成任务情况
		生活尽责	个人卫生习惯养成状况
		从业尽责	实习实训过程中工作表现(含出勤率以及节能环保、安全生产行为等)
		远离事故	顶岗实习事故率或次品率、废品率
	诚信	诚信学习	诚信作业与考试表现
		诚信做事	生产与服务过程中讲求信用表现
		诚信做人	言语(如不撒谎,言而有信)与行为诚信表现
		忠诚单位	忠诚学校及实习实训单位表现
	奉献	关爱亲友	关爱家人和同学表现
		援助需要帮助的人	支持需要帮助的人群(如捐款、捐物、献血等)表现
		服务社会	参与志愿服务与社会实践表现
		热爱集体	参加班集体与各种社团活动表现

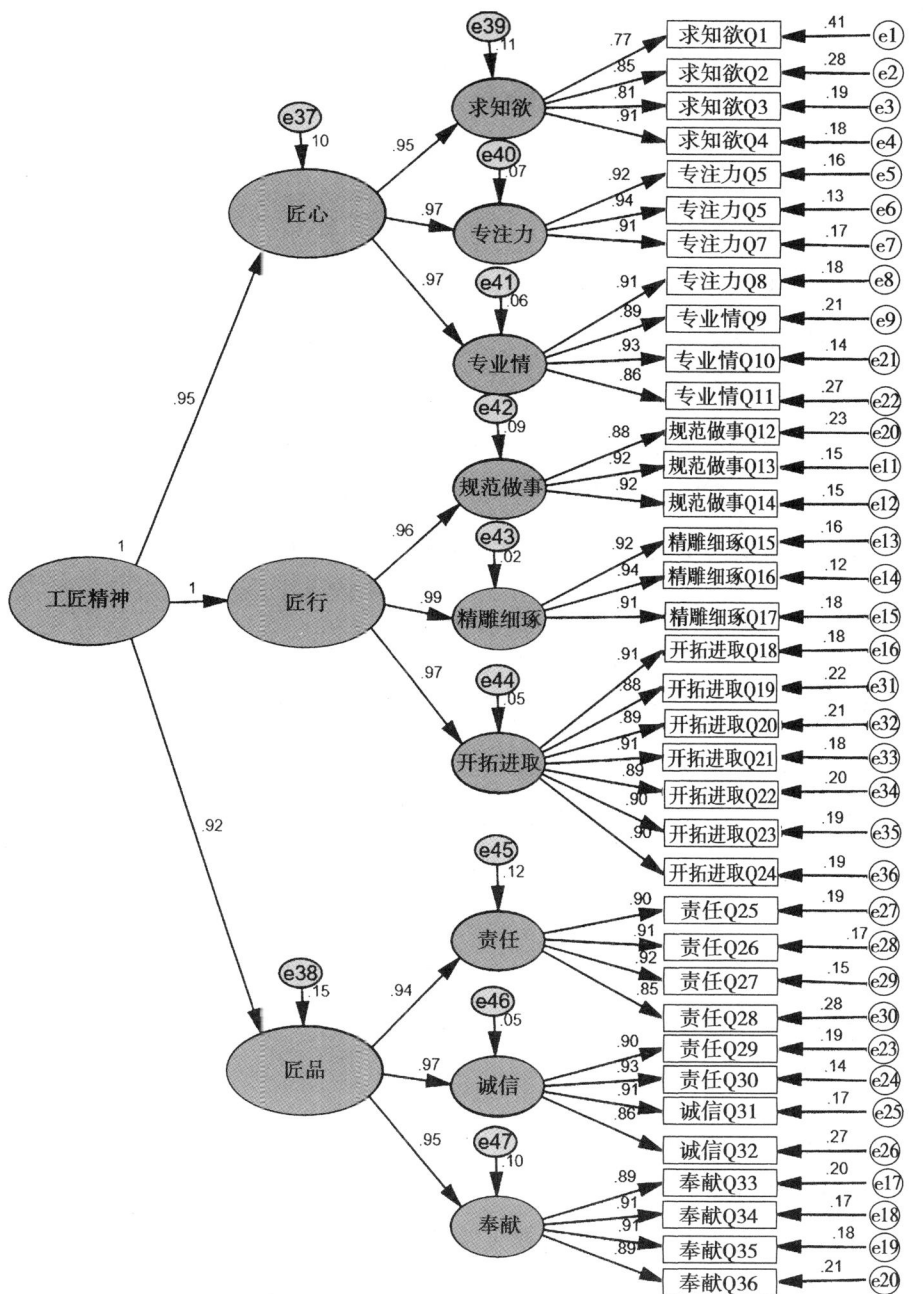

图 5-1　未来产业工人工匠精神养成度问卷各因素拟合度

第四节　测量与评价的方法选择

美国评价专家顾巴(Guba)和林肯(Lincoln)于 20 世纪 80 年代末提出的第四代评价理论,主张利益相关各方多元主体参与评价,以实现评价在各方的往返沟通协商中共同建构、达成共识。[1] 针对未来产业工人工匠精神的评价,我们可借鉴相关思路,突破传统的学生自陈式评价与教师评价的局限,引入多方面主体参与评价,既包括学生自身及其家长,也包括与其朝夕相处的同学,包括对其教育与引导的班主任、任课教师、带教师傅,以及其专业实训过程中的服务对象或产品用户,以从 360°不同侧面、不同角度、不同空间,全方位、立体化地检验学生的工匠精神,确保评价结果的全面、准确,增强评价结果的可接受性。

测量与评价的方法可依评价主体的角色、评价的内容而有所不同。关于工匠精神理解度的评价,可主要由教师采用理论测试、案例分析、情境模拟、价值辨析等方式而展开。关于工匠精神养成度的评价,学生可通过反思,判断其在专业学习中的专业情;任课教师可通过课堂,观察学生持续注意力与集中注意力;班主任可通过同学座谈、查阅专业成长档案,了解学生不断进取、超越自我的行为表现,进而判断其敢为人先的状况;学生干部可通过观察卫生习惯,判断同学的生活责任、通过人际关系测评判断学生的关爱同学情况;带教师傅可通过观察生产过程行为、听取相关服务对象反馈、鉴定制作产品质量等,评判学生的从业责任状态等。

在上述方法的运用过程中,为保证评价结果的可靠性,要做到基于事实、基于证据作出判断,相关主体要善于选择访谈的对象、时机与主题,要有意识地做好特定行为发生次数[2]和情感表现的观察记录,要事先拟订产品质量分

---

① 马国勤:《成果导向的高职教学质量评价改革探索与实践》,《职教论坛》2021 年第 5 期。

② 蔡敏:《论教学过程中的学生情感评价》,《中国教育学刊》2004 年第 3 期。

析的要素,努力排除学生工匠精神评价中的主观干扰。教育行政部门和职业院校要组织开展业务培训,提升评价主体参与学生工匠精神测量与评价的能力,端正其测量与评价的态度,克服可能的心理误差,强化人才培养质量诊断与改进的多方协同。

第五节　测量与评价的结果应用

为认真贯彻落实中共中央、国务院发布的《深化新时代教育评价改革总体方案》精神,完善立德树人的体制机制,避免内尔·诺丁斯(Nell Noddings)所言"学校教育最严重的缺陷可能是对人精神世界的忽视"①现象的出现,当前要以评价赋能,充分发挥评价的激励与引领作用。

成果导向教育属于"标准导向",因此要将对工匠精神培育的上述指标要求,列入职业院校相关专业人才培养方案、课程标准以及教案之中。教育行政部门、相关院校评估机构要着力职业院校学生工匠精神"学习成效"的评估,在年度质量报告、专业认证与评估中要体现工匠精神要求,以评促建,以评促改,推动职业院校工匠精神培育工作的持续。职业院校教学、管理、服务人员要强化立德树人意识,将工匠精神培育贯穿于本职工作全过程、全方位,要以精益求精的工作态度、爱岗敬业的职业情怀、不断进取的人格魅力做好学生践行工匠精神的榜样与楷模。要积极创设让所有学生达成预期工匠精神培育成果的条件和机会,降低失败的风险,使成功学习的机会最大化。② 学生自身亦要充分认识工匠精神对个人职业生涯发展、社会进步、产业振兴的重要意义,坚持德技兼修,对照标准,努力修行。

---

① [美]内尔·诺丁斯:《学会关心——教育的另一种模式》,于天龙译,教育科学出版社2003年版,第106—111页。

② 王晓典、田文君、陈桂香、刘宁:《成果导向教育的理论内涵及对高职教育改革的启示》,《职业技术教育》2018年第8期。

在测量与评价过程中，职业院校要成立工作小组，根据测量与评价指标，针对每一位学生，征求、收集多方信息，形成测量与评价结果。相关结果的呈现，需做到定量与定性表述相结合，对定量的表述可借鉴常模参照或目标参照测验的思路，以学生平均指标值或目标值为参照，确定相应数据，表明学生的水平。对定性的描述，要坚持成果导向教育"失败是成功之母"的原则，以发展性评价为指导，以展现成绩、褒扬优势为主，借助对学生的高度期许，增强学生的自我效能感，激发学生追求卓越的动力。同时，要明确存在的问题，指出改进的方向，为学生今后工匠精神的培育提供指路明灯。

学生体验不同职业的特性,指导学生从报纸杂志找出打破传统男性或女性职业角色的典型人物,辟出教室活动空间开设生涯角,安排晨会、主题班会时间邀请社区人士以及家长代表面向学生作典型职业介绍,设立生涯日,组织学生深入生产或服务现场,通过观察或访谈等多种方式,为学生提供职业认知、职业体验、职业试探的机会,引导学生从对"自我"的关注转化为对"职业"的认识,帮助学生进行"学习生涯设计""职业生涯设计",使他们在充分认识自我、了解社会的基础上"选我所爱、择我所长",做好人生规划,激发进取动力。

中小学校同时要加强对学生学习过程的指导,注重其良好学习习惯的养成,要采用多元评价、增值性评价等方式,丰富学生学习的成功体验,予以其学习信心的支持,激发与保护其学习兴趣,帮助学生形成关于学习与学校的积极态度,变被动学习为主动学习,努力为学生未来精益求精的工作态度、规范有序的工作方法、执着坚守的工作精神的养成奠定基础,确保他们在未来的职业生涯中,能够经历 10 年甚至更长时间的淬炼,不被挫折打倒,真正成为某一领域的行家里手,成为能工巧匠。

第二节　打造工匠之师

香奈儿首席鞋匠曾说"一切手工技艺,皆由口传心授",工匠精神是工匠之师不可或缺的素养。职教师资要能成长为工匠之师,既需要制度的安排、条件的保障,更需要自身的努力,需要工匠精神的自我培育,并将工匠精神化作为助其走向新的辉煌的强大动力。

一、树立正确的认知,激发对教师职业的热情

职业教育师资队伍中不乏因个人兴趣而选择该职业的,也有迫于生计、基于对家庭、社会、国家的责任而加盟的,不管如何,要能对教师职业保持旺盛的热情,皆需要树立正确的观念,所谓,"知之深",方能"爱之切"。

（一）树立正确的职业观

个体为何要从业，不同回答会有不同的从业体验。如果我们仅仅将从业视作养家糊口的手段，在从业中我们绝不会体验到任何的精神愉悦，所能得到的只能是物质回报，如果将从业当作我们施展才华的舞台，我们就会在从业中体验到成就感、尊严感。工匠之师要转变消极的职业观，充分认识到职业不仅是个体为社会服务的唯一途径，而且还是个体与社会、他人相互联系的基本纽带，只要我们赋予工作以意义，就不会被动地在"熬"工作，而会以积极的心态去享受工作，真正做到不仅"有业"，而且能"乐业"。

（二）树立正确的教师观

我们又为何要当教师，或许有人想图清闲，修身养性，有人羡慕教师的荣耀，有人被命运所逼，如果是这样，肯定当不好教师，相反，倘我们将教师岗位看作结交最纯真的朋友、延续自己的生命、追求生命价值的舞台，看作能让我们的生命在一代又一代学生身上延续、让生命价值体现得淋漓尽致的阵地，我们就会以教师为荣，以教育事业为乐。① 尤其是我们一旦能深刻理解"致天下之治者在人才，成天下之才者在教化"的道理，从"教育是国之大计、党之大计，教师是立教之本、兴教之源"的高度，把握教师职业对社会发展与个人成长的重要价值与意义，时刻牢记"传播知识、传播思想、传播真理，塑造灵魂、塑造生命、塑造新人的时代重任"②，则自身作为教师的使命感与责任感、自豪感更会得到强化，自我发展、自我完善的内在动力得以激活，作为教师的职业信仰会更加坚定。

---

① 邓宏宝：《工匠精神：职教名师必备素养与成长动力》，《中国职业技术教育》2019 年第 17 期。

② 张志勇：《改革八个教育评价指挥棒的政策建议》，《人民教育》2019 年第 5 期。

（三）树立正确的职业教育观

职业教育是工匠之师赖以生存与发展的土壤，工匠之师对职业教育价值与地位的认识、对职业教育发展态势的评判直接影响他们的精力投入、感情投入，而其投入的多寡又关系到工匠之师的发展状态、发展进程。张桂春教授曾对中国职教学会以及辽宁省职教学会评选表彰的共355名职业院校"教学名师"进行调查，结果发现他们对职业技术教育及其本质属性特别是对职业技术教育的价值意义的理解和认识，往往与社会常人不同，他们坚信职业技术教育对社会发展和人的发展具有重要的作用和价值。① 因此，工匠之师要借助经典阅读、政策学习、参观考察等方式，明晰职业教育对满足学生多元化发展、促进社会人力资源开发的意义，明确其作为一种教育类型应有的地位与特色，珍惜当前职业教育发展的机遇，积极作为，厚植对职业教育的情怀。②

二、钻研教育教学业务，提升教育效能感

教育效能感指教师对自己是否能够成功地进行教育教学行为的主观判断，教育效能感决定教师对教育教学活动的选择以及进行相关活动的坚持性。影响教师教育效能感的重要因素之一是个体过去的成败经验。工匠之师要能提升教育效能感，就个体而言，就需要不断地钻研业务，提高业务能力，获得更多的成功体验。

（一）潜心知识学习

工匠精神不仅体现在对产品的精心打造、精细制作，更体现在对最前沿技术的不断吸收，对市场、对需求的敏锐反应以及在此基础上作出的技术变革与

---

① 张桂春：《职业学校"教学名师"的特质》，《教育科学》2012年第6期。
② 邓宏宝：《工匠精神：职教名师必备素养与成长动力》，《中国职业技术教育》2019年第17期。

产品、服务创新。随着知识、技术更新速度的加快,产业行业结构的不断调整,职业院校专业设置可能不断调整,人才培养方案、课程标准需要不断修正,为此,工匠之师要做好终身学习的楷模,不断更新自身的知识结构,始终占据最前沿知识,要谨记"牢固树立终身学习理念,加强学习,拓宽视野"的要求,通过脱产进修、系统自学、选修网络课程等途径,加强教育理论知识、本体性知识、教育实践知识学习,确保传给学生的是活水,是长流水。为培养未来工匠,工匠之师还需要走近现实工匠,加强与工匠的沟通联系,此举既能增强工匠之师工匠精神培育的针对性、有效性,也为其了解产业行业需求、潜移默化接受大师感染、促进自我进步提供了契机。

(二) 强化教学反思

教学反思是教师对教育教学实践的再认识、再思考,是教师专业成长的有效途径,关于教学反思的内容,有学者指出可包括对教学实践活动的反思、对个人经验的反思、对教学关系的反思、对教学理论的反思[1],反思的方式可以是撰写反思日记、开展教育叙事、举行集体研讨、探索行动研究等。叶澜教授特别指出,一个教师写一辈子教案不可能成为名师,如果一个教师写三年教学反思就有可能成为名师。[2] 当然,反思之后更重要的是改进,而要明确改进的方向,找到改进的思路,同样需要工匠之师能广泛吸纳不同风格、不同流派的先进思想与理念,接受来自高等院校的理论指导、生产一线的技能培训、职教名家的大师点化,通过"博采众师之长"超越前贤,从而成就自己的独特教学理路和思想。[3]

---

[1] 钟洪亮、张丽丽:《实施反思性教学的策略研究》,《现代教育科学》2008 年第 6 期。

[2] 叶澜、白益民、王枬等:《教师角色与教师发展新探》,教育科学出版社 2001 年版,第 112 页。

[3] 方健华:《名师专业成长的规律、影响因素与机制——基于名师成功人生的解读》,《教育发展研究》2011 年第 Z2 期。

（三）开展教育研究

"科学研究使人睿智、使人充实、使人自信",工匠之师也必须具备较高的研究素养,必须是研究者。苏联教育家苏霍姆林斯基(Sukhomlinsky)强调:如果你想让教师的劳动能够给教师带来一些乐趣,使天天上课不致变成一种单调乏味的业务,那你应当引导每一位教师走上从事一些研究的这条幸福的道路上。① 工匠之师要强化研究意识,以研究的态度、研究的方法对待日常教育、教学实践中的诸多问题。纟合学生工匠精神培养,工匠之师就要率先研究作为处于生涯探索阶段的职业院校学生其工匠精神的核心是什么? 其与处于生涯建立阶段的从业人员的工匠精神在侧重点、表现形式等方面有何联系与区别? 为了实现职业院校在工匠精神培育方面的预期功能,又该选择怎样的活动、内容,选择哪些有效的培育路径与策略? 在研究过程中,工匠之师要把研究过程同时作为自我的心路历程,作为研究结果的教育取向主张首先要经得起自身心灵的比照,实现研究能力与研究精神、人格品质的同步提升。②

三、提高人文素养,强化职业使命担当

（一）培育爱心

真正的"工匠精神"应该是专业精神、职业态度、人文素养三者的统一③。老子说,有道无术,术尚可求也,有术无道,止于术。做人应该道术兼备,作为工匠之师,应是德技兼修,没有人文素养的提升,就不可能有端正职业态度和提升专业精神的基础与动力。哈格里夫斯(Hargreaves)指出,情感是教学的

---

① ［苏］苏霍姆林斯基:《给教师的建议》,杜殿坤译,教育科学出版社 2000 年版,第494 页。

② 邓宏宝:《工匠精神:职教名师必备素养与成长动力》,《中国职业技术教育》2019 年第17 期。

③ 李小鲁:《"工匠精神",职业教育的灵魂》,《中国教育报》2016 年 5 月 13 日(2016 职业教育活动周特刊)。

核心要素,好的教学总是伴随着积极情感的投入。① 裴斯泰洛齐(Pestalozzi)认为,教育者的"爱"是陶冶学生品格的最大推动力。② 工匠之师要本着人本主义教育理念,遵循非指导性教学原则,将微笑、赏识、关怀、爱心当作一种普遍的职业要求,想学生所想,急学生所急,积极为学生提供多样化的舞台,让每一位学生都能找到人生的最佳位置,鼓励他们敢于抬起头来做人。

(二) 做好规划

理想是人生的指路明灯。工匠之师要能克服路径依赖与职业倦怠,就不能仅仅埋头走路,更要抬头看路。要积极研究新时期工匠之师应承担的职责与使命,所经受的挑战与需要扮演的角色,调查了解其他名师的成长轨迹与成才经验,根据事业发展、学校需求及个人优势,合理规划生涯目标,并据此细化实现目标的途径与方略,以自己的进取精神感染、教化学生,引导其学会职业决策、职业经营与职业调适,做好学生的生涯贵人,努力使自己成为最优秀的人,进而培养更优秀的人。

(三) 注重辐射

一枝独秀不是春,百花齐放春满园。工匠之师在提升自我的同时,还需要通过课题研究、学术研讨、理论学习、名师论坛、现场指导等形式发挥传帮带作用,凝聚、引领其他教师成长,唤起优秀教师的集体发展自觉,实现教学、科研、培训一体化成长。③ 此外,工匠之师还要借助现代教育技术手段,积极开发优质课程资源,并在更为宽广的时空内辐射,进一步放大名师资源,实现名师资

---

① 内尔·诺丁斯:《学会关心:教育的另一种模式》,教育科学出版社 2011 年版,第 38 页。
② 高晓文、于伟:《教师情感劳动初探》,《教育研究》2018 年第 3 期。
③ 孙建波、孙健:《职教名师工作室建设及运行改进研究》,《中国职业技术教育》2017 年第 30 期。

源共享,将工匠精神内化于心、外化于行①。

第三节 完善制度体系

工匠精神的实现,如果仅靠道德感化和形象宣传,无异于"在宇宙中心呼唤爱"②,古今中外的实践表明,建立健全一整套产业工人健康成长的制度体系,用制度养成产业工人的工匠习惯,再把工匠习惯升华为工匠精神,是工匠精神培育的宏观逻辑。

一、责任追究制度

据《吕氏春秋·孟冬纪》记载,"物勒工名,以考其诚,工有不当,必行其罪,以穷其情"。《秦律》中也有许多具体的惩罚规定,秦代制器不仅要刻上工匠之名,还要刻上督造者和主造者之名,以便逐级追查产品质量的责任人。借鉴此思路,新时期要继续完善"物勒工名"的相关举措,在原材料选择、制造程序、加工方法、质量检验、检验方法等方面,都要明确统一的标准和规定,明确各道工序、各位从业人员的工作职责,将各环节责任人与产品质量终身相伴,一方面借此培育制造者的"造物情怀",让他们懂得物勒工名可使他们因自身作品而流传千史,另一方面通过责任倒查、终身追责的实施,强化从业人员的责任意识。

二、市场监管制度

推动产品质量标准建设,建立完善的产品质量检测和监管制度,明确对产品性能、安全等方面的硬性指标,健全质量诚信信息收集和发布制度,建立质

① 邓宏宝:《工匠精神:职教名师必备素养与成长动力》,《中国职业技术教育》2019 年第17 期。
② 阚雷:《别因工匠精神的浪漫 掩盖工匠制度的缺失》,《中国工业评论》2016 年第 6 期。

量黑名单制度,严格实施产品"三包"、产品召回等制度。① 聚焦企业质量主体责任,着力培养"质量第一人"队伍,大力推行首席质量官制度。推进监管、监督机构责任法定化,形成一种督促企业生产高质量产品的倒逼机制。②

三、知识产权保护制度

针对传统工匠技艺传习存在"传内不传外""传儿不传女""传大不传小"等排他性和单一性现象③,亟须保护、传承大师的传统技艺,做好与工匠相关的知识产权、技术专利的抢救与维护工作。降低企业创新创业的门槛,降低中小微企业知识产权申请和维护费用,提高知识产权审查质量和效率④,鼓励企业与个人开展技术研发。树立保护知识产权就是保护创新、保护人才的理念,完善市场监管体制,严厉打击以次充好、以假乱真、虚假宣传、偷工减料等扰乱市场秩序的行为,打击各种形式的盗版、侵权行为,提高知识产权侵权成本,为市场主体营造公平公正的竞争环境,用制度为精益制造者保驾护航。⑤

四、工匠培养制度

与时俱进地对工匠精神的时代内涵进行深度挖掘,明晰当代工匠评选、选拔的时代标准。对当选工匠进行动态管理,通过交任务、压担子、给平台,鼓励其建功立业。加强对当选工匠的周期性业绩考核,对业绩突出、贡献卓越的工匠实行表彰奖励制度,有条件的地方还可以尝试建立优秀技能型人才重奖制度,对业绩不突出、示范带动和传承技能作用发挥不明显的工匠,取消荣誉及

---

① 栾群、郭灵康:《弘扬"工匠精神"呼唤有效制度供给》,《前线》2016 年第 7 期。
② 赵宇飞:《工匠精神的内涵、价值与培育探析》,《中共杭州市委党校学报》2020 年第 3 期。
③ 李宏伟、别应龙:《工匠精神的历史传承与当代培育》,《自然辩证法研究》2015 年第 8 期。
④ 任宇:《培育"工匠精神"加快质量强国建设》,《中国党政干部论坛》2016 年第 5 期。
⑤ 雷杰:《为工匠精神培育提供有力文化支撑》,《人民论坛》2020 年第 2 期。

所享受待遇,以督促其砥砺前行,始终做好产业工人的楷模。

第四节　构建激励机制

依据赫茨伯格(Herzberg)双因素激励理论(dual-factor theory),要调动产业工人的积极性,需从保健与激励两方面入手,构建产业工人体面劳动的激励机制,其中保健因素包括公司政策和管理、技术监督、薪水、工作条件以及人际关系等,激励因素包括工作本身、认可、成就和责任,这些因素涉及对工作的积极感情,又和工作本身的内容有关。具体在管理工作中我们要做到:

一、解除后顾之忧

用人单位要贯彻落实"生命重于泰山"的指示精神,高度重视产业工人的身心健康,不断改善劳动条件,加大职业危害防治力度,确保产业工人的安全生产和职业健康。依据《工会法》《劳动法》的相关要求,用人单位要切实保障产业工人的落户、住房、医疗等合法权益。此外,相关用人单位还要建立"心理驿站",配置法律顾问,及时解除员工在心理困惑、法律纠纷等方面的烦恼。有条件的用人单位可推进员工援助计划(Employee Assistance Program EAP),关心青年产业工人婚恋、子女教育、职业发展等问题,尝试实施弹性工作制度,化解员工种种后顾之忧,以"心的力量"激发其"新的成长"。

二、提高工作待遇

进一步落实《关于提高技术工人待遇的意见》《技能人才薪酬分配指引》等文件精神,着力增加劳动者特别是一线劳动者的劳动报酬,使劳动要素、技能要素更多地在收入分配中得到体现,合理提高劳动报酬在初次分配中的比重[1],增

---

[1]　推进产业工人队伍建设改革协调小组办公室:《产业工人队伍建设改革职工知识50问》,中国工人出版社2022年版,第21—22页。

强产业工人的获得感、幸福感、安全感。在提高经济待遇的同时,还需关注其政治待遇的充分体现。要建立和完善产业工人在群团组织挂职、兼职制度,搭建产业工人广泛参与管理国家和社会事务、管理经济和文化事业的平台。① 构建现代企业制度,创造产业工人积极参与企业民主管理的机会,提高其参与企业治理的意识与能力。推进厂(企)务公开,涉及产业工人切身利益的重大问题应经过职代会审议通过,保障产业工人的知情权、参与权、表达权、监督权。② 增加产业工人在各级各类劳动模范和先进代表评选中的比例,增强其职业荣誉感。实施产业工人"职业化晋级"制度,形成"有为者有位"的良好用人机制和正向激励机制。③

三、提供施展舞台

在异化劳动中,劳动者不能控制自己的劳动过程,而必须符合外在的强制性的规范,导致劳动者无法感受到劳动的意义与乐趣,劳动对他们而言,成为一种苦不堪言的差事。要使劳动成为愉悦的过程,相关部门和用人单位就必须坚持"以人民为中心"的发展导向,在业绩考评、评先评优中尊重产业工人在创造性劳动中的自由精神,使其在创造性劳动中感受到自我,满足其对丰富精神世界的追求,更好地释放其蕴藏的创造潜能。

针对产业工人发展中存在的"天花板"和"旋转门"现象,社会各界要依据《关于进一步加强高技能人才与专业技术人才专业发展贯通的实施意见》《关于健全完善新时代技能人才职业技能等级制度的意见(试行)》等文件精神,

---

① 省委办公厅 省政府办公厅印发《关于加强和改进新时代江苏产业工人队伍思想政治工作的实施意见》的通知。2020 年 8 月 11 日,见 http://www.jsghfw.com/art/2020/8/11/art_145_1643.html。

② 推进产业工人队伍建设改革协调小组办公室:《产业工人队伍建设改革职工知识 50 问》,中国工人出版社 2022 年版,第 30—31 页。

③ 南旭光、张培:《现代工匠何以养成:成长机制及培育路径》,《职业技术教育》2021 年第 22 期。

不断打破产业工人成长成才的身份壁垒、价值体现壁垒、学习教育壁垒,拓宽产业工人成长成才通道。① 相关用人单位要利用原有的"五级"职业技能等级延伸和发展为"新八级工"职业技能等级序列的契机,积极创造条件,争取设置相应的岗位与职位,引导员工自觉规划职业生涯,自觉追求高一级目标。

政府部门要依托政府购买、政策引导,拉动传统工艺市场,并对传统技艺尤其是濒临失传的绝学独技进行保护和传承,以厚植工匠精神培育土壤,让工匠精神薪火相传、发扬光大。工会、行业协会、用人单位等要贯彻《中华全国总工会关于进一步深化劳模和工匠人才创新工作室创建工作的意见》,扎实推进劳模和工匠人才创新工作室创建工作,充分发挥工匠人才在传承工匠精神、解决生产技术难题、推动企业技术创新、培养高技能人才方面的作用。要组织产业工人岗位练兵和技能竞赛活动,组织开展"工匠学堂""工匠沙龙"等活动,加强产业工人之间的交流、观摩,形成"师带徒""技术交流""比学赶超"等有利于技术人才技能水平提升的良性成长空间。② 加快青年产业工人成长的步伐,鼓励更多的年轻人甘当工匠、乐当工匠。

第五节　营造舆论环境

工匠精神是一种劳动精神,也是一种文化态度和价值信仰。③ 社会"工匠精神"淡化的根本原因之一,是其赖以生存的文化缺失。④ 只有全社会高擎"劳动光荣、技能宝贵、创造伟大"旗帜,倡导以质量求生存、以质量论"英雄"的社会风尚,营造弘扬工匠精神的舆论氛围,才能将工匠精神内化为大众的思

---

① 推进产业工人队伍建设改革调小组办公室:《产业工人队伍建设改革职工知识 50 问》,中国工人出版社 2022 年版,第 37—38 页。

② 赵晨寅、洪涛:《培育当代中国工匠精神的困境与思考》,《山东工会论坛》2020 年第 1 期。

③ 李孝彦:《快餐文化时代工匠精神培育策略的思考》,《青年时代》2020 年第 6 期。

④ 丁钢:《现代工匠精神的人文铸造》,《中国职业技术教育》2019 年第 28 期。

想观念和价值信仰。

一、深化舆论宣传内容

"爱国、敬业、诚信、友善"既是从公民个人行为层面对社会主义核心价值观基本理念的凝练,也是工匠精神的题中应有之义。要在全社会进一步通过弘扬和践行社会主义核心价值观,以涵养工匠文化,培育工匠精神。将培育工匠文化纳入国家文化体系建设之列,成为国家文化的有机组成部分,改善文化生态,促使工匠精神成为全社会的思想认同和价值共识。

要创造条件,建立匠学学科,成立相关研究组织,开展专题研究,系统梳理我国优秀工匠人物、作品及思想,邀请"大师""名匠"著书立说。通过影音宣传、出版人物志和传记、发行儿童绘本等方式,广泛传播我国历史上的优秀工匠、工匠作品,增进国人对我国工匠文化的自信。

此外,工匠精神作为所有从业者都必须具备的职业素养,是一种去精英化的职业道德,为此,舆论宣传中不仅要宣传那些在高尖端岗位、在传统技艺上出类拔萃的国家级、省市级工匠,也要关注那些来自基层岗位、从事平凡工作、长期表现突出的劳动者,让社会各界感受到、摸得着这些来自基层群众、群众熟知的榜样形象,更容易让群众产生共鸣和认同感。①

二、探索舆论宣传方式

不同的舆论宣传方式,可以面向不同宣传对象,展现其不同的宣传魅力。

可继续沿用诸多传统手段弘扬工匠精神,如在社区或单位举办工匠精神书画展,寓工匠精神于书画之中;以板报、工匠文化宣传栏、简报为平台,建立工匠文化园地,广泛宣传工匠的工作成果;在公共场所,悬挂工匠精神横幅,竖立工匠的格言警句牌、宣传工匠文化。②

---

① 王金兰:《新时代工匠精神培育研究》,山西师范大学 2018 年硕士学位论文。
② 王万方、陈步峰:《塑造工匠精神》,石油工业出版社 2018 年版,第 167 页。

也可尝试在某些传统产品产地、传统技艺发源地,结合地方旅游,宣传当地特有的物产文化,弘扬地域传统文化和物产生态文化。①

还要着力借助新媒体,拓展工匠精神宣传的时空,如打造培育工匠精神的专业微博,或者在微信上建立弘扬工匠精神的公众号,持续推送关于工匠精神的文章和相关视频,或在微博上创建工匠精神超级话题,以此为工匠精神的培育营造网络舆论环境。② 甚至可以充分利用新媒体平台的"互动"特性,鼓励网友自发讲述身边的匠人匠心故事③,吸收网友成为工匠精神宣传的重要力量,提升他们在工匠精神培育中的参与感,增强工匠精神宣传的说服力。

三、发挥舆论监督作用

鉴于长期以来我国消费市场领域追求"物美价廉",导致部分产品和服务质量得不到充分保障,造成山寨商品、假冒伪劣商品不绝于市,鲜有人为融于优质产品、高端产品中的工匠精神买单的局面,要通过鼓励消费者的"挑剔"与维权行为、转变消费者的消费理念等方式,动员全社会参与产品与服务质量的监督。注重对相关产品及服务进行质量抽检,面向社会发布抽检结果,对伪劣产品加大舆论曝光力度,持续强化产业工人的质量生命线意识,通过外在压力推动产品与服务质量的不断改进。

---

① 李宏伟、别应龙:《工匠精神的历史传承与当代培育》,《自然辩证法研究》2015 年第 8 期。
② 陈梦云:《工匠精神的时代价值及培育路径研究》,武汉理工大学 2020 年硕士学位论文。
③ 常文文:《工匠精神培育研究》,中国石油大学 2019 年硕士学位论文。

第七章　未来产业工人工匠精神
培育的试点性研究

理论研究成果终需指导实践,为切实检验相关理论主张的可行性,增强成果的可推广性,课题组选取了两所学校开展了试点性研究,并在此基础上,就未来产业工人工匠精神培育工作推进的策略提出了相关建议。

第一节　未来产业工人工匠精神
培育的校本行动研究

鉴于职业学校教育主要包括由教育行政部门举办的职业院校以及由人社部门所举办的技工院校,项目组选取了一所专科职业院校以及一所中等技工学校开展了试点工作。

一、专科职业院校试点

(一)　试点前基本状况

××职业学院创建于 20 世纪 40 年代,是一所公办全日制普通高校。学校是教育部高职高专人才培养水平评估优秀学校、江苏省示范性职业院校。学校以立德树人为根本,以服务社会为宗旨,砥砺奋进,锐意创新,70多年来取得了卓越的办学成就,先后培养了各类人才6万余名。

为了解学生对工匠精神的理解度与养成度,课题组基于年级及专业抽样,选取该学校三个二级学院学生开展了问卷调查,共发放问卷1065份,回收1065份,有效问卷1035份,有效率为97%。同时,深入校园通过现场观察、访谈师生、查阅相关报道方式,对该校在工匠精神培育方面的理念与举措进行了深入了解。相关调查结果如下:

1.学生工匠精神的基本状况

(1)学生对工匠精神的了解程度

综合分析调研结果,可以看出学生在整体上对"工匠精神"了解不够。具体表现为"工匠精神"在学生中的普及度还较低,调查结果显示(见图7-1),了解一些工匠精神的人数占比为37.77%;听说过工匠精神的人数占比为34.21%;不太了解的人数占比为20.86%;仅有1.41%的人非常了解工匠精神。学生对"工匠精神"认知大多是经验式的,且较为零散,欠缺系统地学习和认识。

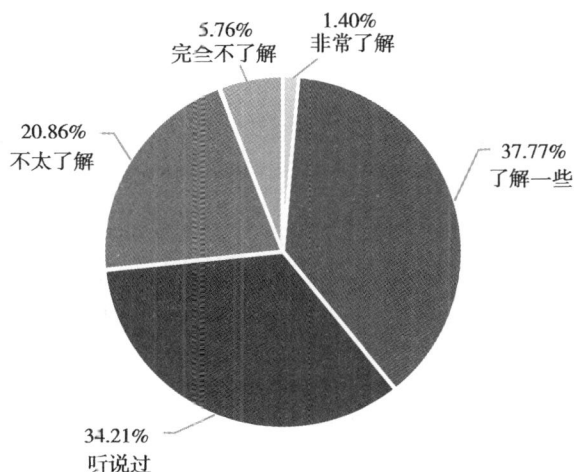

图7-1　学生对于工匠精神的了解程度

（2）学生对工匠精神内涵的把握

图7-2的数据表明,学生对于工匠精神内涵的把握,最重视的品质是敬业爱岗和严谨负责,而相对忽视的是乐于奉献和团结合作的品质,除此之外,还有学生认为工匠精神就是要脚踏实地、知行合一,也有学生认为一个好的工匠、一位具备工匠精神的人也应做到品德高尚、道德水准高等。

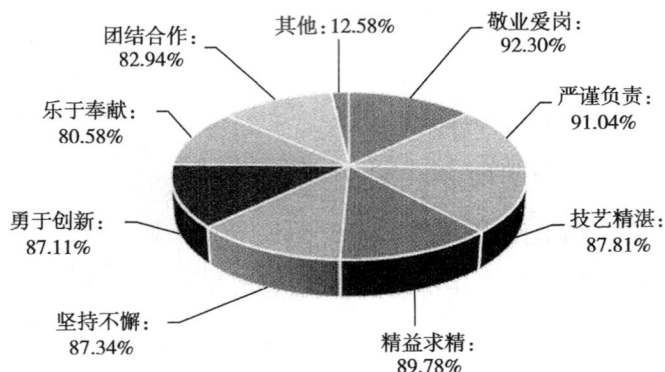

图7-2　学生对工匠精神内涵的把握

（3）学生对自身工匠精神品质的认知

图7-3表明,大部分学生认为自己在敬业爱岗、严谨负责、坚持不懈、乐于奉献方面的品质初步养成,而技艺精湛、精益求精、勇于创新等品质是自身相对欠缺的。访谈中学生反映,部分实训教师注重培育学生专注、严谨等工作品质,经常提醒学生其工作态度、工作作风直接事关人民群众的财产与生命安全,还有实训教师要求学生在一周内将一个直径48毫米的铁棍磨成一个23毫米的铁锤,每名学生的作品都会被教师用仪器测量,相差一毫米都会被要求重做,因此学生在完成作品的过程中,其严谨负责、坚持不懈的品质也得到了锤炼。

2.学校工匠精神培育的主要举措

学生问卷反馈（见图7-4）,学校主要通过营造文化氛围、开展专题讲座、开展技能培训等方式培育工匠精神,也有部分学生表示学校从没开展培育工

（单位：%）

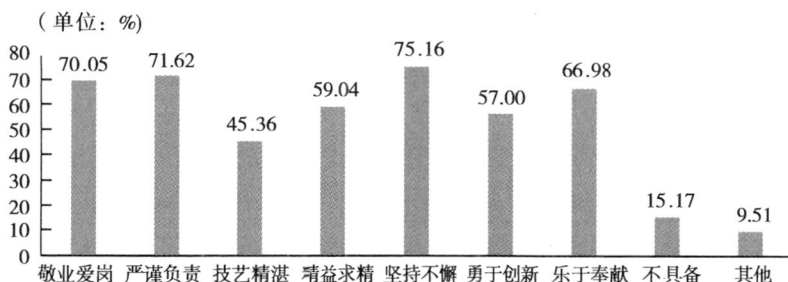

图 7-3   学生所具备的工匠精神品质

（单位：%）

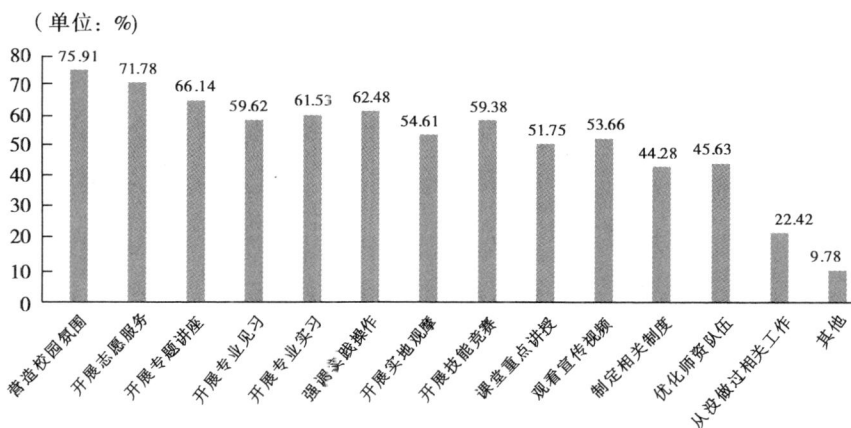

图 7-4   学校工匠精神培育主要举措

匠精神的相关工作,说明学校的培育工作覆盖面不够广泛。

（1）营造文化氛围

学校提出了与工匠相关的校训,相关楼群的命名也注意到倡导工匠应具备的美德,主楼、实训中心等场所都张贴了校训并配以解读。对于学生榜样,学校不仅举办颁奖典礼进行表彰,还在宣传栏中对其优秀事迹进行宣传,起到了潜移默化的教育渗透作用。但除校训外,其他关于工匠精神的宣传稍有欠缺,校园中未见大国工匠或者江苏工匠相关人物事迹的宣传报道。

（2）开展志愿服务

在调查中了解到，××职业学院各类志愿服务丰富，有敬老志愿服务、社区志愿服务、马拉松志愿服务、环境卫生志愿服务、图书馆志愿服务、关爱儿童志愿服务等各种活动，种类齐全，涉及范围广，影响力度大。但是经过对学生的访问了解中得知，在实际志愿活动中并未有涉及工匠精神的相关内容，虽意在培育学生的奉献精神、坚守精神等品质，但是未与工匠精神相联系，学生志愿者对工匠精神的认识还需进一步强化。

（3）开展专题讲座

经调查，自2016年工匠精神提出以来，××职业学院共进行了五次由党委宣传部牵头、二级学院响应的工匠精神系列大讨论。除学校大讨论外，各二级学院还利用主题班会、主题团课等形式，集体学习、讨论"工匠精神"和校训精神。

（4）专业见习、实习

专业见习、实习是学生学习专业技能、体验专业情感、培育工匠精神的重要环节。学校在此方面进行了专门安排，部分教师也能认真负责，切实完成相关工作要求，对学生工匠精神培育起到了一定的推动作用。

（5）开展技能竞赛

职业技能大赛是专门为支持职业院校学生发展而设置的大赛，大赛分为省赛、国赛以及世界性比赛，是各地各国学生职业技能的切磋和较量。××职业学院所有专业都会参加技能大赛，且选拔出参加技能大赛的学生会在赛前进行一个多月的封闭性训练，无论是对选手的技艺还是心态都是巨大的考验，一次有意义的比赛可以让学生受益终身。针对参赛学生，问及参加技能大赛的最大收获，大部分学生回答是技能的提高、自信心和成就感的增强，即使是没有获得成绩的同学，也并没有气馁，而是在学习中更加努力、刻苦，为下一次的比赛做准备。① 在调研中,笔者也发现,参加过技能大赛的学生在技能、素养等各方面都比较优秀,访谈中学生也较多地认为参加过技能大赛的同学是具备一定程度工匠精神的。

3.学校在工匠精神培育方面存在的不足

(1)对见习、实习的监管不力影响了工匠精神的培育

调查发现,学生的专业见习和专业实习体系还不够完善,存在部分不足。考虑到学生的人身安全和教育成本问题,少数专业极少安排专业见习甚至取消专业见习。在实习安排中,少数专业缺少对实习内容、实习要求的明确规定,对实习过程管理也相对简单,放羊式的实习安排导致部分学生选择与本专业相关性小甚至不相关的内容,甚至有些学生为了逃避实习,联系熟悉单位,开出虚假实习证明,如此的实习安排对学生专业成长毫无裨益,不但无益于学生工匠精神的培育,相反却助长了其"投机倒把"、弄虚作假之风,影响其在未来岗位诚信、负责、认真等工作态度的形成。

(2)评价标准的缺失制约了工匠精神的培育

通过查阅相关文件,听取学生反映,目前在学生综合测评、组织发展以及评先评优等文件中,对工匠精神还缺乏明确的考核要求,更没有考核工匠精神的相关指标体系及考核办法。导向的缺失、举措的模糊,皆使工匠精神培育在师生中未能达成共识,未能成为全体师生共同追求与趋向的目标。

(二) 试点中的主要做法

1.明确培育目标

调研中发现,学校少数部门、人员未能充分认识到工匠精神培育对技术技能人才成长的基础性和引领性地位,缺乏对工匠精神培育进一步的目标细化、凝练,无视学生与从业人员在职业生涯发展阶段上的差异,以社会对从业人员

---

① 闫立文:《职业技术院校学生工匠精神培育研究》,东北师范大学 2018 年硕士学位论文。

的工匠精神要求作为学校工匠精神的培育目标,忽视了两者之间的有效转换,导致工匠精神培育目标笼统、虚化,定位不准,针对此问题。课题组成员以课题研究中所提出的工匠精神时代内涵为逻辑起点,结合世界技能组织主席西蒙·巴特利所倡导的工匠精神系手心脑并用精神的主张以及职业院校的人才培养目标,明确了学生工匠精神培育应致力于"立德、立心、立行"三方面目标,其中"立德"需聚焦责任、诚信、奉献等品德教育,"立心"着重培育求知欲、专注力、专业情等心理品质,"立行"旨在培养规范处事、精雕细琢、开拓进取的行为态度。

2. 制定培育方案

由于目标的移位、研究的薄弱,××职业学院在工匠精神培育内容组织、措施选择、路径安排等方面未能全面精准施策,导致部分内容理论化、路径单一化,培育的针对性、系统性不强。针对于此,课题组成员多次研讨,反复推敲,结合理论构想与学校实际,研制出以下"四平台""五路径"实施方案,以切实推动工匠精神培育落地(见图7-5)。

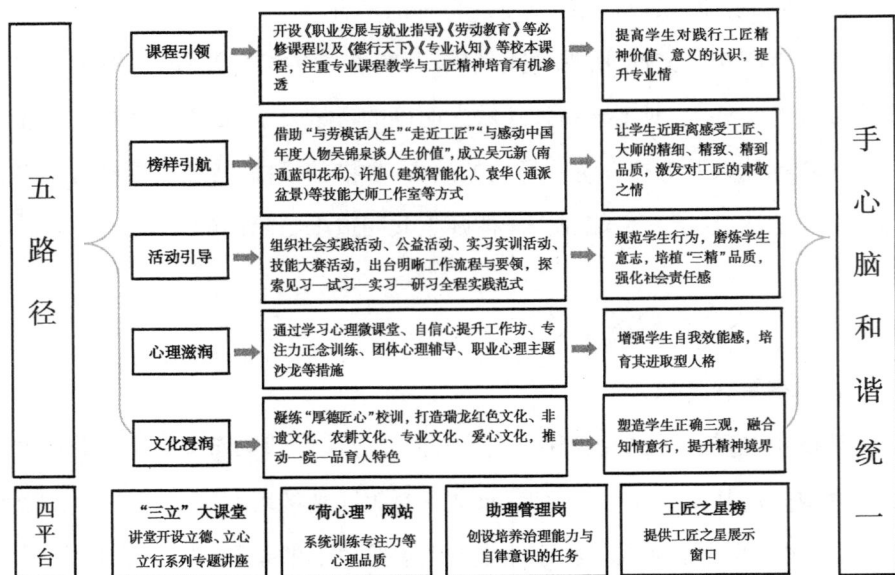

图7-5　工匠精神实施方案

同时,结合前文相关内容,根据校情,提出了学生工匠精神养成度的测量与评价指标及方法(见表 7-1)。

表 7-1 工匠精神养成度评价指标及方法

工匠精神维度	工匠精神要素	工匠精神行为表现	工匠精神评价指标	评价主体	评价方法
匠心	求知欲	主动学习	珍惜学习机会的表现	学生干部	听取同学反馈
		质疑可难	发表独特见解的表现	任课教师	课堂观察
	专注力	持续注意	指向学习任务的注意持续时间的长短	任课教师	课堂观察
			指向学习任务的注意集中性的强弱	任课教师	课堂观察
		选择注意	排除干扰、专一处理目标对象的能力	任课教师	课堂观察
	专业情	专业荣誉（感）	自觉宣传、推介所学专业的表现	班主任	日常观察
匠行	规范做事	动作（技能）合规	做事步骤、完整程度	带教师傅	技能测试
			做事流程、依规依序的表现	带教师傅	技能测试
		智慧（技能）合规	智力活动、操作程序明晰的程度	任课教师	听取口语报告
			智力活动、操作程序规范的表现	任课教师	听取口语报告
	精雕细琢	过程精细	做事认真、细致水平	任课教师带教师傅	日常观察技能测试
			学习与工作中出现缺陷与偏差的比例	任课教师带教师傅	日常观察技能测试
		结果精美	合理改进技艺、流程等的表现	任课教师带教师傅	日常观察技能测试
			为自己设定高于组织工作标准的表现	任课教师带教师傅	日常观察
	开拓进取	创新创业	不畏艰难、直面问题的表现	任课教师带教师傅	日常观察作品分析
			制成富有创造性作品或产品的结果	任课教师带教师傅	日常观察作品分析
		敢为人先	对自身努力与追赶目标的明确程度	班主任	日常观察职业生涯规划书考察
			不断进取、超越自我的行为表现	班主任	日常观察

工匠精神维度	工匠精神要素	工匠精神行为表现	工匠精神评价指标	评价主体	评价方法
匠品	责任	学业责任	学分积点	班主任	查阅教学档案
		生活责任	卫生习惯养成度	学生干部	日常观察
		从业责任	实习实训过程中工作表现（含出勤率以及节能环保、安全生产行为等）	带教师傅	行为观察
			顶岗实习事故率或次品率、废品率	带教师傅	行为观察、质量检验记录
	诚信	诚信学习	诚信作业的表现	任课教师	检查作业
			诚信考试的表现	班主任	查阅作弊记录
		诚信做事	生产与服务过程中讲求信用的表现	带教师傅	查阅产品用户或服务对象投诉记录
			忠诚实习、实训单位的表现	带教师傅	听取各方反馈
		诚信做人	言语诚信（如不撒谎、言而有信）的表现	学生干部	听取同学反馈
			行为诚信的表现	班主任	查阅个人征信报告
	奉献	奉献亲友	关爱家人的表现	家长	日常观察
			关爱同学的表现	学生干部	人际关系测评
		奉献陌生人	参加志愿服务的表现	学生干部	查阅证明
			支持需要帮助的人群（如捐款、捐物、献血等）的表现	学生干部	查阅证书
		奉献集体和国家	参与社会实践的表现	学生干部	查阅证明
			从事公益性服务的表现	学生干部	查阅证明

3.实施培育方案

（1）主要工作过程

2019年9月开始,学校以环境工程技术、园艺技术和电子商务技术三个专业为试点,开展工匠精神培育实施方案的实施,检验学生工匠精神培育体系可行性,取得了喜人的成绩,涌现出了一批师生典型。

2020年开始,学校在全校实施学生工匠精神培育工作,依托"'三立'大讲堂、'荷心理'网站、助理管理岗、工匠之星榜"四大特色培育平台和"课程引领、活动引导、榜样引航、心理滋涵、文化浸润"五条培育路径加强对学生工匠精神的培育,并借助360°评价方案对学生工匠精神的养成度进行了相应评估。

2019年开始,利月国内外高校来校考察、团队核心成员受境内外高校邀请以及各种学术会议契机,推广介绍工匠精神培育的校本经验和特色做法,就学生心理培育、技能培养、创新创业教育等方面展开交流;围绕"匠心"品质的培养,作有关"教学改革""心理健康教育"等方面专题讲座;同时在全国、省级专业性的研讨会上进行推广、宣介,专家学者对学校工匠精神的培育给予了高度评价。

(2)主要工作举措

其一,课程引领筑匠品

课堂是落实立德树人根本任务的主阵地。针对既往职业院校德育内容过于宽泛,与中小学有所交叉重叠,对学生职业生涯发展特点、职业院校培养目标关照不够的问题,××职业学院基于工匠精神之匠品内涵的分析,聚焦责任、诚信、奉献等品质,系统设计了德育内容,在人才培养方案和课程体系中明确德育的主要内容。同时,通过"三立"大讲堂、思政社等载体,对学生进行义利观、职业观教育与引领,进一步培养学生责任、诚信、奉献的工匠品质。例如:学校开设"'90后'的青春责任与担当""与国同行——以青春梦想托起中国梦"等主题信仰公开课;设立"诚信资助,你我共成长"主题道德讲堂;开发"德行天下"专题教育校本课程;邀请感动中国年度人物"磨刀老人"吴锦泉与师生分享慈善经历,成立区域高校首支"吴锦泉服务小分队";开展扶贫、支教等活动,从明大德、守公德、严私德的三个维度培养学生的责任担当、诚信观念、奉献精神,让学生在学习理解社会公德、职业道德、家庭美德、个人品德中去感悟责任、诚信、奉献的价值真谛,为其内化于心、外化于行奠定坚实的理论基础。

其二,心理援助锻匠心

求知欲望不旺、学习专注力不够、专业情感不浓是部分职业院校学生存在的共性问题,这些问题既可能影响学生在校期间的学业,更可能导致学生在未来岗位上难以执着坚守,难以成为真正的工匠,这显然会影响职业院校立德树人根本任务的实现。××职业学院通过心理援助、课堂革命、专业展示等方式,鼓励学生开发心理潜能,培育学生专业情感,锻造学生的匠心。一是提供心理援助,实施"新生助跑六个一工程"(使新生享受六项心理服务,即收到一张心理健康教育卡、听一场职业生涯规划专题讲座、参加一次团体辅导活动、开展一次心理健康普测、建立一份心理档案、观看一部心理健康教育影片);开发系列心理读本《适应与发展——高职生入学教育》《悦纳与超越——职业院校学生人格陶养》《求职与面试——高职生生涯规划教育》《大学生就业与创业指导》;开设线上课程《心理辅导与教育》;开展成就动机训练、专注力训练等心理素质拓展活动,引导学生掌握专注力自我心理训练方法,学会心理体验,激发学习动力。二是深化课堂革命,鼓励教师在教学中设置问题情境、注重学习结果反馈、正确指导结果归因,并通过深化教学内容改革、引导合理目标定位、提供展示舞台等方式丰富学生成功体验,避免其习得性无助,维护其求知欲与学习的专注力。三是开展专业风采展示,面向新生开设专业认知课,系统阐述专业的价值与地位;举办专业教学成果汇报展演、职业形象礼仪大赛、专业授服仪式、专业讲坛、职业宣誓等活动;成立计算机协会、礼仪协会等专业社团,开展专业特色活动;在迎新晚会、毕业晚会、年度颁奖典礼等大型校园文化活动中,编排了专业展示节目,依托多种方式充分展示专业独特风采,增强学生的职业认同感和自豪感,努力培养"一懂两爱三有"(懂农业;爱农村、爱农民;有理想、有本领、有担当)人才。

其三,产教融合强匠行

针对新时期工匠所需具备的规范处事习惯、精湛技能以及传承引领、创新创业能力,××职业学院与行业企业深入合作,强化产教融合,结合专业实习实训项目出台了明晰的工作流程、技术标准,引导学生从小事做起,从正确使用、回收、保管工具做起,从遵守上课规则、按时按质完成作业、认真履行学生干部职责做起,养成良好的处事习惯;全面推进现代学徒制人才培养模式改革,成立江苏××产业职教联盟、××市跨境电商职业教育联盟等,搭建政校行企共育平台,探索见习—试习—实习—研习全程实践范式;成立多个技能大师工作室,让学生与学徒全程跟着师傅感受工匠、大师风采;通过开设口语表达选修课、举办演讲大赛等,强化学生总结、概括、传播经验所需表达能力的培养;将创新创业教育融入人才培养全过程,初步形成了"136"宝塔式双创教育体系("塔基"面向100%的学生,实施基本的创新创业通识教育和创新创业精神培养;"塔中"面向30%左右具备较高创新潜质和较强创业意愿的学生,实施系统的创新创业能力提升、素质养成教育①;"塔顶"面向6%左右创新能力突出、创业诉求强烈的学生,实施个性化、定制式的创新创业成果培育)。依托上述举措,通过深入地产教融合,突破了知行脱节困境,全方位提升了学生专业实践素养,强化了学生的技能,解决了学生匠术不精的问题。

(三) 试点后三要成效

1.学生工匠精神养成度明显提升

与试点前相比,学生的"匠品、匠心、匠行"素养得到了明显提升,对全校7699名学生进行问卷调查得出的结果见表7-2。

表7-2　学生工匠精神的整体性描述分析

维度	最小值	最大值	平均值	标准差	中位数
匠心	1.000	5.000	4.143	0.791	4.000

① 金卫东、徐亚云:《新时代高职"双创"教育:新任务、新使命与新实践》,《创新与创业教育》2020年第3期。

维度	最小值	最大值	平均值	标准差	中位数
匠行	1.000	5.000	4.106	0.771	4.000
匠品	1.000	5.000	4.243	0.738	4.000
工匠精神	1.000	5.000	4.138	0.741	4.000

　　表 7-2 可见,"匠心""匠行""匠品"三个维度的平均值处于 4.11—4.24 范围,说明学生工匠精神的养成情况较好,基本能够达到"内化于心、外化于行",与试点前学生的自我评估数据相比有显著提升。其次,"匠心""匠行""匠品"三个维度间差异较小,说明学生在工匠精神养成中隐性品质与显性行为均衡发展。再次,"匠品"维度相较于"匠心""匠行"平均值高,且高于工匠精神的平均值,说明学生工匠精神的养成在塑造品德与心性上成效更为显著。各项指标分布见图 7-6。

平均值对比图

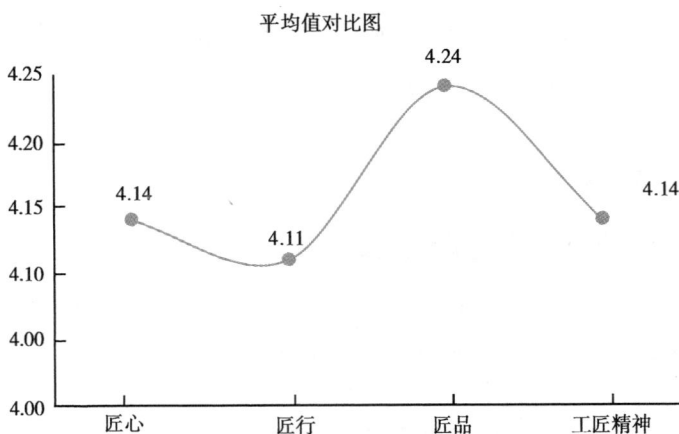

图 7-6　学生工匠精神各维度养成度对比

　　针对工匠精神养成度评价的 34 项指标,学生自评结果见表 7-3,这些结果既反映了试点工作的初步成效,也揭示出学生在工匠精神方面依然存在的薄弱环节,为今后工作指明了努力的方向。

表 7-3　学生工匠精神具体指标的描述性分析

名称	样本量	最小值	最大值	平均值	标准差	中位数
1.您在学习过程中珍惜提升专业素养与能力的机会	7699	1.000	5.000	4.253	0.914	4.000
2.您能够在学习过程中通过思考发表独特的见解	7699	1.000	5.000	4.142	0.876	4.000
3.您能够持续注意学习任务的时间保持30分钟及以上	7699	1.000	5.000	4.132	0.861	4.000
4.您能够不断控制自己的注意力,使其集中在学习任务上	7699	1.000	5.000	4.039	0.886	4.000
5.您能够排除其他干扰学习任务进程与实施的因素或对象	7699	1.000	5.000	3.993	0.896	4.000
6.您能够主动向身边的同学或朋友宣传与推荐自身所学专业	7699	1.000	5.000	3.976	0.919	4.000
7.您在操作技能学习中能够有条不紊地完成所有实施步骤,不拖拉与缺失	7699	1.000	5.000	4.074	0.835	4.000
8.您能够严格按照操作流程的规则和顺序完成任务	7699	1.000	5.000	4.122	0.813	4.000
9.您能够在操作过程中充分进行思考与总结	7699	1.000	5.000	4.090	0.819	4.000
10.您能够在写作、解题等过程中遵守操作规范	7699	1.000	5.000	4.134	0.803	4.000
11.您在理论与实操过程中做事认真,注重细节的把捏与精准	7699	1.000	5.000	4.119	0.809	4.000
12.您在理论与实操作过程中没有出现过缺陷与偏差	7699	1.000	5.000	3.941	0.912	4.000
13.您能够不断提升专业技能、优化操作流程	7699	1.000	5.000	4.091	0.816	4.000
14.您能够主动为自己设定高于学校或实训单位工作标准的要求	7699	1.000	5.000	4.053	0.835	4.000
15.您能够直面理论与实操过程中出现的困难,积极分析问题的成因与解决办法	7699	1.000	5.000	4.081	0.826	4.000

名称	样本量	最小值	最大值	平均值	标准差	中位数
16.您能够产出富有创造性的作品或结果	7699	1.000	5.000	4.007	0.862	4.000
17.您能够设定并明确知晓自己努力与追赶的目标	7699	1.000	5.000	4.091	0.819	4.000
18.您能够在理论与实操过程中不断自我突破	7699	1.000	5.000	4.079	0.819	4.000
19.您能够在理论与实操考核中获得较高学分积点	7699	1.000	5.000	4.084	0.820	4.000
20.您能够注重生活卫生习惯并持之以恒的严格践行	7699	1.000	5.000	4.173	0.801	4.000
21.您能够在实习实训过程注重节能环保、安全生产	7699	1.000	5.000	4.180	0.788	4.000
22.您能够在顶岗实习期间保持零事故率、零次品率与零废品率	7699	1.000	5.000	4.061	0.846	4.000
23.您能够做到所提交的作业与作品不存在抄袭与欺骗行为	7699	1.000	5.000	4.173	0.812	4.000
24.您能够做到在考试或绩效考核中从未有过作弊行为	7699	1.000	5.000	4.237	0.799	4.000
25.您能够在生产与服务过程中诚实守信,不弄虚作假	7699	1.000	5.000	4.260	0.786	4.000
26.您能够做到不泄露实训实习单位工作机密、不对外抱怨实训实习单位	7699	1.000	5.000	4.230	0.799	4.000
27.您能够在为人处世上做到言而有信,在待人接物上做到真诚	7699	1.000	5.000	4.272	0.781	4.000
28.您能够在个人征信报告中没有不良记录	7699	1.000	5.000	4.299	0.783	4.000
29.您能够主动关心与照顾家人,并力所能及地为家人分忧	7699	1.000	5.000	4.292	0.780	4.000
30.您能够与同学或同事相互尊重与关爱,在其困难时施以援手	7699	1.000	5.000	4.271	0.782	4.000

续表

名称	样本量	最小值	最大值	平均值	标准差	中位数
31.您能够利用空闲时间参加志愿服务活动,尽己所能奉献他人	7699	1.000	5.000	4.214	0.803	4.000
32.您能够主动捐款、捐物、献血等以支持需要帮助的人群	7699	1.000	5.000	4.213	0.802	4.000
33.您能够积极主动参与社会实践活动	7699	1.000	5.000	4.209	0.807	4.000
34.您能够积极主动参与公益性服务	7699	1.000	5.000	4.221	0.808	4.000

根据 1—2 项评价指标的平均值可知,学生能够在求知欲的驱使下充分激发主体性和能动性,进行主动学习,但在质疑问题中,不敢打破常规,缺乏一定的批判性精神和创新精神;从 3—6 项评价指标的平均值可见,不论是持续注意、还是选择注意,学生的专注力均低于"匠心"维度的平均值,说明学生还容易受到外界的干扰和侵蚀,专注力尚需继续培养。另主动宣传与推荐所学专业的热情不高,专业情感还有待培育。

根据 7—10 项评价指标的平均值,学生在规范做事方面动作技能和智慧技能的平均值低于"匠行"维度的平均值,说明学生无论是在体力劳动还是脑力劳动方面,依规依序做事的良好行为习惯还有待提高。根据 11—14 项评价指标的平均值可知,学生在精雕细琢中更加注重过程的精细,却对结果精美的关注度不够,说明学生更加注重完成任务的体验和参与感。而 15—18 项评价指标的平均值表明,学生在创新创业、敢为人先的行为表现均未能达到开拓进取的品质要求,说明学生在解决复杂问题的能力和创新思维方面依然有提升的空间。

19—22 项评价指标的平均值显示,学生的学业责任、生活责任、从业责任、均未达到"匠品"的平均值,说明学生的责任意识虽有进步,但仍较为薄弱,可能存在随波逐流、安于现状的惰性思想。而 23—28 项评价指标的平均值可知,学生能够诚信做事、诚信做人,思想上能够理解诚信的重要性,但在学习、考试和实训单位工作中,还需将诚信品质进一步外化于行。根据 29—34 项评价指标的平均值可知,学生对待亲友和同学能够做到互帮互助,但是当面对陌生人、需要帮助的群体以及集体和社会时,舍"小我"、顾"大我"的奉献精神还相对不足。

2.学生核心竞争力显著增强

试点工作实施以来,初步实现了学生对工匠精神从被动接受到主动认同、从理性认知向内在情感体验、从知行脱节到知行融合的转变。学生中涌现了一批工匠之星、助人为乐之星以及诚信典型人物。学生参加职业技能大赛获奖 72 项,其中国家一等奖 4 项,省一等奖 8 项,特别是环境监测专业学生连续三年获得国家级比赛一等奖。毕业学生深得用人单位好评,不少单位纷纷反馈,学校毕业生具有"良好的服务意识和技能",能够"兢兢业业地完成领导交办的每一项工作","具有高度的团队合作意识以及强烈的目标感"等。用人单位对学校毕业生整体满意度超过 90%,一批毕业生成为"岗位能手""技术能手"和"先进个人"。学校社会影响力三年上升了近 700 名,毕业生对母校满意度逐年上升,生源质量明显提高。

3.一批工匠之师脱颖而出

工匠精神培育锻造了一批工匠之师,近年来,学校教师获得国家、省级教学能力大赛各类奖项近 30 项,获奖质量和数量逐年提升;学校有 5 人获得国家级、省级教学名师荣誉称号,教师集体获评"感动南通教育人物(群体)"。

4.培育经验受到广泛关注

课题组成员受境外高校邀请,分别前往多所知名学府宣传介绍工匠精神培育的校本经验和特色做法,在武汉警官学院、江苏农牧职业技术学院等单位,围绕"匠心"品质的培养,分别做了有关"教学改革""心理健康教育"等方面的专题讲座,同时在全国、省级专业性的研讨会上进行推广、宣介。另有 20 多家单位来校专题取经;韩国外交通商部信息文化局、韩国风险农业大学、澳大利亚维多利亚大学、新西兰奥克兰理工学院等国外高校和团体来校就学生心理培育、技能培养、创新创业教育等方面开展学习交流,专家学者对学校工匠精神的培育给予了高度评价,一致认为"所构建的工匠精神培育体系及其实施方案具有独特的理论建树与广泛的推广应用价值",成果"立意高远、内容丰富、资源充足、特色鲜明"。2022 年 2 月,实践成果获江苏省职业教育教学成果二等奖。

(四) 试点反思

1."渐进性养成"和"德心行合一"可以成为高职学生工匠精神培育的基本理念

工匠精神生长于岗位,萌芽于职前。其不同品质可以在个体成长的不同阶段、不同场域逐步养成,处于职业生涯探索阶段的未来产业工人与处于职业生涯建立阶段的现实产业工人,其工匠精神培育的内容既有关联又各有侧重。职业院校应合理界定自身在培育学生工匠精神方面的"可为"与"难为"之处,明确工作重点与思路。同时,工匠精神是手心脑并用的精神,其养成应聚焦匠德、匠心、匠行,注重观念、技艺与心性的统一,尤其是心性的转变。前文所提出的这些主张经实践试点,证明是可行的,是经得起检验的。这些主张有助于提醒人们注意用人单位与职业院校工匠精神培养目标的转换,凸显职业院校工匠精神培育的重点,对提高职业院校工匠精神培育的针对性与实效性、避免交叉重复或无效劳动起到一定的推动作用。

2."引·润·评并举"策略可以成为高职学生工匠精神培育的实践范式

工匠精神作为一种从业素养,以匠德为魂、匠心为本、匠行为表,其培育需通过晓之以理、动之以情、持之以恒、导之以行,方能奏效。试点中所提出的"引·润·评并举"培育策略,注重依托课程、活动、榜样对学生的职业价值观、学习及职场行为的"引",依托心育工程、学校文化对学生的工匠情意、态度的"润",依托自我与他人主体、过程与结果指标、定性与定量方法对学生工匠精神养成度的"评",实现了工匠精神培育由始至终、由知及行的全覆盖,找到了工匠精神有效培育的新路径。

3.内生动力与渗透融合机制可以成为高职学生工匠精神培育的行动方案

工匠精神的培育离不开内在动因与外在条件的支撑。为激发学生自觉参与工匠精神培育,试点学校基于工匠精神养成度评价指标,研制了工匠之星竞赛内容和计分标准,出台了工匠之星评选办法,设立了工匠之星榜,构建了学生工匠精神培育的内生动力机制;为推进全员育人,试点学校既强化教师的"工匠之师"意识,又在专业课程目标制定中凸显工匠精神要求、知识传授中挖掘工匠精神元素、技能训练中注重良好行为规范、学业评价中强调工匠精神养成,从目标、内容、评价等方面架构起专业课程教学与工匠精神培育有机渗透机制。这两个机制既有效保证了本校工匠精神培育的实施,也可为兄弟院校相关工作的深入开展提供思路与方法上的借鉴。

二、中等技工学校试点

(一) 试点前基本状况

××技工学校于2015年由江苏省人力资源和社会保障厅批准成立。学校坐落在风景秀丽、空气清新宜人的××开发区内。建校以来,学校秉承为孩子成长、为家长分忧的使命,坚持"以市场需要为导向,服务地方经济"的办学理念,以园区用工需求为导向,与园区内多家企业建立生产实习合作关系,实现产教结合,订单式培养,不断积累办学经验,形成了鲜明的办学特色。

2019年课题组对××技工学校师生进行了调研,发现学生们对工匠精神了解不多,学生们对践行工匠精神的状况也不理想。

（二）试点主要做法

经协商，课题组于 2020 年 9 月起在××技工学校开展工匠精神试点工作。综合多方面因素，将该校学生工匠精神的培育目标界定为提高匠德、坚定匠心、养成匠行。"匠德"即学生能够树立吃苦耐劳、诚实守信、心怀感恩、甘于奉献等道德品质；"匠心"即学生能够具备精益求精、认真负责、团结友爱、专心致志等心理品质；"匠行"即学生能养成遵守纪律、严格守时、处事严谨、勤俭节约等行为习惯。为达成此目标，主要采取了以下做法：

1. 在校园文化中渗入工匠精神

营造"劳动光荣、技能宝贵、创造伟大"学校文化氛围，激发学生钻研技术的饱满热情，感受作为匠人的荣誉感和自豪感。物质文化建设方面，在实训中心、宣传栏、教学楼、宿舍区、食堂、走廊等地融入产业元素、行业元素、职业元素，让学校的每一处角落、每一面墙都"开口说话"，根植"工匠文化"。精神文化建设方面，着力通过榜样的力量激发学生对工匠的崇敬之情。利用学生用餐、课间休息、班会等时间播放《大国工匠》《匠心筑梦》等纪录片，让学生看到熟悉的电工、车工岗位也可大有作为，提升学生的职业自豪感和专业认同感；借助"与劳模话人生""走近工匠""感动中国年度人物谈人生价值"、成立技能大师工作室等方式，让学生近距离感受大师的精细、精致、精到品质；在学生中树立优秀榜样，在学校设置"工匠之星榜"，每学期分专业开展"技能节""工匠文化"征文比赛、"二匠事迹"演讲比赛等活动，将获奖的学生及作品展示在"工匠之星榜"上；在班级中发挥优秀学生的带头作用，采用"小先生制"，树立互帮互助、团结友爱的班风。

2. 在课程教学中融入工匠精神

教师在教学过程中，引导学生把"作业"看成"作品"，把学习过程看成生产过程，"作业"和"作品"虽然仅一字之差，但是提高了学生的自我定位，提高了学生对作业的重视程度。在实操过程中，要求学生严格按照操作标准进行，当学生在学习过程中出现问题,教师及时做好纠正和引导,以教师的表率作用引导学生克服学习与工作中的松懈和马虎心态。除了专业课程教学中融入工匠精神外,学校也开设与工匠精神相关的德育课程,比如《职业发展与就业指导》《劳动教育》《工匠精神读本》等必修课以及《德行天下》《专业认知》等校本课程,引导学生树立正确的职业观,避免学生在就业时出现目标迷茫、期待过高、频繁跳槽等问题。

3.在实践活动中领悟工匠精神

"做中学"有利于学生工匠精神的形成,学校组织社会实践、公益活动、实习实训、劳动教育、技能大赛等实践性活动,让学生在实践中领悟工匠精神。通过参观企业、顶岗实习、技能大赛、志愿者服务、助理管理岗、校园劳动、卫生值日等,构建多样化的实践育人方式,增加学生参与实践活动的时间,丰富其情感体验。对于每一项实践活动,学校都探索出一套完整的实践范式以及建设一支专业的指导教师团队,比如,学生实习实训过程中采取"双导师制",即企业技术骨干和校内教师双重指导,两类教师相互协作,加强沟通与交流,从不同方面渗透工匠精神;在日常值日与阶段性大扫除上推行相互评价,每一项分工任务都由其他同学评价完成质量并且与学校标准对比,通过连续的"劳动—评价",学生一次次的改进,在过程中逐步形成精益求精的态度。

4.在心理辅导中培育工匠精神

技校学生年龄较小,处于青春期阶段,根据埃里克森(Erikson)的人格发展阶段理论,此阶段个体存在自我同一性和角色混乱的冲突,再加上进入技校的学生大多在小学、初中阶段学习成绩不佳,其家庭条件也不够优厚,导致他们自信不足,在学习中缺乏成就感,自我效能感低,少数学生存在厌学、叛逆、焦虑、自卑、麻木不仁等心理问题。因此,培育技工学校学生的工匠精神,要从根本上解决学生的心理问题,在此基础上发展学生的各项优秀品质。学校开展了"感恩教育"主题讲座,唤起了学生内心"爱"的观念。组织学生参与心理微课堂、自信心提升工坊、专注力正念信念、团体心理辅导等，激发学生进取精神。除此之外，学校还可以通过心理健康教育、心理咨询等途径，普及学生心理健康知识，矫治学生心理健康问题，提高学生心理素质。

5.在日常管理中养成工匠精神

针对学生纪律意识比较淡薄的实际，学校非常注重养成教育。先后出台了《学生日常行为规范》《一日常规养成要求》《学习常规》《学生文明用语》《学生一日忌行》《学生课堂管理规则》《学生自习课规则》《学生餐厅规则》《学生用水、用电规则》《学生寝室规则》等系列文件，对学生在校期间的言行举止进行规范与引导。从起床后被褥叠放要整齐、宿舍内物品摆放要有序、人走关灯，到夏天上课不得穿拖鞋、背心进入教室，再到晚自习不准做与课业无关的事；从做广播操时做到个人定位，队形标直，动作标准、整齐，不脱拍、不抢拍，到上课以后再进教室要走前门喊"报告"，再到要注意节约用水，用多少放多少，严禁打开水龙头任其直流；从请求别人的帮助要说"请"，到打断别人的谈话、学习或工作、活动时要说："打扰了"或"请原谅"，再到进入办公室要喊"报告"，获得老师的批准后才可进入办公室；从忌贪睡，到了起床时间不起床，到忌作业不认真，不交或抄袭他人作业，再到忌说脏话、粗话、骂人等，通过各项规章制度，帮助学生学会自我约束，在学会做事中学会做人，为工匠精神的培育、未来工匠的培养奠定基础。

（三）试点后的主要成效

从整体来看，××技工学校的学生对工匠精神的态度是普遍认同的，大部分学生认为工匠精神对自身职业生涯发展意义深远，认为技工院校有必要对学生培养工匠精神，对"工匠"怀揣仰慕、尊重的心理，以及希望成为工匠，并为之努力，见表7-4。

表 7-4　学生工匠精神态度养成频率分析

题目	选项	频数（人）	百分比（%）
您认为工匠精神在未来自身职业生涯发展中意义深远	非常赞同	187	67.51
	赞同	77	27.80
	一般	13	4.69
	不赞同	0	0
	非常不赞同	0	0
您认为技工院校有必要对学生培养工匠精神	非常赞同	179	64.62
	赞同	83	29.96
	一般	15	5.42
	不赞同	0	0
	非常不赞同	0	0
您对"工匠"怀揣仰慕、尊重的心理吗	非常赞同	184	66.43
	赞同	81	29.24
	一般	12	4.33
	不赞同	0	0
	非常不赞同	0	0
您希望成为工匠，并为之努力	非常赞同	178	64.27
	赞同	71	25.63
	一般	24	8.66
	不赞同	3	1.08
	非常不赞同	1	0.36

　　但通过平均值对学生工匠精神态度养成进行仔细分析，由表 7-5 可知，学生工匠精神态度养成度的四个题项中，"您认为工匠精神在未来自身职业生涯发展中意义深远"这一题项平均值最高，这说明学生对工匠精神对职业发展很重要这一观点最为认同；"您对'工匠'怀揣仰慕、尊重的心理吗""您认为技工院校有必要对学生培养工匠精神"两题次之，说明学生对学校培育工

匠精神的必要性较为认同,且尊重工匠这样的岗位;但是"您希望成为工匠,并为之努力"这一题项极值相差最大,且平均值最低,这说明学生对于未来成为工匠的动力存在个体差异,其内驱力尚需激发。

表7-5 学生工匠精神态度养成平均值

问题	人数	最小值	最大值	平均值	标准差
您认为工匠精神在未来自身职业生涯发展中意义深远	277	3	5	4.628	0.5722
您认为技工院校有必要对学生培养工匠精神	277	3	5	4.592	0.5914
您对"工匠"怀揣仰慕、尊重的心理吗	277	3	5	4.620	0.5674
您希望成为工匠,并为之努力	277	1	5	4.523	0.7130

1. 学生对工匠精神理解度有所提高

由调查可知,关于对工匠精神代表人物的认知,学生不仅了解我国"工匠鼻祖"鲁班、"游刃有余"的庖丁,对"80后"造船工匠张冬伟、火箭"心脏"焊接人高凤林、航空手艺人胡双钱等亦有所了解,说明党和政府的相关宣传报道、学校的教育引导对学生的工匠精神认知起到了极大的促进作用。关于对工匠精神内涵的理解,学生们总体上能把握精髓,94.58%的学生将"精益求精"、91.34%的学生将"勇于创新"、85.92%的学生将"敬业乐业"视为工匠精神的内涵。有关工匠精神的具体表现,学生们意识到"对自己从事的工作兢兢业业、认真负责""有高超的技艺""在前人经验的基础上不断突破创新",这为他们在学习、生活、工作中践行工匠精神奠定了坚实的认识基础。

2. 学生对工匠精神养成度有所改进

根据表7-6可知,整体来说,学生在工匠精神各个维度的行为表征平均分都处于中上水平,其中为人诚信(M=4.4910)水平最高,胸怀理想(M=4.4838)、敬业乐业(M=4.4205)水平次之,勇于创新(M=4.3908)、精益求精

(M=4.3658)水平再次之,协同合作(M=4.3480)水平相对最低。由此可见,
学生在工匠精神匠品维度的养成水平最高,有良好的个人品德和理想信念;在
匠行维度的养成水平存在差异,认同热爱所学专业、做事认真负责的养成度最
高,但是合作沟通能力的养成度比较低;匠心维度中精益求精、勇于创新总体
养成水平相对偏低。

表 7-6　学生工匠精神行为养成度平均值

维度	N	最小值	最大值	均值	标准差
协同合作	277	2.80	5	4.3480	0.6601
精益求精	277	2.33	5	4.3658	0.6715
勇于创新	277	3.00	5	4.3908	0.6535
敬业乐业	277	2.50	5	4.4206	0.6323
胸怀理想	277	2.50	5	4.4838	0.6372
为人诚信	277	3.00	5	4.4910	0.6348

对各个具体维度进行分析,精益求精中,"能发现自己擅长的方面,并在
学习中充分发扬它"(M=4.47)水平最高,"在作业过程中会主动为自己设立
高于工作标准的目标"(M=4.45)水平次之,"能做到全心投入到学习中以致
牺牲课余休息时间"(M=4.18)水平相对最低。这说明,学生在专注投入学习
方面养成水平还不够,在访谈当中,老师也谈到,学生年龄偏小,学习的自觉性
和自制力还比较弱,需要老师的督促和提醒(见表 7-7)。

表 7-7　精益求精养成度平均值

题项	N	最小值	最大值	均值	标准偏差
您能做到全心投入到学习中以致牺牲课余休息时间	277	1	5	4.18	0.903
您在作业过程中会主动为自己设立高于工作标准的目标	277	3	5	4.45	0.688

题项	N	最小值	最大值	均值	标准偏差
您能发现自己擅长的方面,并在学习中充分发扬它	277	3	5	4.47	0.656

勇于创新中,"能够直面学习过程中出现的困难,积极分析问题的成因与解决办法"(M=4.42)和"能够在作业过程中经历多次失败后依然坚持"(M=4.42)水平最高,"时常关注并主动学习专业领域前沿的技术知识"(M=4.38)水平次之,"能够产出富有创造性的作品或结果"(M=4.35)水平相对最低,见表7-8。

表7-8　勇于创新养成度平均值

题项	N	最小值	最大值	均值	标准偏差
您能够产出富有创造性的作品或结果	277	3	5	4.35	0.739
您时常关注并主动学习专业领域前沿的技术知识	277	2	5	4.38	0.716
您能够在作业过程中经历多次失败后依然坚持	277	2	5	4.42	0.663
您能够直面学习过程中出现的困难,积极分析问题的成因与解决办法	277	3	5	4.42	0.674

敬业乐业中,学生"能够在劳动值日期间完成所有任务并对工作负责"(M=4.50)"认为所学的专业及将要从事的职业很有意义"水平最高(M=4.48)、"因为兴趣才选择所学专业"(M=4.36)的水平次之,"能够在顶岗实习期间保持零事故、零次品与零废品"(M=4.34)水平相对最低,这说明学生在学校期间能够养成做事认真负责的习惯,但是在胜任工作方面还有待提高(见表7-9)。

表7-9 敬业乐业养成度平均值

题项	N	最小值	最大值	均值	标准偏差
您能够在顶岗实习期间保持零事故、零次品与零废品	277	2	5	4.34	0.762
您是因为兴趣才选择所学专业	277	1	5	4.36	0.798
您认为所学的专业及将要从事的职业很有意义	277	2	5	4.48	0.663
您能够在劳动值日期间完成所有任务并对工作负责	277	3	5	4.50	0.612

协同合作中,学生"乐于将自己的心得经验分享给同学,带动共同进步"(M=4.44)的水平最高,"善于总结以及准确表达操作经验"(M=4.39)的水平也较高,同时,当班级里的同学产生小摩擦时,学生能够通过协调化解他们的矛盾(M=4.34),但在"社团负责人、班干部、实训小组带头人的经历"(M=4.29)和"为了团队的利益积极争取"(M=4.28)方面稍有欠缺(见表7-10)。

表7-10 协同合作养成度平均值

题项	N	最小值	最大值	均值	标准偏差
您会为了团队的利益积极争取	277	1	5	4.28	0.817
您有过社团负责人、班干部、实训小组带头人的经历	277	2	5	4.29	0.797
当班级里的同学产生小摩擦时,您能够通过协调化解他们的矛盾	277	3	5	4.34	0.737
对于操作性技能,您善于总结以及准确表达操作经验	277	3	5	4.39	0.696
您乐于将自己的心得经验分享给同学,带动共同进步	277	3	5	4.44	0.660

胸怀理想中,学生们"认为读书是为了实现自己的理想"(M=4.44)和"将爱国主义落实到实际行动之中"(M=4.53)方面达成度都较高,由此可见,××技工学校在引导学生树立理想信念和爱国情怀方面做得比较好(见表7-11)。

表 7-11　胸怀理想养成度平均值

题项	N	最小值	最大值	均值	标准偏差
您认为读书是为了实现自己的理想	277	2	5	4.44	0.723
您常会将爱国主义落实到实际行动之中	277	3	5	4.53	0.634

为人诚信中,学生们在"考试或绩效考核中从未有过作弊行为"(M=4.49)方面养成水平较高,表明学生具有较好的个人品德习惯(见表 7-12)。

表 7-12　诚信考核养成度平均值

题项	N	最小值	最大值	均值	标准偏差
您能够做到在考试或绩效考核中从未有过作弊行为	2	3	5	4.49	0.635

3.学生工匠精神满意度有所提升

根据表 7-13 可知,整体来看,××技工学校绝大部分学生对学校、学校教师与带教师傅工匠精神培育较为满意。

表 7-13　学生工匠精神满意度分析

问题	非常满意	满意	一般	不满意	非常不满意
您对学校宣传工匠精神的活动方式满意吗	61.37	30.69	7.58	0.36	0
您对学校营造的工匠精神校园文化氛围满意吗	59.93	31.77	7.94	0.36	0
您对学校宣传工匠精神的频次满意吗	59.21	32.49	7.58	0.36	0.36
您对学校宣传工匠精神的内容满意吗	61.37	30.32	7.58	0.36	0.36
您在专业实训课学习过程中,对老师工匠精神的传授满意吗	61.01	32.82	6.14	0	0

问题	非常满意	满意	一般	不满意	非常不满意
您在思政课(德育课)学习过程中,对思政课老师工匠精神的讲解满意吗	63.18	31.05	5.78	0	0
您在实习单位顶岗实习期间,对带教师傅工匠精神的言传身教满意吗	59.57	33.21	7.22	0	0
您对身边同学具备的工匠精神品质满意吗	57.40	31.77	10.11	0.72	0
您对自己身上具备的工匠精神品质满意吗	53.79	35.38	10.11	0.72	0

其中,学生在"您在思政课(德育课)学习过程中,对思政课老师工匠精神的讲解满意吗"的题项上选择满意或非常满意的学生最多,占比94.23%,是工匠精神满意度最高的一题,在"您在专业实训课学习过程中,对老师工匠精神的传授满意吗"的题项上选择满意或非常满意的学生次多,共占比93.83%。由此可见,学校教师在传授工匠精神方面起到了很大的积极作用,尤其是思政课老师对学生工匠精神培育有重要的影响作用。

学生在"您对自己身上具备的工匠精神品质满意吗"和"您对身边同学具备的工匠精神品质满意吗"的题项上选择满意或非常满意的学生最少,都占比89.17%,是工匠精神满意度最低的两道题,这说明,学生认为自己以及身边同学工匠精神品质的养成还有一定距离。

从各题项均值来看,学生对企业带教师傅工匠精神的满意度(M=4.52)是低于学校思政老师(M=4.57)和专业课老师(M=4.55)的,这也是由于大部分学生实习见习时间比较短,所以从带教师傅身上学习工匠精神的机会也较少,这也导致学生对学校教师工匠精神传授的满意度高于企业带教师傅。

按照学校、学校教师与带教师傅、自身与同学三个维度,把学生工匠精神满意度题项进行划分,并求出各维度平均值,由表7-14可知,学生对学校教师与带教师傅的满意度最高,对学校培育的满意度次之,对自身与同学的满意度最低。其中,学校培育的满意度当中,学生对学校宣传频次和文化氛围建设满意度相对较低,对学校宣传的活动方式满意度较高。

表 7-14　学生工匠精神满意度平均值

评价对象	N	最小值	最大值	均值	标准偏差
自身和同学	277	2.00	5.00	4.4404	0.67100
学校	277	2.00	5.00	4.5153	0.64549
学校教师与带教师傅	277	3.00	5.00	4.5487	0.58611

由此可见,××技工学校的教师是有意识地培育学生工匠精神的,但是学生在工匠精神方面还存在欠缺,学校在工匠精神培育方面也有完善空间。

第二节　未来产业工人工匠精神培育工作推进的策略性研究

为贯彻落实习近平总书记对弘扬工匠精神的要求,落实《职业教育法》等相关文件精神,在试点基础上,我们还必须不断推广工匠精神培育的相关主张,全面推进工匠精神培育工作走深、走实、走广,为此,需采取以下策略:

一、深化工匠精神形成机理研究

工匠,既是称谓,亦是赞誉;工匠精神既是崇高追求,亦是基本素养。作为职业素养,工匠精神不但是手工劳动者应该具备的独特精神,而且是所有从业者都应该具备的特质。为此,建议通过国家社会科学基金、全国教育科学规划项目设立纵向课题,采取招投标设立专项委托课题,依托中国社会科学院、中国工程院组建匠学研究团队,创建匠学学科等多种方式,全面收集自古以来工匠群谱,就"何为工匠""匠术何来""何以为匠""何以成匠"等专题展开深入性研究,明确界定未来产业工人工匠精神的时代内涵、行为表征,揭示工匠成长规律及工匠精神形成机理。并依据个体职业社会化、职业生涯发展阶段、态度形成与改变等理论,一体化、系统化设计中小学、职业院校、企业培训各环节工匠精神培育目标与内容,避免目前社会各界由于在相关工作中缺乏对工匠精神培育目标的细化、凝练,无视学生与从业人员在职业生涯发展阶段上的差异,无视基础教育与职业教育的类型差别,以社会对从业人员的工匠精神要求作为学校工匠精神的培育目标,将职业院校的工匠精神培育等同于中小学的劳动精神养成,从而导致工匠精神培育目标笼统、虚化,定位不准等问题。

二、开发工匠精神培育资源

工匠精神培育需要相关物质载体、文化环境的浸润。当前可通过专项评估、资金投入等方式,推动社区与校园建筑、道路、景观等建设,有意识地将工匠精神相关内容融入其中,利用海报、文化墙等方式陶冶、感染社会大众与在校学生,充分宣传工匠精神,实现相关载体使用、审美、教育功能的和谐统一,达到"润物无声"的效果。在继续编辑发行《大国工匠》及各地工匠优秀事迹视频的同时,面向企业员工出版工匠精神培养与管理的类似书籍,面向广大职业院校学生,尤其是结合《义务教育课程方案和课程标准(2022 年版)》面向中小学生在后续教材修订中注重有机嵌入工匠文化的内容,开发小人书、连环画、短视频等多种形式的工匠精神读物,以广泛传播我国优秀传统工匠文化(如工匠作品、工匠人物、工匠思想),阐述工匠精神对个体、社会发展的意义,激发青少年学生对工匠、工匠精神的崇敬之情,提供工匠精神培育的路径与方法。鉴于"创新、引领"已成为新时期工匠的重要特质,要引导职业院校树立"德技并修"的教育理念,在教育教学过程中,注重训练学生的总结、概括、表达等经验传承能力,培养学生思维的灵活性、变通性以及创造性解决实际问题的能力,努力促进所培养的未来工匠涵养时代气质。

三、强化全员培育工匠精神意识

工匠精神作为一种情感、一种品质,其养成是一个长期的内化过程,需要在多种情境、多种场合依靠多方主体的共同示范与引领。学校要通过家长、学校、家校合作平台、社区教育委员会、校企合作协调机构等多种沟通联络机制,发挥育人的主导作用,做好培育学生工匠精神不同主体之间的协同工作,克服相关工作的自发性、碎片化倾向,形成育人合力。要通过专家报告、典型经验介绍等方式,引导家长成为子女的"生涯贵人",尊重子女的天性,善于发现子女的性格、兴趣、爱好等个性特征,创造条件、提供机会,鼓励子女不断探索自我,认识职场,丰富职场体验,学会自主决策。鼓励家长营造民主平等的氛围,尊重子女职业与人生方向的自我选择。培养子女的职业规划意识、目标意识,激发其发展内驱力,促进子女对职业生涯高度、广度、深度的不懈追求。在推进中国特色学徒制中,可借助业务培训、过程跟踪、专家督导等方式,规范师傅带教过程,密切学徒过程中的师徒关系,注重养成学徒规范处事的行为习惯,指导学徒通过学习《工作手册》、动作分解练习,逐步习得严密的逻辑思维和严谨细致的工作方法,学会对每项工作做到事前周全地安排计划,设计最有效、省时和符合逻辑的流程,选择最为恰当的工具、材料,确保做事步骤完整、做事流程依规依序、学习与工作中零差错。加强师德教育,强化学校教师与企业师傅的全员育人意识,激励他们一方面注重课程思政,挖掘课程内容的哲学内蕴和美学意义,启发学生的哲学思考和艺术灵感;另一方面努力成为学生的职业楷模,以自身勤勉工作、精益求精的工作作风与品格影响和熏陶学生,打造"国家工匠之师"。

四、注重工匠精神培育成效考核

为确保工匠精神的培育落到实处,针对工匠精神内化过程的长期性、外在表现的复杂性特点,相关教育行政部门、第三方评估机构等可借助教育教学督导、专业认证、合格或优质学校评估、年度教育质量报告等契机,依托调研基础上建构的相关评价指标,对学校工匠精神培育工作展开评价。评价中,要坚持"成果导向"理念,引入多方面主体,既包括学生自身及其家长,也包括与其朝夕相处的同学,包括对其教育与引导的班主任、任课教师、带教师傅,以及其专业实训过程中的服务对象或产品用户,从 360°不同侧面、不同角度、不同空间,全方位、立体化地检验学生对工匠精神的理解度及其在工匠精神相关情感、态度、行为等方面的养成度,全面客观地评判学生工匠精神状况,并据此提出改进举措,推进职业教育功能的全面实现。

五、完善工匠精神培育制度建设

工匠精神培育是一项系统工程,除了做好教育工作以外,还需要有良好制度环境的支撑。为此,有三点建议:其一,制度化、规范化评选工匠。加强对工匠精神时代内涵的挖掘,明晰工匠评选的时代标准。对当选工匠进行动态管理,要交任务、压担子,建立业绩考评档案,对工作平庸、业绩不突出、示范带动和传承技能作用发挥不明显的工匠,取消荣誉及所享受待遇,以督促其砥砺前行,始终做好从业者的楷模。其二,多渠道、多途径培养工匠。借助主流媒体及微博、微信、移动客户端等新媒体对工匠进行深度采访报道,组织工匠进学校、进课堂、进企业、进班组进行宣讲,营造劳动光荣、知识崇高、人才宝贵、创造伟大的社会氛围。同时,对工匠进行跟踪培养,推动所在单位或行业助其制订职业生涯发展规划,拓展其成长通道。依托多种途径对其进行再培训、再深造,促进其不断走向卓越。① 重视放大国内相关老字号、大型企业的行业优势,在传承技艺、培训教育、行业促进等方面发挥其更大的影响力和作用。其三,全方位、全过程维护工匠。明确相关行业入行资格及标准要求,吸引优秀才俊加盟,激发工匠提升自我的动力。加强对知识产权的保护,鼓励各种

---

① 邓宏宝、李娜、顾剑锋:《产业工人工匠精神的时代内涵与培育方略——基于 31 个省或市级评选文件的分析》,《职教论坛》2020 年第 10 期。

设计图案、产品样式的创新,加大对各种低劣产品与服务的打击,保护工匠不断创新与追求极致的热情。依托政府购买、政策引导,拉动传统工艺市场,弘扬优秀传统文化,厚植工匠精神培育土壤,让工匠精神薪火相传、发扬光大。

结　　语

　　本书系国家社会科学基金教育学一般课题"职业生涯教育视角下未来产业工人工匠精神培育的路径与策略研究"（课题批准号 BJA1801020）的结题成果之一。

　　自 2018 年 7 月课题立项以来，课题组依照研究计划，有序展开研究，先后召开 26 次课题研讨会，访谈 5 位大国工匠、江苏大工匠、江苏工匠，调研上海、山东、江苏等 9 家用人单位以及山东省、江苏省 15 所职业院校，听取南通市、青岛市等地教育行政部门、人社部门在培养未来产业工人方面的经验介绍以及相关建议，分析了我国除香港、澳门、台湾地区外 31 个省（自治区、直辖市）有关工匠评选的文本，在 CSSCI、北图核心刊物以及《中国教育报》等报刊发表了近 20 篇论文，形成一篇咨政报告，已被相关部门采纳。经过研究，基本形成了以下认识：

　　第一，作为一种职业素养，工匠精神不仅仅是手工劳动者应该具备的独特精神，而且是所有从业者都应该具备的品质素养。工匠精神培育是践行社会主义核心价值观、弘扬劳模精神、劳动精神的具体实践，我们需要用工匠精神点燃产业工人的信仰和激情。

　　第二，工匠精神既具有历史性，也具有时代性。新时期工匠精神的内涵，包括"匠心"层面的专注坚守、追求卓越品质，它们是工匠精神的价值追求，是工匠精神之基;"匠行"层面的精益求精、守正创新品质,它们是工匠精神的外化表现,是工匠精神之本;"匠品"层面的职业操守、责任担当品质,它们是工匠精神的内在品格,是工匠精神之魂。

第三,产业工人的工匠精神不是一蹴而就的,形成在岗位,萌芽在职前。其养成是一个长期的过程,职业院校学生是未来产业工人的主体,其年龄段也是职业价值观形成的关键时期,对其强化工匠精神培育,是职业院校应尽的育人使命。

第四,根据态度与品德发展阶段特征以及总体的人才培养目标,结合对学生职业素养现状的调查,职业院校在工匠精神方面的培育目标可定位为:提高对工匠精神的理解度、提升工匠精神的养成度。对工匠精神的理解主要包括描述性知识(如工匠精神"是什么")、价值性知识(如"为什么"要践行工匠精神)、程序性知识(如工匠精神应"怎么做")的认知。工匠精神的养成主要包括求知欲、专注力、专业情等匠心,规范处事、精雕细琢、开拓进取等匠行,责任、诚信、奉献等匠品的习得。

第五,根据培育目标与内容设计,结合相关理论要求,未来产业工人工匠精神的培育可主要选择专题教育、课程渗透、文化浸润、活动养成等路径,其中专题教育、课程渗透聚焦学生价值观的引领,文化浸润着力学生情感的熏陶,活动养成指向学生行为的习得。

第六,工匠精神培育是一系统工程,为确保此项工作顺利推进,达成预定目标,需注重以下策略的运用:要强化培育意识,抓住个体价值观、职业能力形成的关键期对未来产业工人开展工匠精神培育;要明确培育重点,着力职业观与择业观教育、关键能力与必备品格培养以及指向参与创新活动所需要的创造性思维、问题意识,总结、传播成果经验所需要的表达能力的教育;要选好培育方式,变单向灌输为双向互动,变知识学习为情感陶冶,变外部干预为自我修身;要建设培育队伍,克服相关工作的自发性、碎片化倾向,形成育人合力;要注重培育评价,充分发挥评价的导向作用,避免教学目标中工匠精神培育的销蚀。

由于疫情的影响以及调查条件的限制,相关调查对象尚主要局限于上海市、山东省、江苏省等地,面向中西部地区的调查研究不多,相关结论的全面性、权威性可能不够;所提出的工匠精神培育目标、内容、路径与策略还有待在更广泛区域付诸实践,有待长期检验。

在后续研究中,课题组将致力于四方面的深化研究:一是在调查基础上,深入研究不同产业从业人员工匠精神的共性与差异性,强化面向职业院校不同专业学生工匠精神培育的针对性。二是探索职业院校劳动精神、工匠精神、劳模精神协同培育的路径。劳动精神具有普遍性、广泛性、基础性,工匠精神具有专业性、技术性、严谨性,劳模精神具有政治性、引领性、示范性,职业院校迫切需要找到三者协同培育、形成立德树人合力的有效实践范式。三是拓展研究视角,从历史学、哲学、文化学、经济学等视角,继续着力工匠制度构建研究,建构工匠精神培育的长效机制,为工匠精神培育营造良好的社会环境。四是进一步加大成果推广力度,在区域推广的基础上,依托学术报告、经验交流等方式将相关研究成果分享至市外、省外院校,同时,创造条件,将成果的相关内容与思路移植到在职人员的培训,努力放大成果的社会效益。

附　　录

附录一　职业院校劳动教育的功能
定位与实践方略[①]

近年来,党和政府对职业院校劳动教育高度重视。2018 年,习近平总书记在全国教育大会上发表重要讲话,要求"在学生中弘扬劳动精神"。2019 年《教育部关于职业院校专业人才培养方案制订与实施工作的指导意见》出台,提出"结合实习实训强化劳动教育"。2020 年《中共中央、国务院关于全面加强新时代大中小学劳动教育的意见》发布,强调"将劳动教育纳入中小学国家课程方案和职业院校、普通高等学校人才培养方案"。此后,教育部印发《大中小学劳动教育指导纲要(试行)》,明确"职业院校开设劳动专题教育必修课"。作为在劳动教育师资队伍、实践场地、组织实施等方面有着天然优势的教育机构,职业院校如何准确定位劳动教育功能,合理安排劳动教育内容,科学选择劳动教育策略,以凸显自身职业教育类型特征,反映学生职业生涯发展阶段特点,实现与中小学、普通高等学校的沟通与衔接,推进学生工匠精神的培育,迫切需要从理论与实践方面进行探索。

[①]　邓宏宝、顾建军发表于《教育学术月刊》2021 年第 8 期。

一、职业院校劳动教育的功能定位

教育与生产劳动相结合是社会主义教育的重要特征,是"造就全面发展的人的唯一方法"。劳动教育不仅是职业教育的基础,也是职业教育的因素①。与其他类型教育不同的是,职业院校的劳动教育由于其生源特点、培养目标等存在差异,在设置功能定位时应有自身的特殊性。

(一) 服务学生的专业学习

从纵向职业教育体系看,职业院校教育属于职业准备教育,是为学生未来从事相关职业直接服务的教育,其以培养复合型技术技能型人才为目标,专业知识获得、专业技术积累、专业能力养成是学生学习的必备要求。尽管职业院校的学生总体而言以操作技能见长,但由于此前他们在中小学所接受的职业启蒙教育相对薄弱,学生对职业世界了解不多、见识不广、体验不丰,少数学生对职业院校、对相关专业的选择并非兴趣使然或能力所驱,而是非己所愿甚至是无奈之举。为此,职业院校的劳动教育首先要服务学生的专业学习,要为学生接受与认可,为其习得专业知识、技能与态度奠定方法论与认识论基础,促进其成为尊重劳动、热爱专业和精于专业劳动的合格岗位人。

(二) 提升学生的从业素养

随着社会的发展,新发现、新材料、新技术更新换代周期日益缩短,传统的职业生涯逐步为易变性职业生涯所取代,个体在其职业生涯中将要先后从事多个职业,要在不同职业之间变换;同时,势不可当的工业智能化走向,导致"机器换人"职场生态初露端倪,这些都要求未来从业者需一专多能,具备学习力、理解力,拥有社交能力、协商能力,学会创意和审美,方能赢得生存与发

---

① 成有信:《劳动教育、综合技术教育和职业教育(下)》,《高等师范教育研究》1993年第1期。

展空间。正如英国教育理论家怀特海所主张,"学生接受的训练应该比他们最终掌握的专业更加宽泛,因此而产生对不同要求的适应能力对于工人、雇主和国家都是有利的"①。为此,职业院校要顺应职业教育成为终身教育体系重要组成部分的历史潮流,不仅要对学生首次岗位负责,还要为学生终身发展奠基,其劳动教育必须关注学生关键能力与必备品格的养成,全面提升学生适应未来职场的多方面从业素养,促进其成长为合格职业人、高素质劳动者,以"用能够适应极其不同的劳动需求并且在交替变换的职能中只是使自己先天的和后天的各种能力得到自由发展的个人来代替局部生产职能的痛苦的承担者"②。

(三) 保护学生的潜在能力

美国教育家巴格莱(Bagley)在其代表作《教育与新人》中倡导"教育诸多功能之中最重要的一个功能是尽可能保持社会与个人免受危害,危害伴随着不可预测的变化出现"③,我国教育学专家陈桂生教授在其《教育原理》中亦指出,"由于劳动过程本身既能为个人发展提供某种机会,又有可能限制甚至损害个人的自然发展,所以,教育对生产的意义,不限于训练劳动能力,在一定情况下通过教育'保护'劳动能力的意义更为重要"④。职业教育作为一种专业教育,其主要聚焦培养某一类或某一专业领域人才,在提升个体特定专业素养的同时,亦一定程度上制约了个体其他方向发展的可能,甚至产生由长期单一劳动导致的体位不良,进而引起从业者体内暂时的机能改变或人体抵抗力的下降⑤,比一般人群更易在某方面身心不适。为避免个体的片面发展,职业院校还应自觉承担起保护学生潜在能力的使命,使"劳动不仅是谋生的手

① [英]怀特海:《教育与科学理性的功能》,黄铭译,大象出版社2010年版,第78页。
② 华东师范大学教育系:《马克思恩格斯论教育》,人民教育出版社1986年版,第234页。
③ 顾建军、邓宏宝:《职业教育名著导读》,教育科学出版社2015年版,第277页。
④ 陈桂生:《教育原理》,华东师范大学出版社2012年版,第71页。
⑤ 宋光辉、晏艳阳.:《劳动保护学》,中国经济出版社1994年版,第179—180页。

段",也能成为"实现人性至美至善、彻底自由的必由之路",成为培养全面发展的社会人的理性选择。

二、职业院校劳动教育的内容安排

劳动既具有树德、增智、强体、育美等工具价值,也具有"育魂"等本体价值,具有广泛的、深远的教育意义,已从全面发展教育的途径上升为内容。根据上述劳动教育功能定位,职业院校需聚焦以下四个方面的教育。

(一) 先导性劳动教育

所谓先导性劳动,指在专业实习、实训之前,职业院校组织开展的学生生活自理劳动、家务劳动、校园劳动以及社会公益劳动与志愿服务等,该类劳动介于中小学劳动与职业院校专业性劳动之间,可发挥承前启后的作用。通过在先导性劳动中使用劳动工具、实践劳动流程,普及关于生活、生产和工具、方法、材料体系的初步认知,一方面,可提高学生自立自强的意识,培养其生存、发展需要的基本劳动能力,满足其有效扮演家庭成员、社会公民角色的素养需求,为其展开专业学习提供能力支撑与素养保障;另一方面,可为学生认识劳动意义、体验劳动情感、实现劳动态度的普遍迁移创造条件,充分激发学生专业学习的动机与热情,为学生专业学习的顺利开展做好心理准备、搭建认知"桥梁"。

关于先导性劳动项目的选择,职业院校要主动联合家庭、社区,动员多方力量为学生创设劳动的舞台与机会,要从多角度出发,选择劳动项目。可基于满足社会需求、解决实际问题的角度,安排社区老人照护、交通秩序维护等项目,以在劳动中强化学生的社会责任感;可基于提升学生生活品质、满足学生兴趣角度,安排个人简易化妆、美食制作等项目,以提高学生对劳动的认同度;可安排有一定技术含量、其完成需要一定技术流程的项目,如服装熨烫、花草修剪等,以激发学生的技术意识;可设计反映技术前沿、引领学生关注未来技术变革趋势的智能家居配置等项目,以养成学生初步的工程思维。

(二) 专业性劳动教育

专业性劳动包括学生的实习实训、专业服务以及运用专业知识、技能所参与或开展的社会实践、勤工助学等。专业性劳动通过凸显对技术工具的使用和对技术流程的实践①,一方面可提高学生的职业劳动技能水平,培养学生的劳动组织、劳动设计、劳动规划能力;另一方面可增强学生对职业岗位的敬畏感、对技术伦理的崇尚感、对技术创新的参与感②,增进其职业认同感、劳动自豪感、专业荣誉感,培育其劳动精神、劳模精神、工匠精神,为其成功胜任专业工作者角色服务。

关于专业性劳动项目的选择,职业院校要正视城市化进程所引致的劳动教育环境"去场域化"、劳动教育内容"去自然化"、劳动教育途径"去身体化"③的问题,自觉贯彻产教融合育人理念,密切校企合作,结合专业培养目标,根据实践教学安排,引导学生参与典型的、真实的生产劳动和服务性劳动,遵循见习、实习、研习路径,将劳动贯穿专业学习全过程,促进学生"干一行、精一行、爱一行"。要充分利用学生寒暑假时间,围绕专业性劳动要求,科学设计劳动内容,区分不同年级学生专业服务、勤工助学、社会实践的重点与层次,确保内容前后衔接、自成体系,克服其随意性、分散性。为贯彻落实《国家职业教育改革实施方案》中"鼓励中等职业学校联合中小学开展劳动和职业启蒙教育,将动手实践内容纳入中小学相关课程和学生综合素质评价"的意见,职业院校还要在校内、或合作单位,选取合适专业性劳动项目,积极建设中小学劳动教育实践基地,为学生体验职业劳动、推进职业启蒙教育开辟通道。

---

① 陆俊杰:《职业院校的劳动教育应体现技术色彩》,《江苏教育》2019 年第 36 期。
② 陆俊杰:《职业院校的劳动教育应体现技术色彩》,《江苏教育》2019 年第 36 期。
③ 王汉江、姜伯成:《新时期职业院校加强劳动教育的价值意蕴与实践路径》,《教育与职业》2020 年第 13 期。

（三）拓展性劳动教育

在学生所学专业之外的多种典型性职业劳动称为拓展性劳动。依据萨帕（Super）的职业生涯发展理论，职业院校的学生主要处于生涯探索阶段，此阶段的生涯发展任务，是推动职业偏好逐渐具体化、特定化[1]并最终实现，其间学生对职业世界探索的深度与广度将直接制约他们对未来生涯选择、道路设计的恰当与否，影响着人职能否合理匹配以及人力资源能否有效开发。拓展性劳动的目的在于帮助学生借助多样化的劳动项目进一步探寻自我的兴趣所在，了解典型性职业的内涵、职责及从业要求，丰富职业体验，体认劳动不分贵贱，增强跨行业、跨专业灵活应聘能力，此举既能弥补职业启蒙教育的不足，亦能培养不同专业共同所需的方法能力与社会能力，促进学生成为新时代职场工作者。

职业院校可借助校内不同专业之间、校际之间以及校地之间的合作，安排拓展性劳动项目，可主要依据《中华人民共和国职业分类大典》，在八个大类职业中各选取典型的劳动项目供学生观摩、模拟、扮演或体验，引导学生将劳动领域由本专业向相邻专业拓展，劳动内容由体力劳动为主向脑体劳动结合为主拓展，劳动性质由技能劳动向技术劳动、简单劳动向复杂劳动拓展，劳动能力由单一专业能力向群集专业能力、由专业能力向方法能力及社会能力拓展。

（四）补偿性劳动教育

补偿性劳动是基于弥补长期从事专业性劳动及未来职业性劳动而可能导致的缺陷、抵消其对身心可能造成的损失而开展的劳动，其目的在于避免潜在能力退化、均衡个体多方面发展、做好职业保健，造就全面发展之人。

---

[1]　葛婧：《我国普通高中开展职业生涯教育研究》，天津大学 2009 年硕士学位论文。

根据劳动卫生学的研究,有些体位和另一些体位在导致劳动者病变的"方向"上,可能会呈"相向"或"相反"态势,当这些劳动体位相互交换时,对某些病变会有"矫正"作用。因此,职业院校要依托校内专业之间、校企之间、家校之间的协同,引导学生结合自身专业开展相应的补偿性劳动,如生产劳动需单侧肢体用力者,要重视身体不运动部位的使用;针对体力劳动中力量、耐力活动较多的弱点,要适当补偿要求速度、灵敏、柔软素质的劳动①;再如以脑力劳动为主的设计、财会等专业学生可以补充适当体力劳动课程,以坐姿作业为主的计算机、驾驶类等专业可以补充部分立姿作业类劳动课程,以器物为工作对象的雕刻、织绣等专业可以补充部分与人交往类劳动课程等,以确保学生未来职业生涯的幸福与可持续。

三、职业院校劳动教育的策略选择

职业院校劳动教育功能的实现,不仅需要相应教育内容的支撑,同样需要有效实施策略的保障。

(一)依托价值引领,端正学生劳动认知

端正认知是劳动教育的基础,没有正确的劳动观念就不可能产生健康的劳动情感、坚强的劳动意志,劳动能力的习得也缺乏方向的引领和动力的激发。职业院校要以马克思主义劳动观为教育主线,帮助学生端正四方面认识:一是劳动价值观。要引导学生深刻理解劳动实践的发展沿革、主要形式、重要地位和重大意义②,认识到劳动是公民的神圣义务和权利,明白"生活靠劳动创造,人生也靠劳动创造""实干兴邦、空谈误国"的道理,牢固树立"劳动最光荣、劳动最崇高、劳动最伟大、劳动最美丽"的观念,从内心深处尊重劳动、尊

---

① 宋光辉、晏艳阳:《劳动保护学》,中国经济出版社1994年版,第179—180页。
② 赵健杰、刘向兵:《论新时代高校劳动教育的课程建设》,《北京教育(高教)》2020年第2期。

重劳动者;二是劳动平等观。要使学生认识到社会上各行各业对人类生产与发展皆不可或缺,劳动、职业无贵贱之分,"一切劳动,无论是体力劳动还是脑力劳动,都值得尊重和鼓励"①,在职业选择中没有最好的职业,只有最合适的职业,理解"选择一种建立在我们深信其正确的思想上的职业"②的深刻意蕴;三是合法劳动观。要让学生知晓相关劳动法律法规要求,了解劳动安全卫生规程,确立职业保健、职业防护意识,遵守劳动纪律和职业道德,养成合法劳动、安全劳动、诚实劳动等优良品质;四是按劳分配观。要让学生懂得劳动是一切价值的基础,理解"赖其力者生,不赖其力者不生"③的含义,把握按劳分配、多劳多得、不劳动者不得食的分配原则,摒弃不劳而获、一夜暴富、贪图享乐的思想。围绕以上内容,职业院校要及时组织开发劳动精神、劳模精神、工匠精神等专题教育资源,探索开设劳动哲学、劳动法学、劳动保健学、劳动心理学、劳动教育学等系列"劳动+"课程④,丰富学生关于劳动、劳动世界、劳动价值等多方面的理论知识,涵养其劳动文化与劳动品位,提高其理论站位、拓宽其理论视野,努力培养未来的劳动大师、大国工匠。

同时,依进步主义教育家杜威所见,"所需的信仰不能硬灌进去;所需的态度不能粘贴上去"⑤。面对有着一定人生阅历,初步形成人生观、世界观、价值观的职业院校学生,劳动观念教育亦要调动学生学习主体的积极性,通过阅读历史名著、名人传记,收集艰苦创业典型案例,引导学生端正职业观与择业观;通过研制职业生涯规划书、举办生涯规划工作坊、考察父母及他人工作现场、访谈行业领导与岗位专家,激励学生了解劳动世界的发展趋

---

① 《劳动让梦想更近——央视电视政论片〈劳动铸就中国梦〉研讨会发言摘编》,《经济日报》2015 年 5 月 23 日。

② 顾建军、邓宏宝:《职业教育名著导读》,教育科学出版社 2015 年版,第 171 页。

③ 唐敬杲:《墨子》,商务印书馆 1933 年版,第 109—110 页。

④ 刘兰芳:《新时代高职院校开展劳动教育的对策研究》,2019 年 10 月 30 日,见 http://www.fx361.com/page/2019/1030/5936831.shtml。

⑤ [美]杜威:《民主主义与教育》,王承绪译,人民教育出版社 1990 年版,第 13 页。

势,了解劳动过程的甘苦,激发他们勤奋学习的动力;通过专题演讲、角色扮演、小组讨论等方式,澄清学生模糊认识,强化他们专业学习的使命感、责任感与荣誉感,引领他们将自我发展和社会现实密切联系,成为具有公共情怀的"社会人"。

(二) 注重榜样示范,激发学生劳动情感

劳动情感是在劳动认知基础上产生的,其对劳动行为具有动机和组织功能。为此,依据社会学习理论,职业院校要注意遴选、树立多类型劳动榜样,激发学生劳动情感,助力劳动教育。

其一,宣传劳动模范事迹。通过了解劳模的成长轨迹、观察劳模的劳动行为、学习劳模的先进事迹、听取劳模的劳动体悟,培养学生直觉的、想象的道德情感,并依托教师及时的点评与概括,将学生感性的情感体验升华为理性的情感体验,将劳模精神从具象化体验转化为实践化行动,帮助学生树立向上、向善的劳动品德。

其二,树立学生劳动榜样。"学莫便乎近其人",要充分发挥身边人的教育效应,通过评选劳动之星,邀请优秀校友现身说法,鼓励学生向身边榜样学习,引导学生学会根据劳动道德的要求衡量自我、他人思想及言行,学会根据审美标准在劳动中发现美、体验美、创造美,学会在劳动中不断探索、解决问题,凭借其中可能的愧疚感、丑陋感、挫折感等消极情感的体验,丰富学生的情感世界,促进学生的心智成长。借助自豪感、美感、愉悦感、成就感等情感的体验,激发学生热爱劳动的情感,产生参与劳动的强大动力,并最终使学生从愿意劳动、热爱劳动到享受劳动,乃至向往并享受未来职业生活,达到克拉斯沃尔(Krathwohl)等提出的情感领域教学目标的最高层次"价值体系个性化"。

其三,发挥教师示范作用。教师不仅要在技能上为学生示范,更要在工作态度、工作热情、敬业精神上成为学生的楷模。苏霍姆林斯基主张"教师的任务,就是不断地保持学生对劳动的热爱,点燃创造性的火星,设法使他们能够

熊熊地燃烧起来"①。教师要树立正确的学生观、劳动观、职业观,关心热爱学生,全身心投入教育教学工作,坚持教书和育人、言传和身教相统一,以自己的劳动热情激发学生的劳动热情,以自身的德技双馨带动学生的德技兼修。

(三) 强化实践锻炼,培养学生劳动能力

职业院校学生作为社会生产实践的"准劳动者"和后备力量,不仅要懂劳动之意,明劳动之理,要爱劳动、崇尚劳动,更要会劳动、精劳动、创造性劳动②。因此,其劳动教育必须是为了劳动(目的)、基于劳动(内容)、在劳动中(方式)进行的教育。在劳动实践中进行教育,是劳动教育的应有之义,职业院校要充分尊重劳动实践具有场域性、劳动知识具有默会性的特点,设计出能成功支持默会的但是重要的知识学习的真实学习③场域,着力改变"以教代劳、以说代劳"的现象,改变在课上"听"劳动、在课外"看"劳动、在网上"玩"劳动④的局面。要以编制《劳动实践指导手册》为抓手,结合产业新业态、劳动新形态,科学选择具有教育意义的劳动项目,充分挖掘劳动的教育意义,探索开设先导性劳动、专业性劳动、拓展性劳动与补偿性劳动四个系列实践课程,力求建立多元课程体系,形成"课程超市",学生可根据城乡、性别、兴趣、能力等差异,在每一系列中选择不同学习内容,通过时间有长度、技术有难度、指导有温度的劳动实现身心体验的深度、广度与高度,促进学生熟悉劳动场域、经历劳动过程、收获劳动成果、学会劳动反思、生成劳动智慧,将其从置身于劳动情境学习的"边缘性参与"推向"深度学习"。

---

① 赵健秀:《苏霍姆林斯基的劳动教育思想及对职业教育的启示》,《河北能源职业技术学院学报》2009 年第 2 期。
② 赵凌云:《大学劳动教育的时代意义与实践路向》,《学校党建与思想教育》2020 年第 6 期。
③ J.莱夫、E.温格:《情景学习:合法的边缘性参与》,华东师范大学出版社 2004 年版,第 15 页。
④ 陈宝生:《全面贯彻党的教育方针,大力加强新时代劳动教育》,《人民日报》2020 年 3 月 30 日。

根据"一万小时定律",劳动能力与劳动习惯的习得需要长期的刻苦练习,而不可能一蹴而就。在劳动教育中,职业院校要结合劳动项目出台明晰的劳动流程、技术标准,教师要给予学生全面悉心的指导,引导学生从小事做起,从正确使用、回收、保管工具做起,从遵守上课规则、按时按质完成作业、认真履行学生干部职责做起,养成良好的处事习惯,循序渐进地提高劳动能力;学校要主动跨专业、跨部门、跨校际共建劳动教育基地、劳动教育协作体或劳动教育联合体,整合校内实习实训场所、合作企业实习实训基地、社区劳动岗位等实践平台,为学生提供"真刀真枪"的劳动技能训练机会①;要推进"1+x"证书制度,探索课证融通,开展技能比武,让学生在获得资格、争取荣誉中超越自我、追求卓越。

除劳动技术能力外,职业院校还要注重学生制订劳动计划、设计劳动步骤、解决实际问题、独立学习新技术、评估劳动结果等方法能力,以及在小组工作中的沟通合作、公共关系开发、批评与自我批评等社会能力的培养。相关教师可借助行为导向法、项目教学法、案例教学法,借助关键能力 OTPAE 五步训练法(目标建立—案例分析—训练准备—活动导向—效果评估)等,通过对话、游戏和活动等引导学生掌握解决问题之策,建立科学思维模式,实现劳动与学习方法的逻辑性、合理性,学会化解人际冲突,懂得换位思考,遵守劳动规范,养成社会美德,进而为学生未来职业选择、职业经营、职业调适、职业发展创造条件。

(四) 创建校园文化,坚定学生劳动信念

黑格尔(Hegel)曾经指出:"一个人做了这样或那样一件合乎伦理的事,还不能说他是有德的,只有这种行为方式成为他性格中固定要求时,他才能说是有德的。"②职业院校的劳动教育远不应止于学生劳动观念的获得、劳动情

---

① 徐美燕:《强化劳动教育,更好地立德树人》,《中国教育报》2018 年 11 月 6 日。
② [德]黑格尔:《法哲学原理》,范阳、张企泰译,商务印书馆 1961 年版,第 107 页。

感的培育、劳动能力的习得,还应全方位营造文化氛围,推动学生在长期的文化熏陶中不断内化劳动信念。唯有劳动信念的确立,方能使学生的劳动行为表现出坚定性和一贯性。

首先,职业院校在学校物质文化建设中,需注重彰显普通劳动者的影响力,除宣传伟人、名人、模范外,还应在教室文化、校园文化景观与设施中为普通劳动者留出空间,让学生感受和体会平凡劳动中的伟大,让"劳动光荣、技能宝贵、创造伟大"成为新时代职业院校的新风尚,使学生能处处、时时、事事得到劳动教育的浸润,实现"春风化雨""潜移默化"的教育成效。

其次,在制度文化建设中,职业院校可设立各类劳动类学生社团,在劳动研究与实践中,激发学生劳动兴趣,发现劳动潜能,增强劳动自信;抓住党团活动、学雷锋活动等契机,鼓励学生发挥专业优势,利用知识、信息、技能、设备、工具等开展公益劳动、提供志愿服务,提升劳动能力,厚植劳动情怀;成立劳动教育研究机构,建设劳动教育电子资源库;组织教师举办劳动教育专题培训,设立劳动教育研究课题,提高教师劳动教育理论与实践素养,鼓励教师强化立德树人意识,自觉做好学生锤炼品格的引路人,纠正将劳动作为惩罚手段的错误做法,杜绝反劳动教育行为。

最后,在精神文化建设方面,职业院校可通过与相关合作单位共建劳模、工匠大师工作室,设立劳动文化节、职业教育活动周、劳动周等,在学校开展系列活动,弘扬"劳工神圣""敬业乐群"优良职教传统,加强对当代劳模精神、工匠精神、奋斗精神的宣传与展现;可在学校官微、微博上,开设弘扬劳动精神的特色栏目,拓展劳动教育的传播空间。可发挥劳动集体的教育功能,鼓励学生"不断地、反复多次地相互接触,通过多种不同形式的接触",养成"相互之间的关心体贴"①以及共同监督、共同提高等优良品德,为未来社会造就一支有

---

① 顾建军、邓宏宝:《职业教育名著导读》,教育科学出版社2015年版,第185页。

理想守信念、懂技术会创新、敢担当讲奉献的宏大的产业工人队伍。①

（五）利用评价激励，提高学生劳动素养

劳动教育的根本目标是提高学生的劳动素养。在具体实施过程中，职业院校要自觉利用评价的育人导向和反馈改进功能，对标找差，激励学生全面关注劳动教育内容与标准，积极、有序参与劳动教育，确保劳动素养的不断提升。

借鉴斯派蒂（Spady）提出的"成果导向教育（Outcome-Based Education，简称为 OBE）理念②，对职业院校学生劳动教育成效的评价，可遵循发展性、过程性、表现性的评价原则，从劳动观念的理解度、劳动情感的认同度、劳动精神的内化度、劳动能力的达成度等方面进行衡量。基于 360°评价要求，教师可发动学生自我、学生同辈、劳动师傅、服务对象等共同参与评价，采用理论测试、案例分析、情景模拟等方式衡量学生劳动观念的理解度；依据学生参与劳动的次数、时间、类型以及写实性的劳动过程表现（诸如是否愿意参与劳动、是否能全身心投入劳动、是否具有劳动的坚持性等）、劳动成果的多少等评估学生的劳动情感与劳动精神状态；借助行为评价、作品分析、技能展示等手段判断学生劳动能力的强弱与劳动品质的高低。为保证学生对劳动教育内容具有选择性，可通过积分转换、学分银行等对劳动成果、劳动教育成效进行认定。

值得强调的是，对教育成效的把握既要有基于结果的静态评价，也要有基于过程的动态评价。要依托《劳动教育成长手册》《劳动素养提升档案袋》等类似材料，引导学生做好劳动教育过程性记录，并注重做中学、做中思、做中悟。教师要加强对学生劳动认知、劳动能力、劳动态度的前后比较，将学生劳动素养的进步状况置于其思想发展变化的过程之中考查，以便从纵横向全方

---

① 推进产业工人队伍建设改革协调小组办公室：《产业工人队伍建设改革职工知识 50 问》，中国工人出版社 2022 年版，第 7 页。

② 李鹏：《高职劳动教育考核与评价研究》，《人民论坛》2020 年第 10 期。

位对学生的学习成效作出客观、准确的评价①,不断增进学生劳动的自我效能感。

俄国教育家乌申斯基(Ushinski)认为:"劳动是人类存在的基础和手段,是一个人在体格、智慧和道德上臻于完善的源泉。"②劳动教育是人生第一教育,是新时期党对教育的新要求,是中国特色社会主义制度的重要内容。当前,我们要充分认识劳动教育对国家发展、社会进步与个人成长的重大意义,以高度的历史责任感、使命感,自觉落实《中共中央、国务院关于全面加强新时代大中小学劳动教育的意见》以及教育部《大中小学劳动教育指导纲要(试行)》等文件精神,积极开展劳动教育研究与实践,使职业院校学生真正成为劳动教育的受教者、受益者,成为劳动精神的弘扬者、引领者③,成为担当民族复兴大任的时代新人,"以劳动托起中国梦"。

附录二 场域与惯习:新时代工匠精神培育的路径审思④

一、问题的提出

弘扬和培育"工匠精神"是新时代党和国家的重大战略部署。产生于手工业时代、发展于大工业时代的"工匠精神",其现代内涵正在与时俱进,逐步成为建设质量强国、文化强国的重要支撑,也是新时代建设创新型国家的迫切要求。2016年以来,"工匠精神"逐渐成为年度热词,受到社会各界的持续关注。学术界"关于'工匠精神'的研究逐渐升温并快速增长"⑤。

---

① 戴家芳、朱平:《论对劳动教育成效的评价》,《中国德育》2017年第9期。
② 赵荣辉:《劳动教育正当性之思》,《当代教育科学》2016年第4期。
③ 杨烨:《新时期下关于高职劳动教育的思考》,2019年10月22日,见 https://www.doc88.com/p9502940685343.html。
④ 吴东照、邓宏宝发表于《职业技术教育》2022年第22期。
⑤ 朱永跃:《工匠精神研究述评与展望》,《江苏大学学报(社会科学版)》2019年第5期。

国内关于"工匠精神"的研究,主要聚焦于以下三个方面:一是关于"工匠精神"内涵与特征的探讨。有学者指出,随着时代的发展,"工匠精神"的现代内涵应由狭义的凝结在从事器物制作的工匠拓展至广义上凝结在所有人身上的态度与品质①;有学者从地域、时空、领域、层次和育人等多维视角分析了工匠精神的内涵②;有学者以中国传统工匠精神为基础,探究了新时代中国特色工匠精神的内涵及其哲学基础③;有学者基于历史维度分析了墨子人文与科技交融之工匠精神的当代价值④;也有学者运用扎根理论对央视《大国工匠》进行了质性分析,提炼出工匠核心素养之"三大维度、六大内容"的理论模型⑤。二是关于"工匠精神"培育路径的研究。学术界主要从政府、社会、学校、企业和个人层面对工匠精神的培育路径进行了广泛探讨。有学者指出,现代社会的分工使个人被限制在狭小的活动范围之内,造成了人的劳动(活动)的固定性与片面性,技术专业化在资本逻辑之下导致工匠情感的消逝⑥;有学者指出,工匠文化的缺失是工匠精神缺乏的深层次原因,并提出打破市场垄断、惩罚侵犯知识产权行为、营造崇尚实业和技能劳动者的社会价值观等建议⑦;有学者从工匠精神融入中小学语文教材⑧、加强职业特色校园文化建

---

① 肖群忠、刘永春:《工匠精神及其当代价值》,《湖南社会科学》2015 年第 6 期。

② 庄西真:《多维视角下的工匠精神:内涵剖析与解读》,《中国高教研究》2017 年第 5 期。

③ 万长松、孙启鸣:《论新时代中国特色工匠精神及其哲学基础》,《东北大学学报(社会科学版)》2019 年第 5 期。

④ 刘丽琴:《新时代下墨子工匠精神的价值意蕴及其启示》,《湖南社会科学》2019 年第 5 期。

⑤ 祁占勇、任雪园:《扎根理论视域下工匠核心素养的理论模型与实践逻辑》,《教育研究》2018 年第 3 期。

⑥ 姜勇:《从"自在整体性"走向"自为整体性"——"碎片化"世界工匠精神培育的现代性困境与中国方案》,《职业技术教育》2020 年第 22 期。

⑦ 刘志彪:《工匠精神需要制度和文化支撑》,《人民日报》2016 年 4 月 27 日。

⑧ 陈鹏:《工匠精神融入中小学语文教材的文本分析与路径探索》,《陕西师范大学学报(哲学社会科学版)》2019 年第 6 期。

设、推进产教深度融合①、强化与思想政治教育融通②、推进社会诚信体系建设③等方面提出了具体的培育路径;有学者认为,企业应以师徒制为基础,发挥导师对徒弟的烙印效应,使其产生工匠精神印记④;有学者基于自我决定理论分析了高承诺工作系统影响工匠行为的作用路径⑤。三是关于"工匠精神"的国际比较研究。有学者分析了德国工匠精神形成的内外部因素及通过政策、制度、教育等予以传承的保障措施⑥;也有学者分析了日本工匠精神的形成、内涵及其在日本制造业转型中的作用机制⑦。

综上所述,基于国家制造业转型和供给侧结构性改革的现实背景,"工匠精神"的现代内涵应体现出鲜明的时代特征,学术界普遍认为其应包含爱岗敬业、精益求精、持续专注、勇于创新、责任担当等核心要素,这为后续的深入研究奠定了坚实的基础。同时,现有工匠精神培育的研究更多是基于教育学的视角,分别从工匠文化、社会价值观、行业标准等宏观层面和从职业教育、基础教育等学校层面展开,突出了政府和职业院校在工匠精神培育中的关键作用。但是,工匠精神的培育是一项系统性工程,涉及政策制度、社会风尚、人才培养、企业参与等诸多要素。因此,有必要从社会学的视角,对当前工匠精神培育的现实困境进行审思,以期为新时代工匠精神培育寻求更多可行路径。

① 顾卉:《高职院校"工匠精神"培育的困境与路径》,《教育与职业》2019 年第 17 期。

② 曾青生:《高职思想政治教育与工匠精神培育的有机融合——以江西省高职院校为例》,《教育学术月刊》2019 年第 9 期。

③ 管辉:《被遮蔽的力量:论社会在工匠精神培育中的责任缺失及其觉醒》,《职业技术教育》2020 年第 22 期。

④ 曾颢、赵曙明:《工匠精神的企业行为与省际实践》,《改革》2017 年第 4 期。

⑤ 王弘钰:《高承诺工作系统能否培育工匠行为?——一个有调节的中介模型》,《江苏社会科学》2020 年期 1 期。

⑥ 潘建红、杨利利:《德国工匠精神的历史形成与传承》,《自然辩证法通讯》2018 年第 12 期。

⑦ 周菲菲:《日本的工匠精神传承及其当代价值》,《日本学刊》2019 年第 6 期。

二、分析框架:场域与惯习

国家弘扬"工匠精神"是顺应时代呼唤"实践文化"复归的需要,作为社会系统中的"实践人",其早期的社会化经历深刻影响"实践者"的社会行为和行动策略,而社会化经历又是特定空间范围内一定社会实践的产物,是个体与环境双向作用的结果。这与法国著名思想大师皮埃尔·布迪厄(Bourdieu)提出的"场域与惯习"理论"不谋而合"。因此,笔者尝试引入布迪厄的"场域与惯习"理论来分析与构建新时代工匠精神的培育路径。

"场域"(field)是布迪厄社会学理论体系中的一个重要概念,其产生深受经典的物理场论和勒温(Lewin)的心理场论的启发,是基于客观社会关系建构的一种独特场域。布迪厄在充分汲取马克思历史唯物主义、卡西尔符号互动论等方法论的基础上提出:"现实的就是关系的",即在社会世界中存在独立于个体意识之外的各种各样的客观关系,并将"各种位置之间存在的客观关系网络(network)或构型(configuration)"定义为"场域"①。隐藏并维持这种客观关系网络或构型的"秘密"即为各种"利益"与"资本"的"斗争","斗争"构筑了各种场域的结构空间,同时"资本"的性质决定了结构空间的性质,社会也据此逐步分化为教育场、经济场等相对自主的子场域。

"惯习"(Habitus)也是布迪厄社会学理论体系中的重要概念,是布迪厄方法论体系的核心(只有通过惯习,实践才能与资本、场域相联系②)。布迪厄的"惯习"可以从两个方面来理解:一方面,"惯习"是在特定结构下产生的具有一定倾向性的系统,持续性与开放性是其显著特征,在行动主体身上具体表现为外在世界的内在化,既反映社会的结构性特征,也镌刻于个体身心之内;另

---

① [法]布迪厄、华康德:《实践与反思:反思社会学导引》,李猛、李康译,中央编译出版社2004年版,第17—18页。
② 廖青、黄绮妮:《布尔迪厄实践理论中的惯习及其在高等教育研究中的应用》,《清华大学教育研究》2018年第12期。

一方面,"惯习"决定实践,并使结构再生产实践①,因为既往经验长期内化而形成的结构化机制为实践的生成提供了组织原则,同时因为"惯习"的开放性特征,行动主体也可能会通过实践创造或构建新的结构。整体而言,"惯习"是行动者将外在结构持续内化的结果,既包括集体的个人化,也包括个人的集体化。

作为布迪厄社会学理论的核心概念,"场域"和"惯习"相互依存、相互促进,"场域"制造"惯习","惯习"成就"场域","权利"交织、纷繁复杂的社会因此"泾渭分明"。对于工匠精神的培育来说,职业院校固然发挥着关键性作用,但是现有实践表明,仅仅依靠"教育场域"未能促进行动主体有效形成"工匠"惯习。因此,有必要基于社会"大场域"的视角,深入分析"教育场域"内部、不同"子场域"之间、"场域"与"工匠"惯习之间的内在互动逻辑。

三、"工匠惯习"涵养的"多重场域"与"互动困境"

自 2016 年以来,党的十九大报告和连续四年的政府工作报告均提及工匠精神及其培育,随后出台的《国家职业教育改革实施方案》《新时期产业工人队伍建设改革方案》等系列文件更是从国家层面为新时代"工匠精神"培育提供了政策指引,但是对比德国、瑞士等欧美发达国家技能型大师的数量、对照国家建设制造强国对高技能人才的现实需求,新时代技术技能型人才培养与工匠精神培育的内在逻辑还需进一步梳理,笔者尝试运用布迪厄"场域—惯习"理论深入剖析。

(一) 新时代工匠精神培育的"多重场域"

布迪厄指出,"场域"结构化"惯习"。从新时期工匠精神的培育实践看,

---

① [法]布迪厄、华康德:《实践与反思:反思社会学导引》,李猛、李康译,中央编译出版社 2004 年版,第 180 页。

行动主体工匠惯习的形成深受"教育场域"和社会"其他场域"的多重影响。"教育场域"是国家"元场域"的分支，作为国家制度性的存在，"教育场域"既具有社会性，又具有教育自身专注于知识生产、知识传播的逻辑性与必然性①。"教育场域"内部根据学段和内容又可以分为"高等教育场域""职业教育场域""基础教育场域""学前教育场域"等"子场域"，各"子场域"也有其内在的逻辑必然性，以下剖析新时代工匠精神培育的"多重场域"。

第一，从"教育内部场域"来看，"职业教育场域"是工匠精神培育的主战场，尤其是2019年《国家职业教育改革实施方案》的发布，更是强化了职业院校培养技术技能型人才的要求。但纵观职业院校工匠精神的培育现状，突出表现出人才培养过程重技能训练、轻精神培养，产教融合、工学结合度不够，工匠职业生涯教育不足、工匠身份认同程度不高，产业工人技能培养体系尤其是入职后培训发展体系不完善等。

第二，现代意义上的工匠精神已拓展至所有人身上的态度与品质，仅仅依靠"职业教育场域"显得"势单力薄"。早在2017年颁布的《国务院办公厅关于深化产教融合的若干意见》中就提出要将工匠精神培育融入基础教育，但是如何有效地开发教材、建构课程，如何有效引导学生从小崇尚劳动、涵养工匠人格等方面的研究与实践仍有待深入。同时，随着工匠精神现代意蕴的拓展，本科教育、研究生教育、终身教育阶段如何有效地融入，"教育场域"内部各"子场域"如何有效衔接，这些都有待深入研究和实践检验。

第三，"教育场域"归根结底是特定社会制度的产物，随着科学技术的发展，"教育场域"也深受社会"其他场域"的影响。现代社会生产方式发生了根本性改变，社会节奏日益加快、社会分工日趋精细、批量化生产成为常态，这些都与传统工匠一人包办、精雕细琢产生了矛盾与冲突。加之工匠劳动价值与社会贡献尚未得到普遍认可，传统思想观念的固化对工匠身份的认知和全社

---

① 黄俊官:《布迪厄"场域—惯习"视域下中学教师身份认同的构建》,《当代教育科学》2019年第9期。

会推崇工匠精神文化的缺失,使我国新时代"工匠精神"的培育陷入了诸多困境。

(二) 培育场域与惯习涵养的"互动困境"

布迪厄提出行动者在场域中的实践公式为:[(惯习)(资本)]+场域=实际行为①,从"场域—惯习"互动运转的实现途径看,"场域—惯习"之间存在一种"双向的模糊关系",或者说是一种"本体论的对应关系",即除了"场域"结构化"惯习"外,"惯习"也有助于将"场域"组成一个个有意义的世界,从而使行动者身处其中能感受到个体的意义和价值,个体也更愿意投入时间和精力②。以下基于"场域—惯习"的理论框架,深入探究当前工匠精神培育的"互动困境"。

第一,行动主体的早期经历影响工匠惯习的养成。基于布迪厄的惯习理论,个体的实践行为由其自身的惯习所决定,而惯习的形成又深受自身成长经历的影响③。因此,在探讨工匠精神培育的实践过程中,首要探讨的是行动主体的前期成长经历是否适合或是否认同涵养工匠惯习的形成?这与其早期的学习经历、家庭生活、社会环境均息息相关,是在社会、学校和家庭等不同环境作用下,基于他人的示范、教导和忠告,将个体需要和社会现实紧密结合,逐步形成的价值倾向和职业态度④。但是,从当前工匠精神培育实践看,职业教育吸引力仍显不足,其生源还是以"被动接纳"高考分流后的学生为主;传统思想观念也固化了社会及家人对工匠的价值认同,进而影响行为主体工匠惯习

---

① 廖青、黄绮妮:《布尔迪厄实践理论中的惯习及其在高等教育研究中的应用》,《清华大学教育研究》2018 年第 12 期。

② Wacquant,L.J.D.,Towards a Reflexive Sociology:A Workshop with Pierre Bourdieu, *Sociological Theory*, Vol. 1,1989, pp.26-63.

③ [法]布迪厄、华康德:《实践与反思:反思社会学导引》,李猛、李康译,中央编译出版社 2004 年版,第 172 页。

④ 周芳玲:《经济发展视域下的职业教育》,《经济问题》2018 年第 12 期。

的形成。

第二，"教育场域"中教师文化资本转化率低。与社会其他"场域"相比，知识生产与传播是"教育场域"的特殊属性，在"教育场域"内部，其行动主体通常包括受教育者及其家长、教师、学校管理者、教育行政人员等，而知识是促使各行动主体产生联系的纽带。在布迪厄看来，"经济资本、文化资本、社会资本和符号资本是实践工具的四种资本表现形式，其中文化资本是'教育场域'的主要资本，常常以具体化、客观化和制度化三种状态存在"①。从各行动主体在工匠精神培育过程中所体现的文化资本来看，教师显然具备最高的文化资本，这也赋予了教师具有支配"场域"的权力，赋予了某种支配那些确定场域日常运作的规则，甚至从中产生利润的权力②。但是，从当前"教育场域"工匠精神培育实践看，教师的这种文化资本也仅仅是符号资本，很难直接转化成经济资本和社会资本，带有工匠文化的教师劳动价值和社会地位也就很难得到充分体现，致使他们对体制的身份规训产生不满，对工匠精神的培育也就产生了懈怠心理和反抗情绪。

第三，工匠精神培育的主客观结构存在"脱节"危机。基于"本体论对应关系"的运作逻辑，布迪厄这样概括："在整个场域中都发挥着作用的那种主观期望和客观机遇之间变动不居的辩证关系，会导致各种各样的结果，从完美无缺的相互契合一直到强烈的脱节。"③也就是说，当行动主体的工匠精神培育与所处的社会场域相互契合时，即能有效促进行动主体工匠惯习的形成，但是当基于客观结构的社会场域发生变化，导致"本体论对应关系"下原有的主客观契合状态受到破坏，行动主体的工匠精神培育就会产生障碍或危机，进而

---

① ［法］布迪厄、华康德：《实践与反思：反思社会学导引》，李猛、李康译，中央编译出版社2004年版，第162页。

② ［法］布迪厄、华康德：《实践与反思：反思社会学导引》，李猛、李康译，中央编译出版社2004年版，第139页。

③ ［法］布迪厄、华康德：《实践与反思：反思社会学导引》，李猛、李康译，中央编译出版社2004年版，第175—176页。

呈现布迪厄所谓的"不合拍"甚至"脱节"的现象。当前工匠精神培育的主客观结构显然处于后者,虽然国家正在大力弘扬工匠文化、大力宣传工匠精神,但是整个社会场域的工匠文化认同依然偏低,生产方式转型、社会节奏加快,加上金钱至上、利益至上的工具理性价值观更是加剧了工匠精神培育主客观结构的"脱节"危机。

四、工匠精神培育路径:"工具人"还原为"实践人"

新时代工匠精神的内涵已经从微观个体的匠心独运拓展为宏观意义上凝结在所有人身上的集体态度与品质,实践层面的工匠精神培育更是一项系统性、复杂性工程。针对当前"工匠精神"培育仍旧表现出"工匠"培养与"精神"培育的割裂现状,基于社会大"场域"的视角,应努力契合工匠精神培育的主客观结构,让工业化生产过程中被异化的"工具人"还原为能够实现自我反思的"实践人",进而促进社会主体工匠惯习的养成。

(一)积极建构现代工匠的文化认同

文化认同是人类对于文化的倾向性共识与认可,支配着人类行为的思维准则和价值取向。① 随着中国特色社会主义现代化建设的纵深推进,信息化、智能化、个性化时代背景下现代工匠的内涵正在不断拓展与深化。首先,应切实转变社会价值导向,在分工明确、竞争激烈、节奏快速、价值多元的现代社会里,积极倡导各利益主体不再只根据"效率—实绩"等工具理性来采取行动,努力接通工具理性与价值理性两个领域,实现效率和价值博弈中的平衡。其次,要进一步弘扬现代工匠的价值意蕴,大力宣传"大国工匠"的典型事例和生动实践,鼓励各地区、各部门大力开展现代工匠系列表彰活动,积极营造全社会尊崇、热爱现代工匠的文化氛围。最后,充分吸收中国传统工匠文化的精

---

① 祁占勇:《工匠的文化认同及其实现路径》,《陕西师范大学学报(哲学社会科学版)》2019年第6期。

神内核,为新时代中国特色工匠精神的培育注入经典和新鲜元素。

(二) 有效促进学习场域的融合衔接

基于新时代工匠精神拓展为宏观意义上集体态度与品质的新内涵,传统上仅仅基于职业院校的学习场域也应有所拓展和提升。首先,职业院校仍是工匠精神培育的"主战场",特别是2019年《国家职业教育改革实施方案》的发布更是促进职业教育迈入"黄金时代",在"职业场域"内部要将工匠精神融入人才培养全过程,依托"场域"内各行动主体积极推进产教融合人才培养方案的研制、工匠身份认同类课程资源的开发、校企合作式真实工作实践场的建构等。其次,积极推动工匠精神的培育融入基础教育,通过德育浸润和校本实践,从小涵养中小学生的工匠人格,在本科教育、研究生教育阶段也要注重强化精益求精、持续专注、勇于创新等现代工匠内涵的塑造,特别是随着职业教育成为一种教育类型,在"教育场域"内部各"子场域"推进工匠精神培养的同时,仍需从更高层面强化各"子场域"教育内容、教育方式和教育评价的系统设计与有效衔接。最后,探索基于工匠职业技能的终身教育体系构建,切实强化现代工匠的技能提升培训和终身学习机制。

(三) 切实涵养行动主体的工匠惯习

家族职业的世袭制、生产环节的机械手、产品领域的精耕细作等常常成为传统工匠的"刻板记忆",也通常被定义为社会生产中被异化的"工具人"。但与此同时,工匠也是一个"有血有肉"的"社会人",特别是随着现代技术的发展和生产方式的转型,现代工匠也要转换成一个学会自我反思、主体建构的"实践人"。一方面,要进一步改革与完善职业院校、应用型本科高校的招生选拔制度,强化职业取向和个人追求等方面的"灵活性测试",并充分利用大数据等现代技术,针对不同特征、不同类型行动主体工匠精神的培育现状开展诊断分析和实施个性辅导;另一方面,要积极引导行为主体成为真正意义上的

"主体",在工匠惯习的实践过程中努力将社会客观结构的变化纳入促进自我主体性发展的实践中,通过反思监控和改进自己的学习实践,进而有目的地调整自己的心智结构以适应变化中的客观结构,从而通过主客观结构的相互契合促进工匠惯习的养成。

(四) 大力增强工匠实践的资本转化

资本是行动主体社会实践的工具,实践场域中的每个行动主体常常居于拥有四种资本的结构与数量,决定所在场域中的地位与作用。因此,强化新时代工匠精神的培育,也要多措并举,不断增强工匠实践的资本转化。首先,教师是"教育场域"中最高文化资本的拥有者,他们默默耕耘于工匠精神的培育场域,在现有机制很难直接将文化资本转化成经济资本和社会资本的情况下,有必要通过行政指令、政策驱动等方式进一步强化教师文化资本的转化率,进而激励教师在工匠精神的培育过程中发挥"纽带"与"关键"作用。其次,通过改善工作环境、完善激励机制、提高身心关爱等系列举措,在强化工匠文化认同的同时,切实提高工匠群体的幸福指数,使之劳动价值与社会贡献得到应有认可,与全社会工匠文化的营造形成良性互动,进而激励他们为社会创造更大价值。

参 考 文 献

［1］［日］阿久津一志:《如何培养工匠精神》,张雷译,中国青年出版社 2017 年版。

［2］［英］爱德华·露西·史密斯:《世界工艺史:手工艺人在社会中的作用》,朱淳译,中国美术学院出版社 2006 年版。

［3］Brent:《工匠精神:卓越员工的自我提升之路》,中国铁道出版社 2016 年版。

［4］陈向明:《质的研究方法与社会科学研究》,教育科学出版社 2000 年版。

［5］陈友力:《新时代"工匠精神"的培育:误区、价值与路径》,《中国职业技术教育》2018 年第 18 期。

［6］陈至立:《在探索有中国特色社会主义教育发展道路中前进》,《求是》1999 年第 19 期。

［7］杜永杰:《中国建筑业农灵工转化为产业工人的动力机制研究》,重庆大学 2017 年博士学位论文。

［8］葛莹玉、李春平:《人力资工视域下新时代产业工人素质全面提升路径研究》,武汉大学出版社 2021 年版。

［9］何东昌:《中华人民共和国重要教育文献》,海南出版社 2003 年版。

［10］胡守敏:《新时代背景下高校"三全育人"研究》,《学校党建与思想教育》2019 年第 14 期。

［11］胡文龙:《智能化时代的二匠精神:价值、意蕴与培育路径》,《中国职业技术教育》2019 年第 4 期。

［12］黄君录:《高职院校加强"工匠精神"培育的思考》,《教育探索》2016 年第 8 期。

［13］黄崴:《主体性教育理论时代的教育哲学》,《教育研究》2002 年第 4 期。

［14］黄炎培:《黄炎培教育文选》,上海教育出版社 1985 年版。

[15]姜勇:《从"自在整体性"走向"自为整体性"——"碎片化"世界工匠精神培育的现代性困境与中国方案》,《职业技术教育》2020年第22期。

[16]姜勇:《搭建应然与实然之间的桥梁——新时代高职院校工匠精神培育现状调研报告》,《职业技术教育》2018年第4期。

[17]匡瑛:《智能化背景下"工匠精神"的时代意涵与培育路径》,《教育发展研究》2018年第1期。

[18]李宏伟、别应龙:《工匠精神的历史传承与当代培育》,《自然辩证法研究》2015年第8期。

[19]李进:《工匠精神的当代价值及培育路径研究》,《中国职业技术教育》2016年第27期。

[20]李珂:《迈向制造强国:建设新时代高素质产业工人队伍》,中国工人出版社2019年版。

[21]李蔺田:《中国职业技术教育史》,高等教育出版社1994年版。

[22]李梦卿、任寰:《技能型人才"工匠精神"培养:诉求、价值与路径》,《教育发展研究》2016年第11期。

[23]李树陈:《国家治理体系现代化视角下的职业教育政策研究》,中共中央党校2016年博士学位论文。

[24]李志明:《中国就业政策70年:走向充分而有质量的就业》,《天津社会科学》2019年第3期。

[25][德]马克斯·韦伯:《经济与社会》第一卷,阎克文译,上海人民出版社2011年版。

[26]《毛泽东选集》第三卷,人民出版社1991年版。

[27]潘建红、杨利利:《德国工匠精神的历史形成与传承》,《自然辩证法通讯》2018年第12期。

[28]祁占勇、任雪园:《扎根理论视域下工匠核心素养的理论模型与实践逻辑》,《教育研究》2018年第3期。

[29][日]秋山利辉:《匠人精神》,陈晓丽译,中信出版社2015年版。

[30]宋晶:《新时代职业教育的工匠精神:诉求、价值与培育策略》,《职教论坛》2019年第6期。

[31]檀传宝:《学校道德教育原理》(修订版),教育科学出版社2003年版。

[32]唐崇健:《匠心管理:如何铸造工匠精神》,机械工业出版社2017年版。

[33]天津职业技术师范大学:《中国职业教育改革二十年》,科学出版社2016

年版。

[34]推进产业工人队伍建设改革协调小组办公室:《产业工人队伍建设改革职工知识50问》,中国工人出版社2022年版。

[35]王海棠:《主编大学生就业指导教程》,北京大学出版社2009年版。

[36]王娇萍:《中国工业化发展道路与产业工人队伍建设》,中国工人出版社2022年版。

[37]王星:《走向技能社会:国家技能形成体系与产业工人技能形成》,中国工人出版社2021年版。

[38]吴轲威:《立德树人视野下的高职学生工匠精神培育——基于百度指数的大数据调查研究》,《职业技术教育》2019第7期。

[39]谢莉花、余小娟:《德国资格框架实施背景下能力导向的职业教育条例设计》,《外国教育研究》2018年第3期。

[40]谢秀军、陈跃:《新中国70年就业政策的变迁》,《改革》2019年第4期。

[41]熊元武、李刚、直驹:《工匠精神教育读本》,天津大学出版社2017年版。

[42]薛利锋:《我国大学生职业价值观教育研究》,东北师范大学2011年博士学位论文。

[43][美]亚力克·福奇:《工匠精神:缔造伟大传奇的重要力量》,陈劲译,浙江人民出版社2010年版。

[44]杨敏:《当代高等师范院校师范生职业价值观研究》,华东师范大学2008年硕士学位论文。

[45]杨乔雅:《大国工匠——寻找中国缺失的工匠精神》,经济管理出版社2017年版。

[46]余祖光:《工作价值观教育的创新与实践》,海洋出版社2010年版。

[47]张卉:《中国古代陶器设计艺术发展源流》,南京艺术学院2017年博士学位论文。

[48]张旭刚:《高职院校培育工匠精神的价值、困囿与掘进》,《教育与职业》2017年第21期。

[49]张学英等:《产业工人技能形成的国际比较与借鉴——来自日、新、韩、印的观察》,新华出版社2021年版。

[50]赵志群:《职业教育学习新概念》(第2版),北京师范大学出版社2021年版。

[51]中央教育科学院研究所:《周恩来教育文选》,教育科学出版社1984年版。

[52]周汉民:《敬业乐群:黄炎培职业教育思想读本:教师篇》,上海科学技术文献

出版社 2014 年版。

[53] 朱厚望:《论工匠精神的价值意蕴及其培育路径》,《中国职业技术教育》2017年第 33 期。

[54] 朱永跃、张书凤、邹家峰、夏正晶:《新时代工匠型产业工人培养研究》,科学出版社 2021 年版。

[55] Schwartz, Raymond and William, McDonald, Developing a Modem Standard to Define and Assess Professional Spirit in Trainees, *Academic Psychiatry*, Vol.33, No.6, 2009.

[56] Aoyama, Global Journeymen: Reinventing Japanese Craftsman Spirit in Hong Kong, *Anthropology*, Vol.14, No.3, 2015.

[57] Wirth, *Philosophical Issues in the Vocational-Liberal Studies Controversy* (1900-1917): *John Dewey vs The Social Efficiency Philosophers*, Intext Educational Publishers, Vol.8, No.3, 1974.

[58] Cheryl Cates, Bryan Dansberry, A Professional Ethics Learning Module for Use in Cooperative Education, *Science and Engineering Ethics*, Vol.2, 2004.

[59] John Dewey, *Democracy and Education: An Introduction to the Philosophy of Education*, The Macmillan Company, 1916.

[60] Elizabeth Haywood, Donald, Wygal, Ethics and Professional Spirit: Bringing the Topic to Life in the Classroom, *Journal of Accountancy Education*, Vol.27, No.2, 2009.

[61] Miller, Pamela, Coady, William, Vocational Ethics: Toward the Development of an Enabling Work Ethic, *Adoption*, Vol.1, 1986.

[62] Richmond, Eisenberg, Medical Professionalism in Society, *Journal Of Medicine*, Vol. 342, No.17, 2000.

[63] Thomas Deissinger, Philipp Gonon, The Development and Cultural Foundations of Dual Apprenticeships——A Comparison of Germany and Switzerland, *Journal of Vocational Education & Training*, Vol.2, No.3, 2021.

[64] Wilmar Schaufeli and Arnold Bakker, Job Demands, Job Resources, and Their Relationship with Burnout and Engagement: A Multi-Sample Study, *Journal of Organizational Behavior*, Vol. 25, No.3, 2004.

[65] Wilmar Schaufeli et al., The Measurement of Engagement and Burnout: A Two Sample Confirmatory Factor Analytic Approach, *Journal of Happiness Studies*, Vol. 3, No. 1, 2002.

致　谢

　　课题研究对个人而言,是一种修炼的过程,其间每每思路不畅、概念不明、逻辑不清、原理不透,成果未发时常常苦恼与焦虑,而当有"灵光"一闪、思路明朗、些许文字增加、一篇小作问世时又会激动万分,倍感收获,可谓"痛并快乐着"。自课题立项以来,有诸多的专家、同人、家人陪伴着我在研究的道路上一路走来,是他们给予了我坚持的动力、直面困难的勇气。在此一并致谢:

　　感谢华东师范大学职业教育与成人教育研究所博士生导师石伟平教授,教育部长江学者特聘教授、北京大学教育学院博士生导师蒋凯教授,浙江大学教育学院博士生导师吴雪萍教授,山东省教育科学研究院党委书记、院长申培轩教授,重庆市教育科学研究院党委副书记、院长蔡其勇教授,浙江工业大学教育科学与技术学院博士生导师胡斌武教授,华南师范大学粤港澳大湾区教育发展高等研究院院长、博士生导师卢晓中教授,江苏省教育科学规划领导小组办公室董林伟主任,江苏省教科院基教所倪娟所长,南京师范大学教育科学学院副院长、博士生导师邵泽斌教授,江苏理工学院校长、博士生导师崔景贵教授,扬州大学教育科学学院博士生导师陈秋萍教授,江苏省交通运输厅政治处李进副处长,南通大学丁锦宏、臧乃康、钱荣贵、陈炜、钱小龙、王灿明、冷英、潘发达教授等专家在课题研讨、开题报告、中期检查、成果报告中对课题研究给予的悉心指导,他们从研究视角、研究方法等方面拓展了课题组的研究思路,指明了研究旨趣,深化了研究内容,提升了研究质量。

感谢教育部长江学者特聘教授、国家劳动教育文件起草组成员、教育部劳动教育课标组组长、南京师范大学劳动教育与发展研究院院长、职业教育研究中心主任顾建军教授倾力扶持,全程关心、指导课题研究,在百忙中欣然答应为本书作序,在充分肯定前期研究成果的基础上,为后续研究指明了努力方向。

感谢相关大国工匠、江苏大工匠、江苏工匠接受访谈,感谢相关院校、企业、教育以及人社等部门领导、师生、员工对课题调研工作的支持与帮助。

感谢课题组成员蔡婧、刘霞、吴寒飞、刘策、胡淑贤、蒋军、董媛媛、李明晋、李娜、邓珏、吴东照、濮海慧、张宇、柯晓扬、查峥嵘、陈向阳、高茜、郑红敏、朱佳雨、邹佳尼等参与课题访谈、调研,协助指导试点院校的校本行动研究工作及相关成果的撰写。由于人数的限制,尽管做了很多工作,付出了诸多的辛劳,他们中的不少人却无法在课题证书成员名单中予以体现,成了名副其实的"幕后英雄"。

感谢我所指导的研究生与本科生李一矶、于雅、青晋辉、施莉、韦青青、吴卓尔、周露、顾天悦、陈磊、朱冰瑶、王乐华、谈岑钰、张金荧等参与文献梳理及格式调整等工作。

感谢南通大学人文社科处领导、南通大学教育科学学院领导的鼎力支撑,从课题的组织申报,到课题研究的开展,直到课题结题皆给予了多方面的支持,作出了大量的组织工作。

感谢人民出版社郑海燕主任为本书的编辑、出版工作付出的辛劳。

感谢我的家人对我课题研究工作的理解与支持,正是有了他们的默默奉献,我才能没有后顾之忧,在研究中全力以赴。尤其是我的小外孙女,她的嬉戏与欢笑、她的咿呀学语是我写作疲劳最好的缓解剂。

文中还参阅了诸多专家学者的文献,他们的观点常令我醍醐灌顶、豁然开朗,尽管力求一一标注,但可能尚有疏漏之处,同时,由于水平局限,文中也定有诸多不周不全之处,在此一并恳请各位同人谅解,衷心感谢各位同人的包容与理解。

策划编辑:郑海燕
封面设计:石笑梦
版式设计:胡欣欣
责任校对:周晓东

图书在版编目(CIP)数据

未来产业工人工匠精神培育路径与策略研究/邓宏宝等　著.—
北京:人民出版社,2023.10
ISBN 978－7－01－025944－4

Ⅰ.①未…　Ⅱ.①邓…　Ⅲ.①产业工人-职业道德-研究-中国
　Ⅳ.①F425.15

中国国家版本馆 CIP 数据核字(2023)第 175151 号

未来产业工人工匠精神培育路径与策略研究

WEILAI CHANYE GONGREN GONGJIANG JINGSHEN PEIYU LUJING YU CELÜE YANJIU

邓宏宝　等　著

人民出版社 出版发行
(100706　北京市东城区隆福寺街 99 号)

北京九州迅驰传媒文化有限公司印刷　新华书店经销

2023 年 10 月第 1 版　2023 年 10 月北京第 1 次印刷
开本:710 毫米×1000 毫米 1/16　印张:18.25
字数:280 千字

ISBN 978－7－01－025944－4　定价:96.00 元

邮购地址 100706　北京市东城区隆福寺街 99 号
人民东方图书销售中心　电话 (010)65250042　65289539

版权所有·侵权必究
凡购买本社图书,如有印制质量问题,我社负责调换。
服务电话:(010)65250042